101 Dinge, die man über den Jakobsweg wissen muss

101 Dinge die man über den Jakobsweg wissen muss

Renate Florl

BRUCKMANN

Inhalt

Ein herzlicher Pilgergruß!

Das Buch, das Sie in Händen halten, ist eine humorvolle, ernsthafte, informative, spirituelle und manchmal auch hintergründige wie auch witzige Hommage an den Jakobsweg – und seine zahlreichen Begleiterscheinungen.

Sie werden viel Bekanntes entdecken, manche Ereignisse insgeheim belächeln, sich in der einen oder anderen Begebenheit möglicherweise selbst erkennen, vielleicht manches Unbekannte erfahren und wer weiß, ob Sie nicht auch manches vermissen werden … Immerhin waren diesem Werk ganz klare Grenzen gesetzt: Mehr als 101 Dinge durften es auf keinen Fall werden. Und Sie werden es sicher schon selbst einmal erfahren haben: Das, was am Anfang nach viel ausgesehen hat, kann am Ende auch mal sehr wenig sein …

Falls Sie das erste Mal auf den Jakobsweg starten wollen: Sie finden in diesem Buch praktische Tipps, hilfreiche Informationen und inspirierende

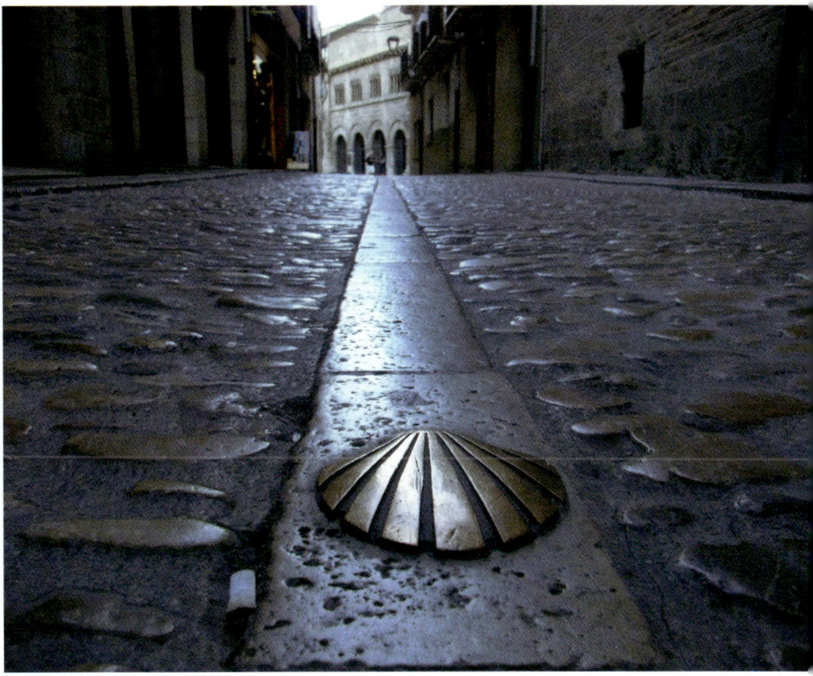

Ganz viele unterschiedliche Kilometer wandern wir im Zeichen der Muschel.

Gedanken. Herzlich willkommen zu Ihrem ersten Jakobsweg! Machen Sie den ersten Schritt in Richtung Santiago de Compostela – wo auch immer in Europa – und wandern Sie auf einem durchgängig markierten Weg bis zum Ziel!

Von Pilger(in) zu Pilger(in): Falls du gar eine erfahrene Pilgerin oder auch in Jakobsweg-Dingen ein »alter Hase« bist und womöglich den Jakobsweg wie deine Westentasche kennst: Schon alleine die Bilder werden dir beim Durchblättern deinen eigenen Weg mit manchen Details in Erinnerung rufen. Sicher wirst du hin und wieder schmunzeln, weil dir manche Situationen vertraut sind – herzlich willkommen zurück vom Jakobsweg! Dir ist ja dann sicher auch bekannt, dass Pilger normalerweise ganz selbstverständlich »per Du« sind. Doch aus Höflichkeit wird im Buch die »Sie-Form« verwendet. Ich hoffe dabei auf dein Verständnis!

Möglicherweise gehören Sie weder zu der einen noch zu der anderen Gruppe? Sehr gut – lassen Sie sich von den 101 Stichwörtern inspirieren! Vielleicht bekommen Sie dann Sehnsucht nach den Geheimnissen des Jakobswegs, packen Ihren Rucksack und ziehen in Ihrem eigenen Schritt-Tempo los …

Dieses mit einem Augenzwinkern geschriebene Buch ist für alle Pilger – und für die, die es noch werden wollen – eine reiche Fundgrube an charmanten Erinnerungen, soliden Grundkenntnissen, nützlichen Empfehlungen, amüsanten Beispielen und unerlässlichen Warnungen. Und: Es soll Sie ein klein wenig zum Reflektieren anregen. Also, Ultreia, auf geht's, brechen wir zusammen auf!

Ganz kurz möchte ich mich Ihnen vorstellen: Ich bin schon viele tausende Kilometer auf den Jakobs- und Pilgerwegen in Deutschland, Frankreich, Spanien, Österreich, Italien und der Schweiz zu Fuß unterwegs gewesen, auf manchen Wegen auch mehrfach. Allein, zu zweit, mit kleineren und mit größeren Gruppen. Eintägig, mehrtägig bis hin zu mehrwöchigen Touren. Da sammeln sich im Laufe der Jahre einige spannende und kuriose Erlebnisse an, die man – lassen wir es einmal dahingestellt, ob freiwillig oder unfreiwillig, absichtlich oder unabsichtlich – gemacht hat. Doch eines hat sich als Quintessenz dabei herausgestellt: Irgendwie geht es dann doch immer weiter …

Und möglicherweise haben Sie es ja auch schon erfahren: The camino, it never stops.

Einen guten Weg und Buen Camino!

Renate Florl

PS: Unter dem nachfolgenden Pilgergedicht gibt es eine »Gebrauchsanweisung«. Es lohnt sich, diese zu beachten!

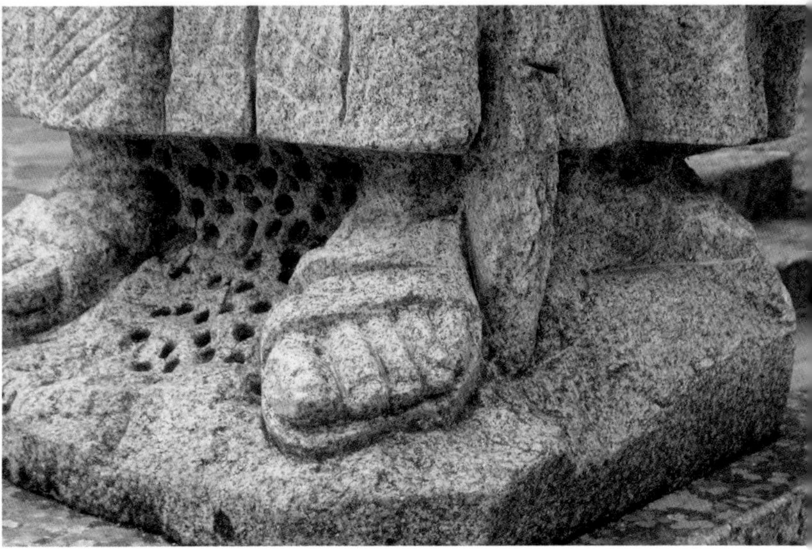

Schritt für Schritt dem Ziel entgegen ... (Füße des Jakobus in Portomarin)

Pilgergedicht von Renate Florl

Pilgern heißt, täglich voller Vertrauen vorwärts zu gehen
Nein, es ist doch ganz klar
dass der Jakobsweg eine Schinderei ist
Ich glaube nicht
dass ich in dieser Zeit etwas Besonderes erlebe
dass ich vielfältige Begegnungen habe
dass ich neue Kraft schöpfe
Es ist doch vielmehr so
dass die Herbergen täglich voll sind
dass es einen »Run« auf die besten Plätze gibt
Ich kann mir nicht vorstellen
dass ich täglich kleine Wunder erlebe
dass ich mich beim Gehen auf dem Jakobsweg verändere
Vielmehr glaube ich
Am Ziel liegt – wie Luther schon vermutete – ein Hund begraben
Es würde nicht der Wahrheit entsprechen, wenn ich sage:
Santiago de Compostela ist ein würdiges Ziel aller Jakobswege!

Frage: Ob sich etwas verändert, wenn Sie den Text ein zweites Mal, nun von unten nach oben, lesen?

Abenteuer

1

Im eigenen Schritt-Tempo in der schnelllebigen Welt unterwegs

Früher waren Abenteuer waghalsige Unternehmungen, bei denen man im Voraus nicht wusste, wie sie letztendlich ausgehen würden. In dem Wort »Abenteuer« klingen doch unweigerlich weitere Assoziationen mit: Da ist viel Spannung im Spiel, dazu kommt eine gewisse →Faszination, etwas Ungewissheit und natürlich gehört eine gute Portion Risikofreudigkeit ebenfalls mit dazu. Selbstverständlich spielen auch fremde Länder mit ihren meist andersartigen Kulturen eine wesentliche Rolle.

Zu Fuß auf dem →Jakobsweg unterwegs zu sein, zählt zu den möglichen Abenteuern unserer Zeit. Inmitten unserer modernen und oft schnelllebigen Welt findet das Wandern im eigenen Schritt-Tempo immer mehr Freunde und überaus großen Anklang. Man muss sich diese Dimension einmal vor Augen halten: Jedes Jahr reisen tausende von Menschen aller Altersgruppen aus der ganzen Welt an, um zu Fuß und mit wenig Gepäck – also so ähnlich wie eine Schnecke mit ihrem Häuschen – nach →Santiago de Compostela zu wandern. Es ist ja tatsächlich so: Wer morgens startet, weiß oft noch nicht, wo er am Abend sein nächstes Nachtlager finden wird. Wer morgens um 7 Uhr auf den letzten 100 Kilometern vor →Santiago de Compostela unterwegs ist, wird sich manchmal ein Lächeln nicht verkneifen können: Wo sonst auf der Welt sind um diese Uhrzeit wirklich schon Scharen von Wanderern auf den Beinen? Dabei sind einige der →Pilger um diese Zeit auch schon mal bereits länger unterwegs. Bevor der Tag anbricht, wandern viele bereits mit Stirnlampen. Wie Glühwürmchen ziehen manche →Pilger durch die Nacht. Da kann so schnell kein anderer Trail mithalten …

Unterwegs zu Fuß und hoch zu Ross

Eine kleine Anekdote dazu: Im Hochsommer bricht man gerne früh auf. Klar, die Temperaturen können am Nachmittag zum Wandern auch mal zu hoch werden. Für Fußpilger sind die deutlichen Markierungssteine mit ihren Pfeilen im Licht der Stirnlampe oder in der aufkommenden Dämmerung auch in einem Waldstück gut zu sehen. Gut, manchmal muss man tatsächlich auch einmal an einer Verzweigung ein paar Schritte näher hingehen, um den Pfeil deutlich erkennen zu können.

Doch anders sieht das bei einem Reiter aus: Von seinem Sattel herab sind die wichtigen Zusatzpfeile an einer Gabelung im Walddunkel nicht immer zu erkennen. Einmal überholte uns ein Reiter am frühen Morgen und an der Gabelung kurz darauf ritt er hin und her und wusste nicht weiter. Von seinem Ross herab konnte er die Pfeilrichtung im Halbdunkel nicht erkennen. Wir konnten ihm den richtigen Weg weisen, wofür er sehr dankbar war. Man kann sich ja ausmalen, dass das jeweilige Absteigen vom Pferd nicht wirklich spaßig ist.

Ein fremdes Land zu bereisen, kann auch heute noch ein Abenteuer sein. Wenn wir aufbrechen, werden wir es ja selbst erleben … Was sagen wir denn, wenn uns etwas seltsam oder ungewohnt vorkommt? Genau: »Das kommt mir spanisch vor.« Doch was hat das mit Spanien zu tun?

Man sagt, dass diese Redewendung aus dem 16. Jahrhundert stammt. Kaiser Karl V. war 1516 spanischer König geworden, 1519 wurde er zum deutschen Kaiser gekrönt. Dieser neue Kaiser führte eine Reihe ungewöhnlicher Sitten an seinem Hof ein. Unter anderem soll er wohl die spanische Sprache zur neuen Verkehrssprache erklärt haben. Dieser plötzliche Einzug neuer Regeln war für die Untertanen des Kaisers ungewohnt. Sie kamen ihnen eben »spanisch« vor. Und was sagen die Spanier als Gegenstück dazu? »Esto me suena a chino«, also: »Das kommt mir chinesisch vor.«

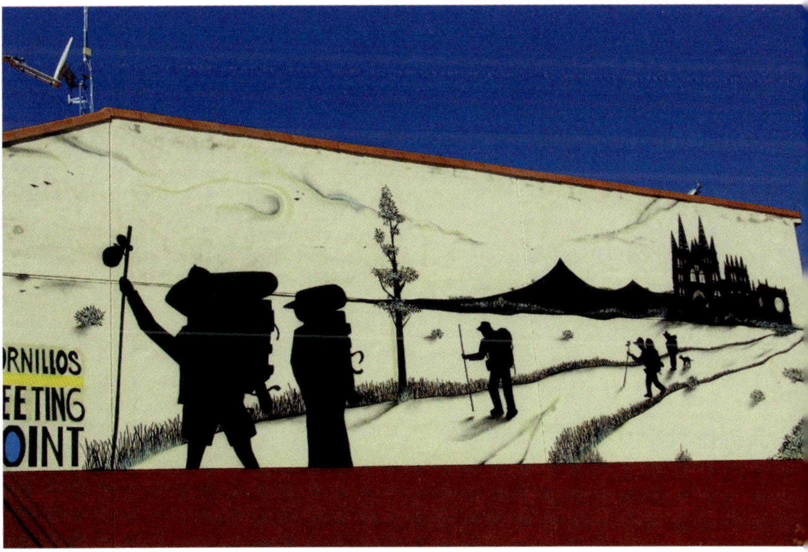

Spannend und entspannend – Abenteuer Jakobsweg

Alto del Perdón

2

»Wo sich der Weg des Windes mit dem Sternenweg kreuzt«

Dieser markante und weithin sichtbare Höhenzug Alto del Perdón (»Berg der Läuterung«) befindet sich auf einer Höhe von 770 Metern zwischen Pamplona und Puente la Reina. Schon vor vielen Jahrhunderten war der Alto del Perdón ein heiliger Platz. Hier oben war ein Ort der Marienverehrung mit zwei Einsiedeleien.

Heutzutage drehen sich auf dem meist recht windigen Höhenrücken der Sierra del Perdón eine ganze Reihe von Windkraftanlagen, die man schon aus vielen Kilometern Entfernung sieht. Und ein langer Pilgerzug mit Menschen und Tieren ist hier oben bei jeder Witterung unterwegs. Das eindrucksvolle Metallkunstwerk, das gerne und viel fotografiert wird, wurde von der navarrischen Wasserkraft- und Windanlagengesellschaft gestiftet, die die Windräder betreibt. Und auf diesem Kunstwerk findet man auch den oben zitierten Spruch in spanischer Sprache: »Donde se cruza el camino del viento con el de las estrellas«, was man übersetzen kann mit: »Wo sich der Weg des Windes mit dem Sternenweg kreuzt«.

Auf dem wunderschönen Platz auf diesem Höhenrücken sorgt an manchen Tagen ein Verkaufswagen mit Speisen und Getränken für das leibliche Wohl. Das Angebot wird von den durchziehenden →Pilgern natürlich sehr gerne in Anspruch genommen. Die phänomenale Fernsicht an Tagen mit klaren →Wetterbedingungen bleibt einem überaus lange im Gedächtnis.

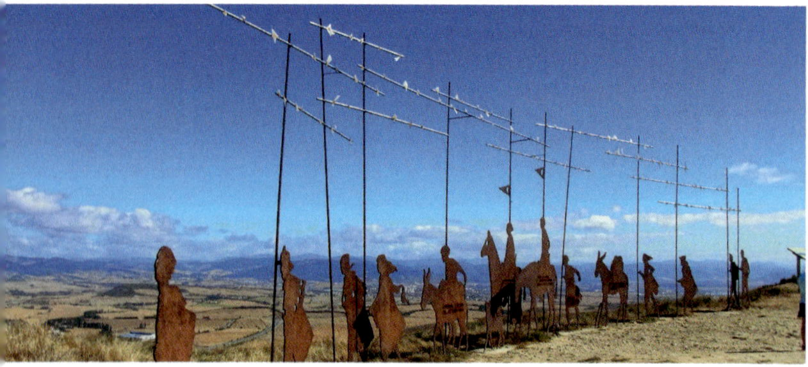

Wird gerne fotografiert: das Kunstwerk auf dem Alto del Perdón

Ankommen

3

Ich komme an … Ich werde wohlwollend aufgenommen … Es kommt darauf an …

In dem Wort »Ankommen« schwingen mehrere Bedeutungen mit. Zum einen komme ich auf dem →Jakobsweg jeden Tag an einem anderen Ort an und damit habe ich zumeist auch mein selbst gestecktes Tagesziel erreicht. Ein Tagesziel, das jedes Mal ein Stück näher dran ist am »großen Pilgerziel« →Santiago de Compostela. Das rein äußerliche Ankommen in einem →Ort oder einer Stadt ist dabei natürlich nur die eine Seite. Das verbindet man in der Regel mit einem angenehmen Gefühl wie beispielsweise Erleichterung, Freude, →Dankbarkeit, Beine ausstrecken, Ruhe oder vielem anderem mehr.

Eine andere Seite des Ankommens ist die Bedeutung als »wohlwollende Aufnahme« in einer →Pilgerherberge oder anderen Unterkunft. Dieses Gefühl des Ankommens tut der Seele gut, man fühlt sich aufgehoben und lässt die Mühen des Tages von sich abfallen. Wenn sich dann noch herausstellt, dass nette Mitpilger, die man schon einmal getroffen hat, ebenfalls an gerade dieser Stelle Station machen, dann ist das Gefühl von Fremdsein sehr schnell vorbei.

Und schlussendlich kommt es in der dritten Bedeutung darauf an … Es kommt darauf an … Welche Assoziationen tauchen da in meinen Gedanken auf? Wirkt sich das aus auf meine Entscheidungen? Es kommt darauf an, was ich daraus mache …

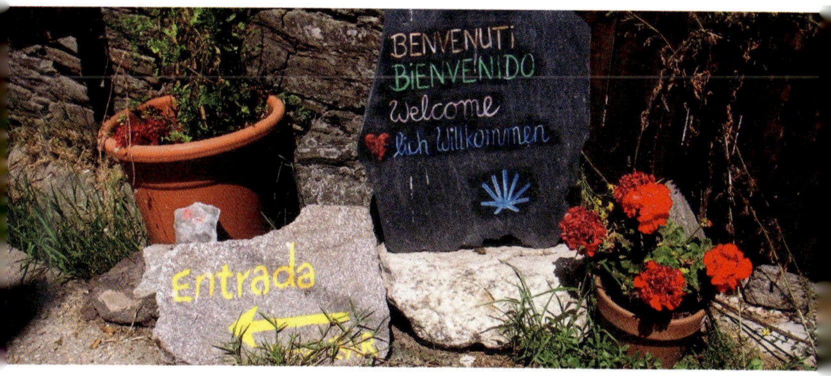

Herzlicher Willkommensgruß auf dem Camino

Arnika

Probates Mittel für vielerlei Beschwerden

4

Wer tagtäglich zu Fuß unterwegs ist, den können auch mal kleine Wehwehchen plagen. Beim Wandern sticht das Knie oder man hat sich den Knöchel verstaucht, was macht man dann? Oder man hat eine Prellung oder möchte einer Entzündung entgegenwirken? Möchte man da gleich zum Arzt gehen? Dieser Aufwand ist für die meisten Pilger zu hoch.

Zuerst lindert man die Beschwerden auf andere Art und Weise. Da helfen zum Beispiel Quarkwickel. Wer die Echte Arnika als homöopathisches Mittel (Arnica montana beispielsweise als Globuli = Kügelchen) oder als Salbe kennt, möchte nicht mehr darauf verzichten. Die Verarbeitung der Pflanze mit den leuchtend gelben Blüten hilft bei vielen Gelenk- und Muskelschmerzen. Auch kleinere Verletzungen und Blutergüsse reagieren mit rascher Heilung darauf.

Die Arnika wächst in den alpinen Regionen und zählt europaweit zu den geschützten Pflanzen. Neben Deutschland erhält man in Frankreich Arnica montana in den allermeisten Fällen ganz selbstverständlich (und günstig) in den Apotheken und oft sogar auch in den →Pilgerherbergen. In Spanien findet man dagegen sehr wenige Möglichkeiten, dieses probate Mittel zu bekommen. Wer es also auf dem Camino dabeihaben möchte, muss es bereits von zu Hause mitbringen.

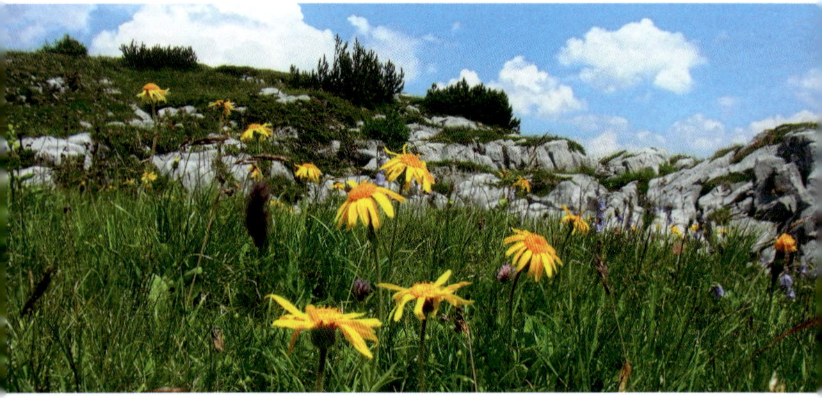

Arnika hilft bei Gelenk- und Muskelschmerzen.

Aufbruch

5

Jedes Pilgern beginnt mit dem Aufbrechen – jeden Tag aufs Neue

Sicher erinnern sich die meisten →Pilger an ihren allerersten Aufbruch auf den →Jakobsweg. Da waren neben erwartungsvoller Freude und Neugier bestimmt auch etwas Spannung und Ungewissheit, vielleicht auch mancher Zweifel mit dabei: »Habe ich auch wirklich alles eingepackt?«, »Wird alles gutgehen?«, »Schaffe ich es, täglich so viele →Kilometer mit dem Rucksack zu wandern?«, »Sind es die richtigen Schuhe?«, »Finde ich jeden Tag ein Bett?«. Doch wer mehrere Tage oder Wochen am Stück unterwegs ist, wird merken: Der tägliche Aufbruch wird nach einigen Tagen dann doch recht schnell zu einer gewissen Routine. Die verschiedenen Handgriffe sitzen, alles hat seinen bestimmten Platz im Rucksack gefunden. Die bangen Fragen des Anfangs rücken durch positive Erfahrungen (hoffentlich!) mehr und mehr in den Hintergrund.

Was kommt in mir zum Vorschein?

Doch können wir uns auch fragen: »Was möchte in mir aufbrechen? Was möchte zum Vorschein kommen?« Dann richten wir unseren Fokus auf neue Qualitäten, die sich gerade in solch einer Auszeit, wie es eine Wanderung auf dem Jakobsweg ist, zeigen können. Genießen wir das Wandern durch die Natur – allen Spielarten des →Wetters ausgesetzt – auf neue Art und Weise? Bekommen wir womöglich eine neue Wahrnehmung für die kleinen Dinge am Wegesrand? Wie erleben wir die →Begegnungen unterwegs? Spüren wir, dass wir neue Wesensqualitäten wie beispielsweise →Gelassenheit, →Dankbarkeit, Zuversicht oder Mut entwickeln?

Lassen wir uns also überraschen, was der tägliche Aufbruch für uns persönlich bedeuten kann. Andersherum könnte man natürlich auch fragen: Ist der Aufbruch auf den Jakobsweg ein Ausbruch?

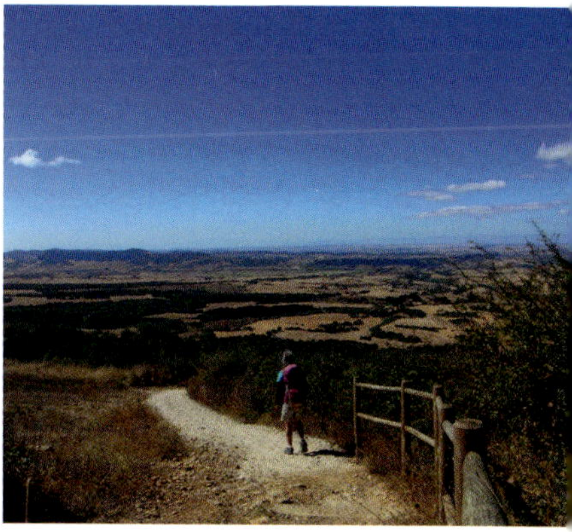

Aufbrechen und losgehen

Ausrüstung

6

Was nehme ich mit? Was brauche ich wirklich?

Die Ausrüstung ist DAS große Thema bei den →Vorbereitungen vor dem Start auf den →Jakobsweg. Stundenlang kann man darüber diskutieren. Gerade bei Fragen über so manche Details herrschen völlig verschiedene Ansichten. Nehme ich ein, zwei oder drei Paar Ersatzsocken mit? Brauche ich einen Schlafanzug? Reicht eine Ersatzbluse? Nehme ich sicherheitshalber doch noch eine Ersatzhose mehr mit? Wie ist es mit einem Schlafsack und einer Liegematte? Kann ich auf das große Frotteehandtuch verzichten und mich mit einem kleinen Funktionshandtuch anfreunden? Brauche ich eine Karte? Auf alle Fälle muss jedoch der, die, das ... mit – siehe →Luxus! Bewundert werden vor allem diejenigen, die mit einem kleinen (und damit leichten) Rucksack unterwegs sind und doch alles dabeihaben. Das ist die große Kunst! Und daran erkennt man auch die erfahrenen →Pilger. Natürlich fällt das Gepäck meist etwas umfangreicher aus, wenn man ein Zelt und die dafür nötigen Utensilien mit sich trägt.

Wie groß soll oder darf der Rucksack sein?

Es ist sinnvoll, diesem Teil der Ausrüstung die allergrößte Aufmerksamkeit zu schenken. Denn dieses Gepäckstück, in dem wir unsere ganzen Habseligkeiten, unsere →Siebensachen aufbewahren, ist täglich viele Stunden unser treuer Begleiter. Das heißt, er sollte auch – wie ein Freund – wirklich gut zu uns passen. Für einen Rucksackkauf sollte man sich also Zeit nehmen und mehrere Modelle ausprobieren. In den Läden gibt es Säcke mit Gewichten, die beispielsweise fünf Kilogramm Gepäck verdeutlichen. Nur damit lässt sich in etwa erahnen, wie sich der Rucksack

> **Tipp**
> Es hat sich bewährt, eine leichte und zusammenfaltbare Einkaufstasche mitzunehmen. Man kann diese nicht nur umweltfreundlich für einen Einkauf benutzen, sondern man hat abends oder in der Nacht einen zusätzlichen Stauraum für diverse Kleinigkeiten, die man gerne bei sich haben möchte.

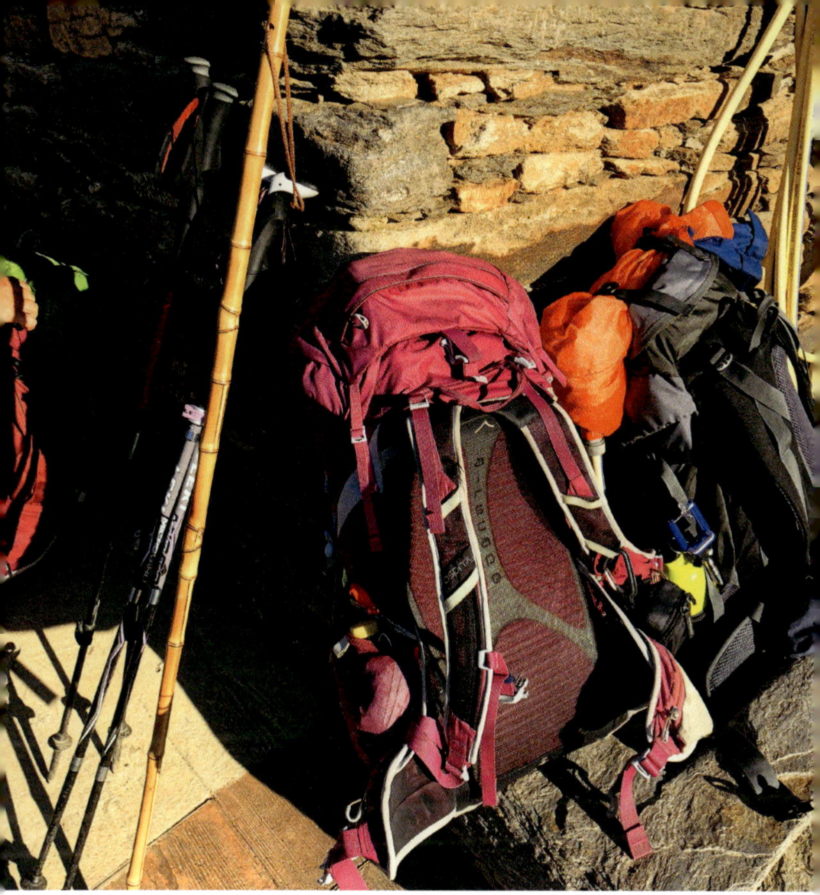

Je kleiner der Rucksack, desto überlegter und sparsamer packt man.

tragen lässt, wenn er beladen ist. Jeder Rücken ist anders, daher macht es Sinn, sich Rucksäcke verschiedener Hersteller anzuschauen.

Als Nächstes ist die ideale Größe eine entscheidende Frage. Bei mehrwöchigen Touren wird einem gerne zu einem größeren Rucksack geraten. Doch warum? Ob ich fünf oder fünfzig Tage gehe – macht das beim Gepäck einen Unterschied? Meist braucht man sowieso die ganze Ausstattung für Regen, Sonne und Kälte. Es ist tatsächlich so: Wer zu einem kleineren Modell greift, packt von vorneherein weniger ein. Und hat meist den Vorteil eines geringeren Leergewichts des Rucksacks. Nach dem Leergewicht zu fragen und dieses mit den anderen in der Auswahl zu vergleichen, ist die nächste Entscheidungshilfe.

Lasten zurücklassen

Das Thema Rucksack beziehungsweise Gepäck hat sogar eine →spirituelle Seite: Was brauche ich wirklich – auch im übertragenen Sinne? Wer sich diese Frage stellt, wird spüren, dass sie vielschichtig ist und sich nicht nur auf das Packen des Rucksacks beschränkt. Wir machen uns Sorgen und sorgen daher gerne vor: »sicherheitshalber« und »für alle Fälle«. Da ist es wichtig, abzuwägen und sich vor allem für einen möglichst kleinen Rucksack zu entscheiden. Wer nämlich noch einiges an Platz übrig hat, ist viel mehr geneigt, zusätzlich etwas einzupacken. Wer leicht vorwärts kommen möchte, darf nur leicht bepackt sein. Nur das, was man zu Hause lässt, muss man nicht tragen. Man darf sich auch mal fragen: Womit belaste ich mich im wahrsten Sinne des Wortes?

Barfuß oder Bergschuh?

Welcher Schuh ist für mich der richtige? Wer die Wahl hat, hat die Qual. Wer auf dem Jakobsweg einmal den Blick auf das Schuhwerk der Wanderer richtet, wird dabei eine enorme Bandbreite feststellen. Man sieht bei der Wahl der Schuhe alle Varianten: von leichten Flip-Flops über

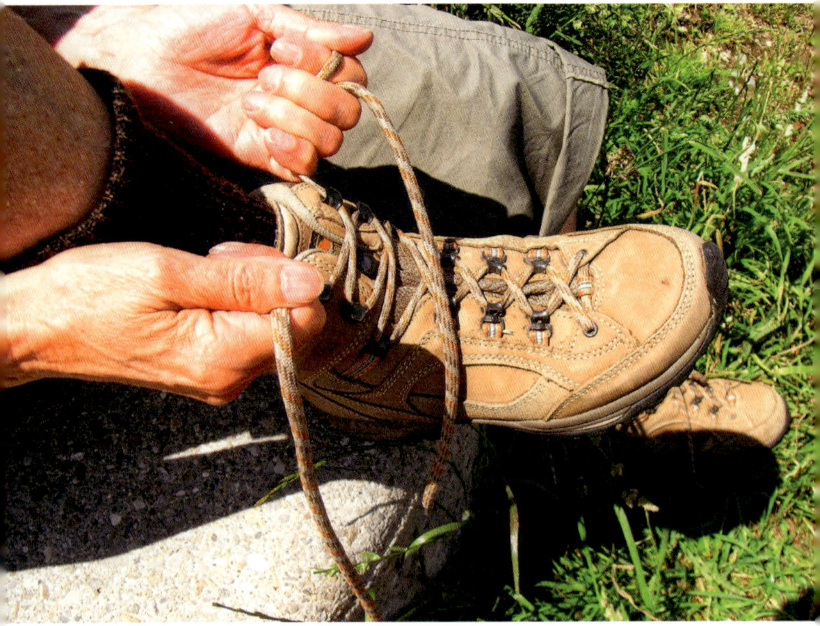

Welcher Schuh ist für mich persönlich der richtige?

Sandalen, Lauf- und Trekkingschuhe bis hin zu festen Bergstiefeln, mit denen man locker einen Viertausender besteigen könnte. Doch vorneweg: Die Flip-Flops werden doch eher als Notvariante bei Blasen an den Füßen angezogen und sind auf großen Strecken des Camino nicht wirklich gut geeignet.
Jeder →Pilger sollte sich daher rechtzeitig, am besten eine gute →Zeit vor seiner Wanderung, Gedanken über sein Schuhwerk machen.

Das Motto »Wer gut geht, dem geht es gut« bekommt hier seine reellste Bedeutung. Die Schuhe sind neben dem Rucksack die wichtigsten täglichen Begleiter, mit denen die Freude am Unterwegssein steht – oder fällt. Wer schon vorher immer mal wieder zu Fuß unterwegs war, kennt die alte Faustregel: Bei Wanderschuhen gleich welcher Art sollte vorne an den Zehen noch eine Fingerbreite Platz sein. Bei Schuhen mit einer herausnehmbaren Innensohle lässt sich das sehr gut erkennen. Gleichzeitig sollen die Schuhe an der Ferse gut sitzen. Mit zu kleinen Schuhen bekommt man viel Ärger – es können Blasen durch Reibung entstehen oder auch der blaue Zehennagel ist ein Beispiel dafür. Zudem muss man berücksichtigen, dass der Fuß beim stundenlangen Gehen im Schuh sehr warm werden kann und damit oft auch größer wird. Und es ist noch lange keine Garantie, dass Schuhe aus dem Vorjahr immer noch gut passen – die Füße verändern sich im Laufe des Lebens.

Ob man sich für flache oder knöchelhohe Modelle entscheidet, liegt an der persönlichen Vorliebe beziehungsweise Konstitution und Trittsicherheit. Der Jakobsweg führt über alle Variationen von →Wegarten: von Abschnitten auf Teerbelag über Feld- und Forstwege bis hin zu schmalen steinigen Pfaden bergauf und bergab. Ein Paar leichte Schuhe für den Abend (Crocs, Flip-Flops oder Trekkingsandalen) dürfen mit auf Pilgerschaft.

Wer spezielle Wandersocken verwenden möchte, sollte diese am besten bei der Anprobe bereits dabeihaben. Und: Auch mal eine Strecke ganz ohne Schuhe zu gehen, kann eine wunderbare Erfahrung sein.

Ein Tipp für den Schuhkauf

Wer sich neue Wanderschuhe zulegen möchte, macht dieses Schuhe-Anprobieren an einem Nachmittag oder Abend. Idealerweise ist man an diesem Tag dann auch schon eine Strecke zu Fuß unterwegs gewesen. Dann haben die Füße vielleicht in etwa die Form angenommen, die später derjenigen auf dem Camino ähneln wird.

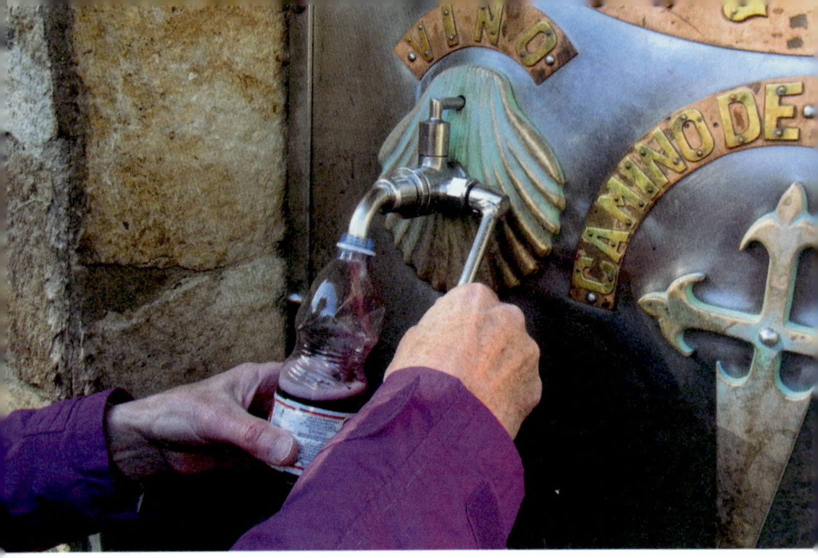

Highlight am Jakobsweg: der Weinbrunnen beim Kloster Irache

Der Kleiderschrank bleibt zu Hause!

Bei der Kleiderwahl würde man ja am liebsten seinen ganzen Kleiderschrank einpacken. Dann hätte man für alle →Wetterlagen das Passende dabei. Doch wer seine →Siebensachen selbst trägt, muss sich wohl oder übel beschränken. Auch wer sich für einen →Gepäcktransport entscheiden sollte, kann nicht endlos viel einpacken. Da ist es ganz praktisch, dass die modernen und leichten Stoffe für die Oberkleidung und die Wanderhosen nicht viel Gewicht auf die Waage bringen. Wer sich beispielsweise für ein T-Shirt aus Merinowolle entscheidet, wird zusätzlich erstaunt sein, dass man dieses nicht einmal jeden Tag waschen muss. So verringert sich die Ersatzkleidung wirklich auf ein Minimum. Eine bequeme Fleecejacke und eine Regenjacke beziehungsweise ein Anorak (je nach Jahreszeit) ergänzen das Wanderoutfit. Also, wer supersparsam packen möchte, hat eine Garnitur für tagsüber, für abends und für die Nacht dabei – basta!

Die Wandersocken-Diskussion

Wandersocken sind genauso individuell wie die Füße! Das Thema Wandersocken kann abendfüllend und leidenschaftlich diskutiert werden. In diese Rubrik fällt auch das →Füßeerfrischen in einem Bach oder Brunnen. Bei den einen geht das überhaupt nicht und die anderen genießen diese herrliche Abkühlung.

Doch zurück zu den Socken: Die einen schwören auf die speziell gepolsterten (und oft teuren) Wandersocken. Die anderen gehen in ganz normalen Strümpfen genauso gut. Es gibt Menschen mit eher empfindlichen Füßen, die kaum einen Tag unterwegs sind und schon haben sie die ersten Blasen. Dann gibt es Menschen, die Wollsocken, Baumwollsocken wie auch x-beliebige Strümpfe anziehen können und mit allem hochzufrieden sind. Manche Wanderer bevorzugen zwei Paar Socken übereinander und sind von ihrer Methode felsenfest überzeugt. Da gibt es Ratschläge, die Socken möglichst lange – ohne sie zu waschen – anzuziehen. Andere Füße lieben eher frisch gewaschene Wäsche. Übrigens, dickere Wandersocken brauchen länger zum Trocknen … Manche →Pilger raten dazu, die Füße vor dem Loslaufen einzucremen. Andere würden genau das nie tun …

Man sieht, die Bandbreite an Möglichkeiten ist riesig. Was soll man nun als Pilgerneuling tun? Am besten ist es, hierbei seinen eigenen →Weg zu finden und diesen auch zu nehmen beziehungsweise zu gehen. Das zu tun, was einem sympathisch erscheint und das, was den eigenen Füßen guttut. Das kann ja eventuell auch je nach Jahreszeit unterschiedlich aussehen. Das bedeutet wiederum, dass man schon zu Hause überlegt und die verschiedenen Varianten für sich ausprobiert, welche Füße, Socken und Schuhe am besten miteinander harmonieren.

Handschuhe, Stirnband oder Mütze

Wie passt das zusammen – Spanien und Handschuhe, Stirnband oder Mütze?

Wer an Spanien denkt, der stellt sich Badeurlaub, Sonne, Sand und viele warme Tage vor, nicht wahr? Warum sollte ich dann im Mai oder im Frühherbst Handschuhe, Halstuch, Stirnband und Co. mitnehmen? Ja, auch der Camino Francés verläuft in Spanien. Doch ganz im Norden des Landes und nicht an einer der vielen sonnigen Südküsten. Der →Camino bewegt sich zudem über viele →Kilometer und Tage auf einer Höhe um die 800 bis 1.000 Höhenmeter und noch weit darüber. Da kann es im Frühjahr noch Schneefall geben und bis in den Frühsommer hinein (nicht nur) morgens empfindlich kühl sein. Wenn dann noch ein kräftiger Wind dazukommt, freut man sich, wenn Handschuhe, Stirnband oder Mütze im Rucksack zu finden sind, mit denen man sich schützen kann. Doch die Pilger werden nicht alleine gelassen: Unterwegs finden sich viele Möglichkeiten, wunderschöne Halstücher beziehungsweise Schlauchtücher mit Pilgermotiven zu erwerben. Dann hat man gleichzeitig ein schönes (und praktisches!) →Souvenir, das einen an die besonderen Tage auf dem Camino erinnert.

Sonnenschutz und Sonnenhut

Es ist sinnvoll, für jedes Wetter gewappnet zu sein. Da man jeden Tag weiterzieht, ja, weiterziehen muss, ist es sinnvoll, auf jedes →Wetter eine gute Antwort zu haben. Auf vielen →Etappen spenden Bäume Schatten, doch es gibt auch andere Passagen. An einem Tag im Hochsommer scheint zum Beispiel aus einem wolkenlosen Himmel die Sonne auf die baumlose Landschaft der →Meseta herab. Da ist man für einen umfassenden Sonnenschutz mit Sonnencreme, Sonnenhut und Sonnenbrille wirklich dankbar. Sonnenbrand und Hitzeschäden wie Hitzschlag oder Sonnenstich können ernst zu nehmende Folgen sein, wenn man stundenlang ohne Schatten und ohne geeigneten Sonnenschutz unterwegs ist. Vor allem für die ersten sommerlichen Wandertage auf dem Camino ist es überaus wichtig: ausreichenden Sonnenschutz verwenden. Bitte nicht an nur einem Tag braun werden wollen! Und dabei auch an die Ohrmuscheln denken, falls auf dem Kopf nur ein kleines Käppi sitzt. Und bei kurzen Hosen: Auch die Waden sind dankbar, wenn an sie gedacht wird.

Wanderstöcke

Der Stab bietet Schutz und Halt. Schon immer wurden →Pilger auf Bildern und in anderen Kunstwerken mit ihrem Wanderstab dargestellt. Dabei überragte der – damals oft aus Haselnussruten geschnittene – Stab den pilgernden Menschen deutlich. Früher hatten die Pilger auf ihrer Wanderschaft nur diesen einen Stab beziehungsweise Wanderstock in der Hand. Dieser konnte vielfältig eingesetzt werden: Zum einen half er beim Überqueren von Bächen, zum anderen konnte man angriffslustige Tiere besser auf Abstand halten oder verjagen. Auch in Santo Domingo de la Calzada ist der Einsatz der Stöcke verbrieft: Man wollte mit einem Schlag an den Käfig eine begehrte weiße Feder ergattern. Moderne Pilger rüsten sich dagegen eher mit zwei Trekkingstöcken aus. Diese können sowohl beim Bergauf- als auch beim Bergabgehen nützlich sein.

Regenponcho, Regenschirm

Gerade im nördlichen Spanien ist es im Frühjahr sehr grün. Galicien ist für seine regelmäßigen »Duschen von oben« bekannt. Da hilft bei eher windstillem →Wetter ein Regenschirm, ansonsten ist ein Regenponcho die bessere Wahl. Je nach Jahreszeit wählt man bei dem Poncho eine stabilere oder leichtere Variante. Die leichtere Variante bekommt man in Drogeriemärkten. Sie wiegt »nichts« und braucht auch sehr wenig Platz – solche Ausrüstungsgegenstände liebt man als →Pilger! Auch der oben erwähnte Sonnenhut kann bei einem Schauer zum Einsatz kommen. Brillen-

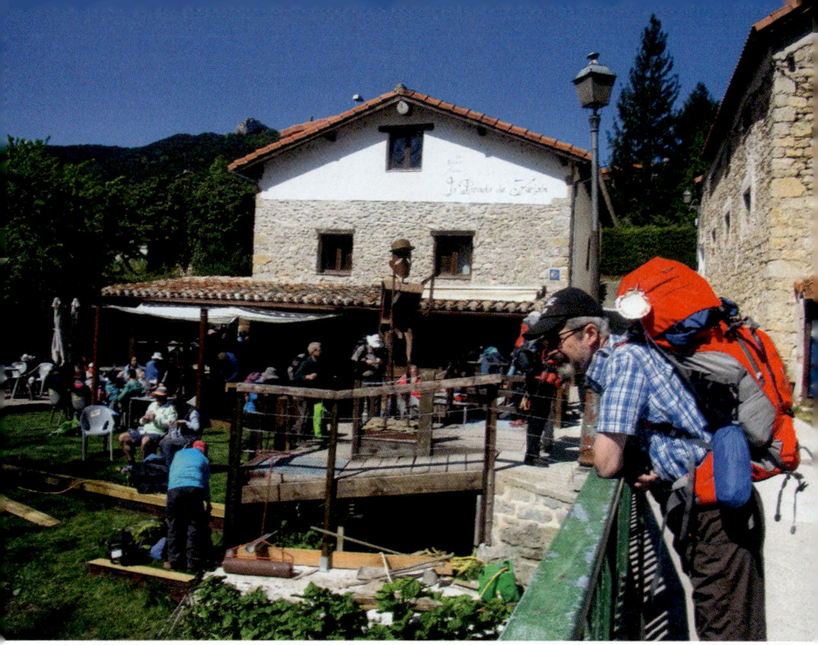

Zum Wandern auf dem Jakobsweg gehören auch Pausen.

träger freuen sich dabei über die breite Krempe, da diese die Regentropfen abhält. Wenn der Hut in diesem Falle noch ein Band hat, mit dem man ihn bei kräftigen Windstößen befestigen kann, umso besser.

Wir wissen: Das Wetter schlägt europaweit und das ganze Jahr über Kapriolen – und wir sind womöglich einmal hautnah mittendrin. Da ist es am besten, wenn man das Beste daraus macht. Und für jedes Wetter ausgerüstet ist. Noch immer gilt die alte Weisheit: »Es gibt kein schlechtes Wetter, nur schlechte Ausrüstung.«

Ein Bild sagt mehr als 1.000 Worte

Mit einem Foto oder der Kamera des Mobiltelefons lassen sich persönliche Eindrücke und Erinnerungen sehr gut festhalten. Auch hierbei gibt es große persönliche Unterschiede: Manche Pilger machen mehrere hundert Bilder an einem Tag, andere begrenzen die Auswahl auf fünf besondere Motive – auch eine spannende Sache. Andere sind ganz ohne »Technik« unterwegs und nehmen die Eindrücke nur »in sich« auf. Fotos sind für den einen wie ein »Bildtagebuch«, das man nach der Rückkehr gerne immer wieder anschaut oder auch anderen zeigen kann. Mit manchen Fotos werden auch spezielle Erinnerungen verbunden. Schaut man sich ein gewisses Motiv an, dann stellen sich automatisch die dazugehörigen Emotionen ein. Die Fotos der Mobiltelefone dagegen werden in vielen Fällen sofort online oder auf »Status« gestellt. Sie sind ein Gruß an die Zuhausegebliebenen oder auch an die Mitpilger, die man kennen gelernt hat.

Mobiltelefone: ja oder nein?

Mit Mobiltelefon oder ohne? Das ist die Frage ... Jeder hat seine eigene Meinung in Bezug auf Mobiltelefone beziehungsweise Smartphones. Viele Pilger – und das quer durch alle Altersgruppen – benutzen ein Smartphone. Manche bevorzugen ein »normales« Handy, andere wollen bewusst keines von beiden. Da gibt es kein »Richtig« oder »Falsch«, dabei zählen nur die persönliche Meinung und Einstellung.

So ein Smartphone kann ja wirklich vieles. Nachfolgend nur eine kleine Auswahl, die auf pilgertypische Dinge abzielt: Viele sparen sich mittlerweile den Fotoapparat und machen nur noch mit dem Handy Bilder und Selfies. Technikbegeisterte zeichnen den gewanderten Track auf und fügen dabei die passenden Fotos automatisch hinzu. Man kann eine Offline-Landkarte dabeihaben und weiß dank →GPS auch in größeren Städten den eigenen Standort. Oder man findet nachts mit der integrierten Taschenlampe auf die →Toilette, kann Radio hören, Nachrichten empfangen und welche schreiben, die aufgenommenen Bilder zu kleinen Kunstwerken weiterverarbeiten und an die Angehörigen zu Hause senden, sich verabreden und Kontakt halten, die nächste Übernachtung anfragen oder man hat gar den Wanderführer offline dabei. Mittlerweile sind europaweit gültige Flats die Regel, zudem gibt es fast durchgehend in den Unterkünften und →Bars kostenfrei WLAN. Die Leistungsfähigkeit der Geräte wird meist nur durch den Akku begrenzt. Doch irgendwo findet sich eine Steckdose oder man versorgt sich tagsüber mit einer Powerbank.

Karten: Praktisch für die Orientierung

In den Wanderführern der Jakobswege, die die meisten Pilger verwenden, sind zumeist Karten enthalten. Je nach Ausgabe sind es mehr oder weniger detailreiche Karten. Wer sich gerne unterwegs orientieren möchte, kann eventuell als Übersichtskarte zusätzlich eine Straßenkarte mitnehmen, notwendig ist dies jedoch nicht. Auch die regionalen Tourismus-Informationen bieten gute Übersichtskarten an, auf denen man die Route des Jakobswegs sehr gut verfolgen kann. In →Zeiten der Apps und digitalen Offline-Karten auf den diversen Smartphones ist die Orientierung sowieso ein Kinderspiel ...

Bars

Sooo viele Einkehrmöglichkeiten entlang des →Camino Francés

Als →Pilger kann man sich den →Camino Francés nicht ohne seine unzähligen Bars vorstellen – und man möchte es auch gar nicht! Es gibt auf der ganzen Länge des Weges nur ganz wenige Weiler und Ortschaften, die keine Bar aufweisen. In diesen vielen Einkehrmöglichkeiten entlang der Route spielt sich ab frühmorgens das Pilgerleben ab. Man startet ja in den Herbergen zumeist ohne →Frühstück – daran gewöhnt man sich rasch, auch wenn man es sich vorher nicht unbedingt vorstellen kann – und wandert erst mal so eine oder zwei Stunden oder auch mehr, bis zur nächsten einladenden Bar eben.

Dann freut man sich auf einen frisch gepressten Orangensaft, einen Kaffee, einen Cappuccino, ein köstlich belegtes Bocadillo, ein warmes Sand-

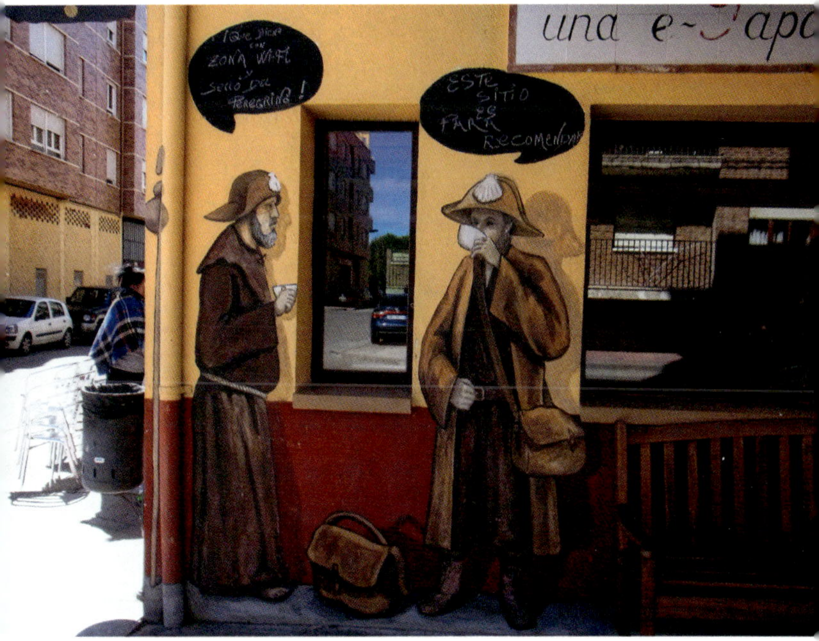

Pilger unter sich – am Ortsanfang von Nájera

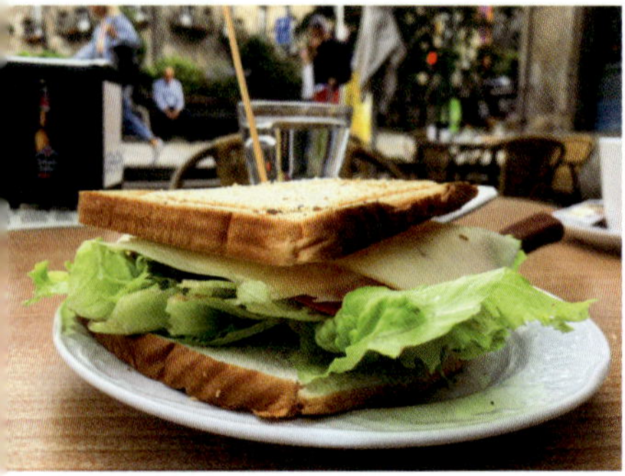

Leckeres Sandwich

wich, eine Banane, ein Stück Tortilla oder auch leckeren Kuchen oder später am Tag auf ein kühles Bier bis hin zu ganzen Mahlzeiten – auf wenig Raum gibt es in den Bars meist eine ganze Auswahl der »überlebenswichtigen« Dinge eines Pilgers. Dazu, nicht zu vergessen, gibt es meist einen schönen →Stempel in den →Pilgerausweis und, auch nicht zu verachten, →Toiletten. WLAN ist ebenfalls fast überall verbreitet, doch in Zeiten europaweit gültiger Flats hat das gar nicht mehr so große Priorität.

Kurze Rast »zum Auftanken« und Sich-Treffen

Jede Bar hat auch Tische und Stühle im Freien stehen – Sehen und Gesehenwerden entlang der Route ist überaus wichtig. Bei einer →Rast ist nämlich die Chance am größten, schon kürzere oder längere Zeit nicht mehr gesehene Mitpilger zu treffen. Da gibt es dann ein großes →Hallo. Doch allzu lange will man in den Bars meist auch nicht verweilen: Weiß man doch, dass man noch ein gutes Wegstück vor sich hat … also dann bis zum nächsten Mal … →Buen Camino!

Wer sich überlegen sollte, eine Bar entlang des →Camino zu eröffnen, muss beachten: Der Barbesitzer am Beginn eines Ortes hat die besten Karten, er macht in der Regel den meisten Umsatz. Nach einer womöglich schon etwas längeren »Durststrecke« fackelt man nicht lange: Sitzen da schon bekannte Gesichter, setzt man sich gerne dazu. Ein Barbesitzer weiter hinten in der Ortschaft braucht dann manchmal schon etwas Fantasie, damit er auch zu genügend Gästen kommt. Beispielsweise greift er zu einem Trick und bringt vor dem Ort ein gut sichtbares Schild an, auf dem steht: »I know that I know nothing. But the second bar is cool. Socrates«.

Automaten

In einigen →Orten wird mit einem Rund-um-die-Uhr-Service an die durstigen, hungrigen wie auch an die »pflegebedürftigen« Pilger gedacht: Man trifft entlang des Camino Francés auf relativ viele Automaten, an denen man sich 24 Stunden pro Tag mit Getränken, Essen oder auch Drogerie- oder Apothekenartikeln versorgen kann. Gerade in kleinen Orten wird dieses Angebot sehr rege genutzt.

Begegnungen

8

Diese sind auf dem →Camino »das Salz in der Suppe«

Begegnungen können nicht nur auf dem Jakobsweg dem Leben eine neue Richtung geben. Doch auf dem Camino bieten sich vielfältige Möglichkeiten dazu: seien es die Begegnungen mit anderen Pilgern, die Begegnungen mit Anwohnern, die Begegnungen mit den →Hospitaleras, Hospitaleros, Barbesitzern und Gastgebern, mit Gastfreundlichkeit allgemein und auch die Begegnungen mit Textstellen, Sprüchen, →Gebeten, Gerüchen oder Gerichten. All das kann dazu beitragen, nach der Rückkehr die Begegnungen im Alltag mit einer neuen Aufmerksamkeit wahrzunehmen.

Zu Beginn eines Gesprächs wird entlang des Camino oft das →Buen Camino stehen. Was sich aus diesem netten Gruß weiter entwickelt, ob man es bei diesem Gruß belässt oder ob sich eine längere oder kürzere Unterhaltung daraus ergibt, das hat jeder →Pilger selbst in der Hand.

Eines lässt sich feststellen: Wenn man überall so freundlich, hilfsbereit und nett wie auf dem →Jakobsweg miteinander umgehen würde, dann hätte die Welt ein anderes Gesicht!

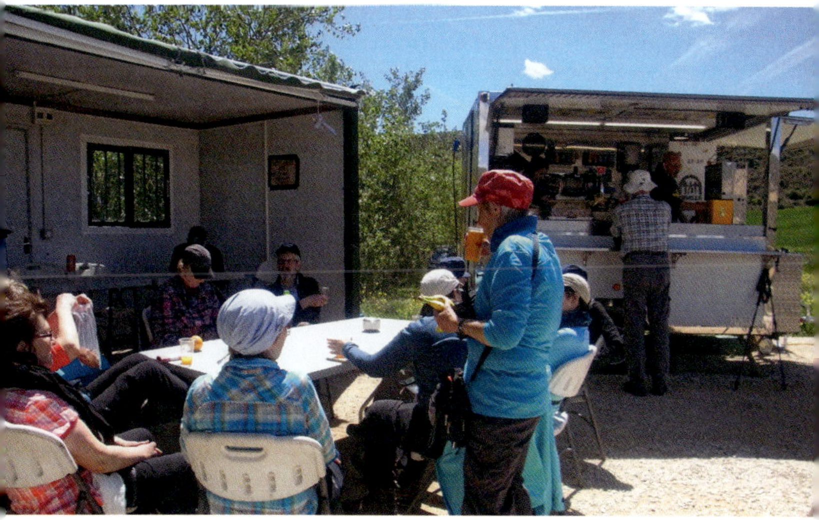

Freudige Überraschung am Camino: ein mobiler Verkaufsstand

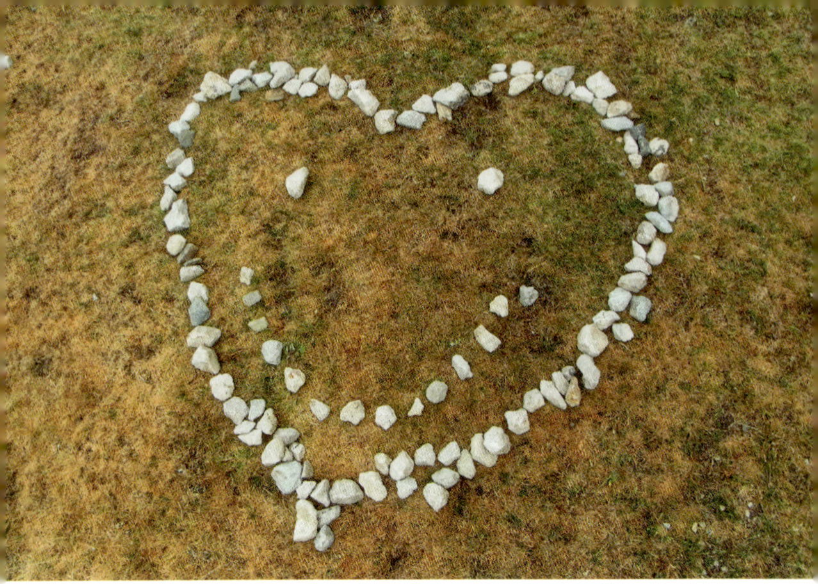

Man lächelt automatisch mit, nicht wahr? Gesehen in den Pyrenäen …

Begegnungen mit anderen Pilgern

Täglich trifft man andere Pilger, sei es unterwegs oder in der →Pilgerherberge. Wie intensiv man mit ihnen ins Gespräch und in Kontakt kommt, hängt zum einen vom Interesse, vielleicht vom Wandertempo oder auch von den jeweiligen Sprachkenntnissen ab. Es gibt viele Beispiele von Freundschaften und Paaren, die sich auf dem Jakobsweg kennen gelernt haben. Andererseits gibt es auch Paare, die sich auf dem Jakobsweg getrennt haben – die Bandbreite ist auch in dieser Beziehung sehr vielfältig …

Begegnungen mit Anwohnern

Es ist immer wieder aufs Neue erstaunlich, wie viele freundliche Anwohner den Pilgern wohlgesinnt sind. Ein aufmunterndes →»Buen Camino« ist als Gruß Standard. Steht man an einer Kreuzung, an der man sich gerade überlegt, welche Richtung man einschlagen möchte, dann kann es gut sein, dass ein Autofahrer extra anhält, um einem weiterzuhelfen. Oder es gibt Körbchen mit Obst oder Getränken, an denen man sich bedienen kann. Oder Anwohner haben einen Stand aufgebaut mit allem zu essen und zu trinken, was das Pilgerherz erfreut, von süß bis herzhaft.

Begegnungen mit Gastgebern

Es macht schon einen Unterschied, ob man sich bei der Begrüßung in der →Pilgerherberge willkommen geheißen fühlt oder nicht. Auch wenn der Andrang noch so groß ist, geben sich die meist ehrenamtlich tätigen →Hospitaleras und Hospitaleros die allergrößte Mühe, die ankommenden →Pilger freundlich zu empfangen. Auch die Barbesitzer legen im Allgemeinen großen Wert darauf, den Pilgern ihre Wünsche zu erfüllen. Sogar Sonderwünsche werden meist gerne bedient.

Eine Begegnung ist mir dabei besonders im Gedächtnis geblieben. In der Bar neben der Ruine des Klosters San Anton, in der man mit Musik empfangen wird, hatte ich einen besonderen »Schlitten« entdeckt. Nachdem ich Tage vorher schon einmal so ein Gefährt gesehen hatte – ohne die Möglichkeit, mich bei jemandem nach der Funktion zu erkundigen –, fragte ich den Barbesitzer nach dem Namen und der Funktion des betreffenden Teils. Bereitwillig gab er Auskunft. Ja, nicht nur das, er bedankte sich sogar überschwänglich für die Frage. Er meinte, dass es ihn außerordentlich freuen würde, dass sich jemand für die Geschichte seines Landes und die der einstmals verwendeten landwirtschaftlichen Geräte interessieren würde.

Begegnungen mit Sprüchen und lokalen Speisen

Begegnungen mit Textstellen, Sprüchen, →Gebeten, Gerüchen oder speziellen lokalen Gerichten – schon an dieser Aufzählung erkennt man die Vielfalt der Möglichkeiten weiterer Begegnungen, die damit sicher noch immer nicht erschöpfend dargestellt sind.

Mir passiert es zum Beispiel immer wieder: Wenn ich gerade mit einer Frage oder einer Entscheidung beschäftigt bin, kann es sein, dass ich auf Sprüche oder Textstellen treffe, die ganz genau zu meinem Thema passen. Erstaunlich ist dabei, wo man auf solche »Antworten« trifft: Das können ganz triviale Werbeplakate sein, ein Spruch in einem Pilgergästebuch oder an einer Hauswand oder bei einem Gebet in der abendlichen Pilgermesse. Oder ich esse auf dem Cebreiro einen Queso con Miel – diese Erinnerung bleibt sehr lange im Gedächtnis gespeichert, weit über die kurze Zeit dieser kleinen Mahlzeit hinaus.

Begegnungen im Alltag

Wer die unterschiedlichen Begegnungen auf dem Camino einmal wahrgenommen hat, wird sie auch im Alltag viel häufiger erleben. In den verschiedenen Arten und Möglichkeiten dieser manchmal längeren oder auch kürzeren Kontakte steckt ein unglaublich großes Potenzial, das man neu für sich entdecken kann.

Betten

9

Jeden Tag ein anderes

Als →Pilger schläft man jede Nacht an einem anderen →Ort, in einer anderen →Pilgerherberge – oder in einem anderen →Hostel/Hotel – und damit in einem anderen Bett. Dieses »Jeden-Tag-woanders-Schlafen« fällt manchen Pilgern leichter, doch manchen auch etwas schwerer. Man braucht dafür schon eine gewisse Portion Mut, →Vertrauen, Zuversicht und →Gelassenheit. Morgens weiß man im Allgemeinen noch nicht, was einen am Abend erwartet. Früher startete man in der Regel, ohne eine Reservierung gemacht zu haben, heutzutage kann in manchen Unterkünften vorreserviert werden.

Stockbetten

Aus Platzgründen sind in den →Pilgerherbergen Stockbetten weit verbreitet. Doch hinter diesem allgemeinen Begriff »Stockbett« verstecken sich ganz verschiedene Variationen und Ausgaben dieser doppelstöckigen Schlafmöglichkeit. Leider – und das muss man wirklich feststellen – gibt es viel zu wenige »gute« Stockbetten.

Was zeichnet denn ein gutes Stockbett aus? Man erkennt es daran, dass man auf dem unteren Bett sitzen kann, ohne dass man sich den Kopf an der

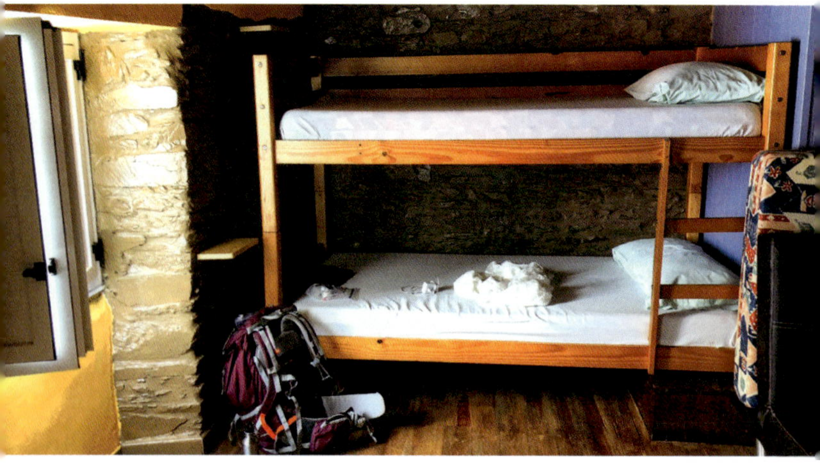

Jede Nacht schläft man in einem anderen Bett.

oberen Bettkante anschlägt. An den Raumhöhen liegt es auf jeden Fall nicht, dass man so wenige bis gar keine dieser etwas besseren Exemplare aufstellt. Vielleicht müssten die Hersteller mal einen Praxistest in Betracht ziehen. Natürlich gibt es auch dabei verschiedene Varianten, das obere Bett zu erklimmen. Allerdings ist es für diejenigen schon etwas mühsam, die nachts rausmüssen …

Einzelbetten

Manchmal gibt es in den Zimmern auch Einzelbetten, was natürlich bei den Pilgern beliebt ist. Da hat man es abends nach einem langen Wandertag deutlich bequemer. Man kann gemütlich auf seiner Schlafstätte sitzen und die Sachen aus dem Rucksack holen. Oder man kann sich auch mal geschwind hinlegen und die Beine ausstrecken, was man sich angesichts der Klettertour hoch zum oberen Stockbett schon sehr gut überlegt …

Matratzen

Wer den ganzen Tag auf den Beinen war und am nächsten Tag wieder fit sein möchte, für den ist ein erholsamer Nachtschlaf wichtig. Da spielt natürlich die Beschaffenheit der Matratze eine wichtige Rolle. Allerdings darf man dabei seine Ansprüche nicht zu hoch schrauben …

Liegematte

Eine Liegematte ist im Allgemeinen nicht erforderlich. Doch natürlich gilt auch hier die Regel, dass es Ausnahmen geben kann.

Wanzen

Diese kleinen Tiere sind die größten Schreckgespenste auf dem Camino. Leider sieht man sie im Allgemeinen nicht, obwohl es auch andere Erzählungen über diese winzigen Tiere gibt. In den Unterkünften und Herbergen bemüht man sich redlich, die Anwesenheit dieser ungeliebten Bewohner zu unterbinden – es scheint kein leichtes Unterfangen zu sein. Wer selbst schon mal einen Wanzenbiss abbekommen hat, weiß, wie es sich anfühlt, und weiß auch, dass es bis zur Heilung mehr als einige Tage dauert. Und wer schon einmal Leidtragender war, erkennt auch die geplagten Mitpilger an ihren typischen Kratzbewegungen (oft am Unterarm).

Allerdings: Gegen den Juckreiz und um die Schwellung zu unterbinden gibt es ein probates homöopathisches Mittel. Wer dies bei seiner nächsten Pilgertour ausprobieren möchte, dem sei verraten: Es heißt Ledum. In Spanien bekommt man es eher schwierig; man müsste es daher schon vorsichtshalber von zu Hause mitbringen.

Blasen

10

Es gibt keine Verpflichtung, welche zu bekommen!

Viele →Pilger legen den →Jakobsweg ganz ohne Druckstellen oder Blasen an den Füßen zurück. Manche Pilger bekommen dagegen bereits am ersten Tag ihrer Wanderung welche. Das kann die Ferse, den Ballen, den kleinen Zeh oder viele andere Stellen mehr betreffen. Manche Füße sehen so schlimm aus, dass man sich kaum vorstellen kann, wie man damit weitergehen kann. Und zwischen diesen Möglichkeiten gibt es alle denkbaren Variationen.

Leider verursachen die meisten Blasen ein Schmerzgefühl an den Füßen. Wer →Glück hat, bekommt sie mit dem speziellen Blasenpflaster, das jede Apotheke und viele Automaten entlang des Camino Francés vorrätig haben, in den Griff. Auch ein rechtzeitiges Abkleben der empfindlichen Stellen mit Tape kann helfen. So ein Klebeband ist im Übrigen auch in anderen Situationen hilfreich: z. B. kann man damit Hosen, Hemden oder Blusen auf die Schnelle reparieren, wenn diese aus Versehen eine Triangel abbekommen haben ...

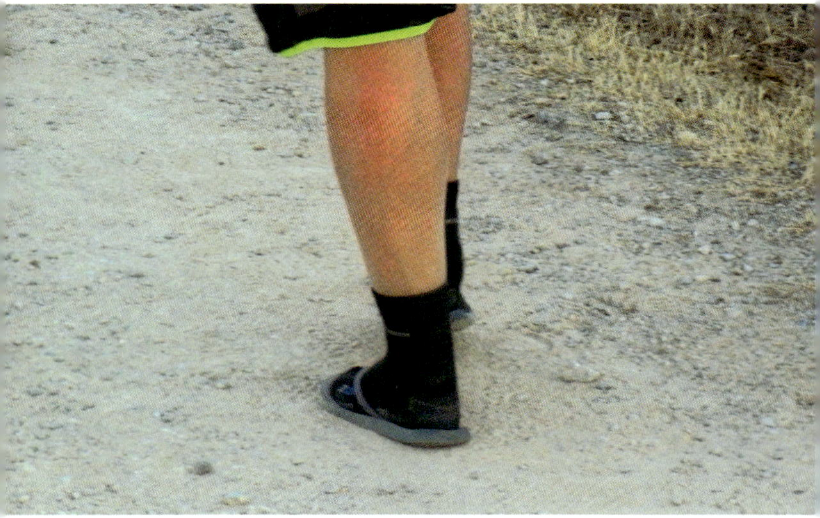

Pilger sind (oder werden!) bei Problemen erfinderisch ...

Buen Camino

11

Zwei einfache Wörter als freundlicher und aufmunternder Pilgergruß

Mit »Buen Camino« oder auch »Bon Camino« grüßen sich die Mitglieder der großen Pilgerfamilie aus aller Welt. Es ist ein Gruß, der zu allen Tageszeiten passt und zu jeder Gelegenheit verwendet werden kann. Er wird auch von allen →Pilgern, aus welchen Teilen der Welt sie auch kommen mögen, verstanden und erwidert. Dieser Gruß kann nicht nur aufmunternd wirken, er kann auch Mitgefühl äußern. Er kann als ein liebes Wort gemeint sein, wo aufgrund von Sprachproblemen keine andere →Verständigungsmöglichkeit besteht. Er kann trösten, Zuversicht spenden und vieles mehr. Auch Radfahrer, →Radpilger oder Einheimische grüßen Pilger mit diesen beiden Wörtern. Durch die Kürze der beiden Wörter kann er auch vom »Gegenüber« ohne große Anstrengung erwidert werden, auch wenn es beispielsweise den Berg hochgeht.

Doch eines muss man sich bewusst machen: Solange ich nur »Buen Camino« sage, kann mein Gegenüber nicht wirklich erraten, aus welchem Land ich komme. Und andersrum ist es genauso: Solange ich nur das »Buen Camino« höre, weiß ich ebenso wenig, woher mein Gesprächspartner kommt.

Doch: Was heißt es nun übersetzt? »Buen« heißt »gut« und »Camino« ist der »Weg«. Man wünscht sich also alles Gute für den und auf dem Weg.

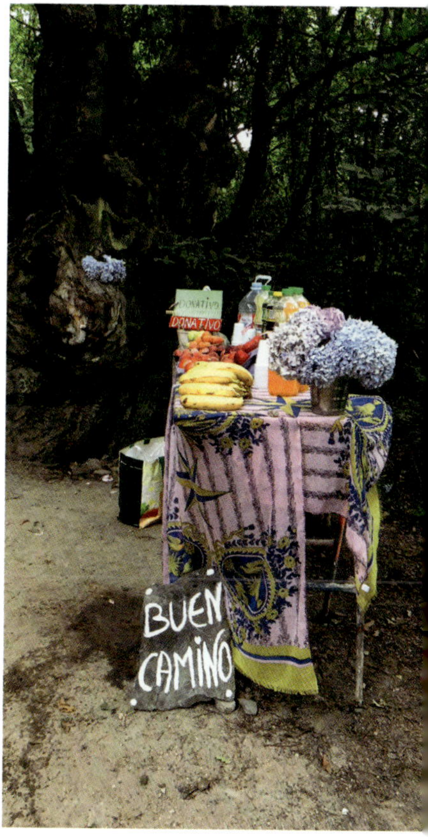

Freundlicher Gruß an alle

Camino

12 Das spanische Wort »Camino« heißt auf Deutsch übersetzt »Weg«

Es gibt unzählige Wortverbindungen im Zusammenhang mit »Camino«. Als Beispiel sei der Camino Real (Königsweg, königlicher Weg) genannt oder auch Camino de Santiago als Überbegriff für alle →Jakobswege, die zum →Grab des →Jakobus nach →Santiago de Compostela führen.

Der bekannteste aller Jakobswege ist der Camino Francés (»Französischer Weg« = von Frankreich kommend). Dies ist der klassische Jakobsweg, der die Wege aus Mitteleuropa in sich vereinigt und mit einer Länge von rund 770 Kilometern vom Fuß der Pyrenäen in Roncesvalles quer durch Nordspanien bis nach Santiago de Compostela führt. Im Jahr 1993 wurde diese Route als UNESCO-Welterbe anerkannt. Wenn man von diesem Jakobsweg spricht, wird auch oft nur die Kurzform »Camino« verwendet. An dieser Route liegen viele bekannte und von Sagen umwobene →Orte und Städte. Die größten Städte mit ihren herausragenden Kathedralen sind Burgos und León.

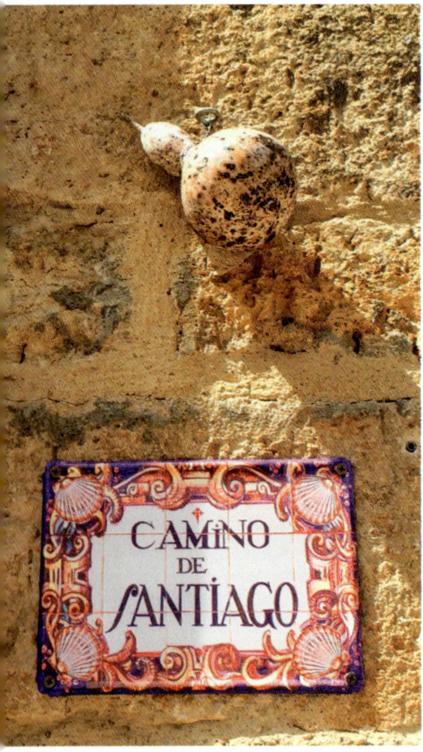

Gesehen in Castrojeriz

Daneben gibt es in Spanien noch viele weitere Jakobswege, die ebenfalls zum Grab des Apostels führen: den Camino del Norte (Küstenweg), den Camino Primitivo, den Camino Inglés, den Camino Portugués, die Via de la Plata, den Camino de Levante und weitere mehr. Die Pilger dieser Caminos werden in der Statistik des Pilgerbüros in Santiago de Compostela ebenfalls erfasst.

Codex Calixtinus

13

Uraltes Pilgerbrevier mit detaillierten Angaben zur Route

Der Codex Calixtinus ist ein Reiseführer zum →Jakobsweg, dessen Ursprung auf das 12. Jahrhundert datiert wird. Früher wurde als Verfasser Papst Calixt II. genannt, neuere Forschungen können das nicht unbedingt bestätigen.

Dieser historische Reiseführer ist in fünf Abschnitte gegliedert. Im ersten Teil findet man unter anderem Texte und Gesänge für Messen und Stundengebete, hauptsächlich zu den Festtagen des Jakobus. Im zweiten Teil wird von den Wundern berichtet, die →Jakobus bewirkt haben soll. Im dritten und vierten Abschnitt wird Geschichtliches erzählt: die Überführung des Leichnams von Jakobus und die Kämpfe Karls des Großen in Spanien. Im fünften Teil findet sich dann der eigentliche Pilgerführer, der die Hauptrouten nach →Santiago de Compostela beschreibt. Dieser Codex Calixtinus zählt dabei die wichtigsten Sehenswürdigkeiten auf, beinhaltet jedoch auch Warnungen und Hinweise für die damaligen Pilger.

Eine kuriose Geschichte aus moderner Zeit dazu: Im Sommer 2011 wurde dieses historische Dokument aus dem Museum der Kathedrale in Santiago de Compostela entwendet. Ein Jahr später fand man es unbeschädigt in einer Garage eines ehemaligen Angestellten wieder.

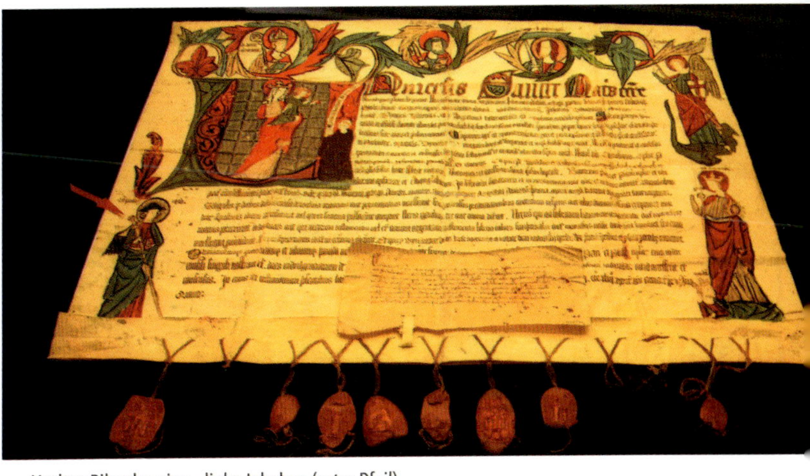

Uraltes Pilgerbrevier – links Jakobus (roter Pfeil)

Compostela

14 Schlangestehen für das begehrte Dokument in Santiago de Compostela

Jeden Monat kommen in →Santiago de Compostela viele tausend →Pilger aus allen Winkeln der Erde an. Sie alle haben mindestens die letzten 100 Kilometer zu Fuß oder die letzten 200 Kilometer mit dem Fahrrad oder auf dem Pferd zurückgelegt. Der Nachweis dafür ist im →Pilgerausweis mit den täglichen →Stempeln bescheinigt. Alle Pilger, die sich im Pilgerbüro melden, um ihre Compostela abzuholen, werden in der Statistik erfasst. Dabei werden das Alter, das Herkunftsland sowie der Startort erhoben. Diese Statistiken sind interessant und online auch für jeden einsehbar.

Mit der Urkunde Compostela wird jeder Pilgerin und jedem Pilger bescheinigt, dass das Ziel, die Kathedrale von Santiago de Compostela mit dem →Grab des Jakobus, erreicht wurde. Eine zusätzliche Urkunde kann man sich ausstellen lassen, wenn man sich die zurückgelegte Strecke bescheinigen lassen möchte. Manche der Ankommenden sind an ihrem Wohnort gestartet und mittlerweile seit mehreren Monaten zu Fuß unterwegs, manche haben diese Strecke sogar am Stück zurückgelegt, andere auf mehrere Jahre verteilt. Manche Pilger sind den mehrwöchigen Weg ab den Pyrenäen gelaufen und wiederum andere sind nur die vorgeschriebenen letzten 100 →Kilometer ab Sarria zu Fuß unterwegs gewesen. Doch alle sind von dem Wunsch beseelt, die besondere Urkunde Compostela für das erfolgreiche Zurücklegen des Pilgerwegs zu erhalten. Die Pilgerausweise gewinnen nun an Bedeutung: Die jeweils mit Datum versehenen Stempel werden von den dort – ebenfalls zumeist ehrenamtlich – Tätigen auf Plausibilität geprüft. Eine Besonderheit gibt es für die ersten zehn Pilger eines jeden Tages: Sie werden einen Tag lang kostenlos im Paradorhotel Reyes de los Católicos verköstigt.

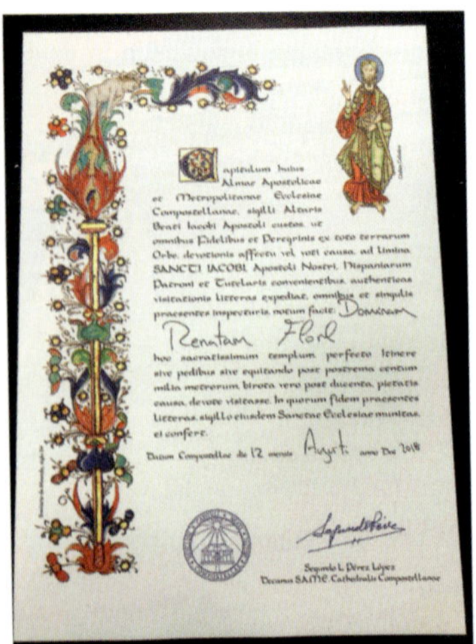

Capitulum huius Almae Apostolicae et Metropolitanae Ecclesiae Compostellanae, sigilli Altaris Beati Iacobi Apostoli custos, ut omnibus Fidelibus et Peregrinis ex toto terrarum Orbe, devotionis affectu vel voti causa, ad limina SANCTI IACOBI Apostoli Nostri, Hispaniarum Patroni et Tutelaris convenientibus, authenticas visitationis litteras expediat, omnibus et singulis praesentes inspecturis notum facit: Dominam Renatam Florl hoc sacratissimum templum perfecto itinere sive pedibus sive equitando post postrema centum milia metrorum, birota vero post ducenta, pietatis causa, devote visitasse. In quorum fidem praesentes litteras, sigillo eiusdem Sanctae Ecclesiae munitas, ei confert.

Datum Compostellae die 12 mensis Augusti anno Dni 2018

Segundo L. Pérez López
Decanus S.A.M.E. Cathedralis Compostellanae

… und so sieht sie aus!

15

Cruz de Ferro

Höchster Punkt auf dem Camino Francés in Spanien

Schon seit langer Zeit gilt das Cruz de Ferro als ganz besonderer Punkt auf dem →Camino Francés. Die Stelle mit dem besonderen kleinen Eisenkreuz, das sich an der Spitze eines langen Holzstabes befindet, liegt auf einer Höhe von rund 1.500 Metern.

Es ist eine alte überlieferte Tradition, dass man an dieser Stelle einen Stein als →Symbol für seine Lasten und Sorgen ablegt. Manche →Pilger bringen diesen Stein sogar im Rucksack von zu Hause mit, andere suchen sich unterwegs ein Exemplar. So hat sich ein ganzer Berg von Steinen am Fuß des Kreuzes gebildet. Mittlerweile sieht man am Cruz de Ferro auch beliebige andere Dinge, die dort von den Pilgern abgelegt werden. Es gibt auch Stimmen, die erklären, dass das eigentliche Cruz de Ferro früher einmal einen Platz in der Nähe – und dafür weiter entfernt von der Straße – gehabt haben soll. Es wurde jedoch für die Auto- und Bustouristen an den heutigen Platz an der Straße verlegt. Für die Pilger macht es keinen Unterschied und warum sollen sich diejenigen, die nicht (mehr) gut zu Fuß sind, nicht auch an gewissen Highlights des Weges erfreuen dürfen?

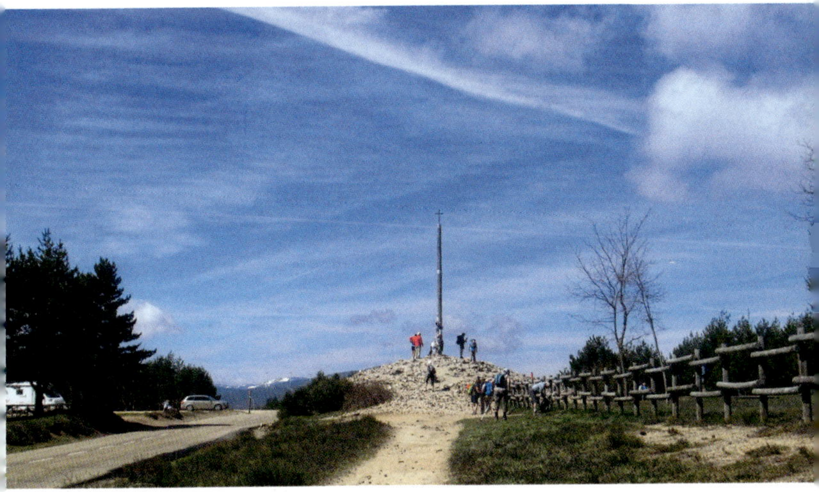

Das Cruz de Ferro ist eine wirklich symbolträchtige Stelle.

Dankbarkeit

16

Dankbarkeit hat eine erstaunliche Kraft

Wenn man sein Tagesziel, sein Wochenziel oder →Santiago de Compostela erreicht hat, ist es ein herrliches Gefühl, es geschafft zu haben. Man ist erfüllt von Freude, →Dankbarkeit und →Glück. Eine so große Entfernung nur mithilfe der eigenen Füße zurückgelegt zu haben, ist immer wieder von Neuem ein eindrückliches Erlebnis.

»Danke« sagen kann man als Pilger doch tagtäglich für vieles mehr: für ein Lächeln, für einen netten Gruß, für einen Schluck Wasser zur richtigen Zeit, für eine Auskunft. Die Dankbarkeit wie auch die Aufmerksamkeit gegenüber kleinen Dingen wachsen mit jedem Tag des Unterwegsseins.

Wofür können wir, kann ich persönlich an diesem Tag dankbar sein? Vielleicht regt sich bei dem einen oder anderen auch Widerstand und er stellt sich eher die Frage: Muss ich überhaupt dankbar sein? Erinnert mich dies an meine Kindheit, wo es mir beigebracht wurde, »Bitte« und »Danke« zu sagen? Oder: Soll ich dankbar sein für Situationen, die mir überhaupt nicht gefallen? Interessant: Wenn ich auch dankbar sein kann für Situationen, die mir im ersten Moment weniger gefallen, dann nähere ich mich dem innersten Wesen der Dankbarkeit: Denn alles, was mir widerfährt, ist ein Geschenk an mich und möchte mir bei meiner Entwicklung helfen.

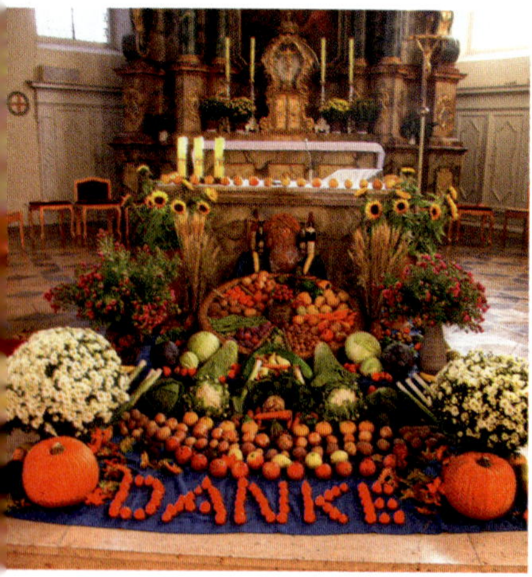

Geschmückter Erntedankaltar

Ups, damit rechnet man doch im Allgemeinen nicht. Nicht immer erkenne ich dieses Geschenk für meine Entwicklung (hin zu mehr Geduld, mehr →Gelassenheit, mehr Liebe und vielem mehr) auf den ersten Blick. Doch wir haben sicher schon die Erfahrung gemacht, dass sich die Einstellung zu einer Situation im Laufe der Zeit verändert. Wer einmal erfahren hat, welche Kraft die Dankbarkeit mit sich bringt, wird ihr mehr und mehr in seinem Leben einen Platz einräumen wollen.

Der Mond ist aufgegangen …

17

… so sind gar manche Sachen, die wir getrost belachen, weil uns're Augen sie nicht seh'n …

Sicher kennt jeder den Text und die Melodie dieses bekannten Abendliedes. Selbst einen Mondaufgang – besonders bei Vollmond – zu erleben, ist ein Ereignis, das einen tiefen Eindruck in der Seele des Betrachters hinterlässt. Diese Stimmungen sind ganz besondere Momente. Und wenn wir nach dem Neumond wieder die schmale Mondsichel an einem klaren Himmel erkennen können, wissen wir, dass der Mond nicht wirklich eine Sichelform hat, sondern sich uns nur in diesem Moment so präsentiert. Ob es auf der Welt noch andere und weitere Dinge gibt, von denen wir nur Ausschnitte oder Teile sehen? Fällt uns dies wirklich immer auf? Oder nehmen wir von diesem Ausschnitt oder diesem Teil an, dass er das Ganze darstellt?

Machen Sie sich ein vollständiges Bild!

Eine Geschichte dazu: Es waren einmal fünf weise Männer, die ihr Augenlicht verloren hatten. Gemeinsam reisten sie durch die Lande. Eines Tages bekamen sie von ihrem König eine Aufgabe gestellt. Sie sollten herausfinden, was ein Elefant ist. Und so machten sie sich auf die Reise. Sie kamen nach Indien und wurden zu einem Elefanten geführt. Die fünf Ge-

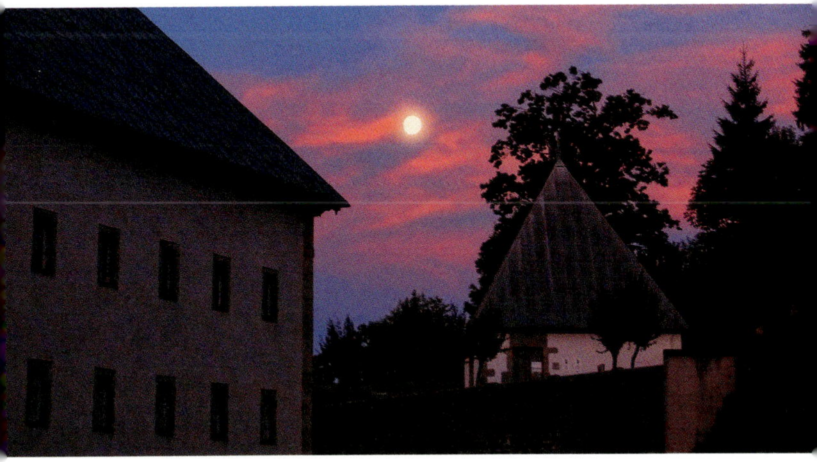

Aufbruch bei morgendlichem Vollmond in Roncesvalles

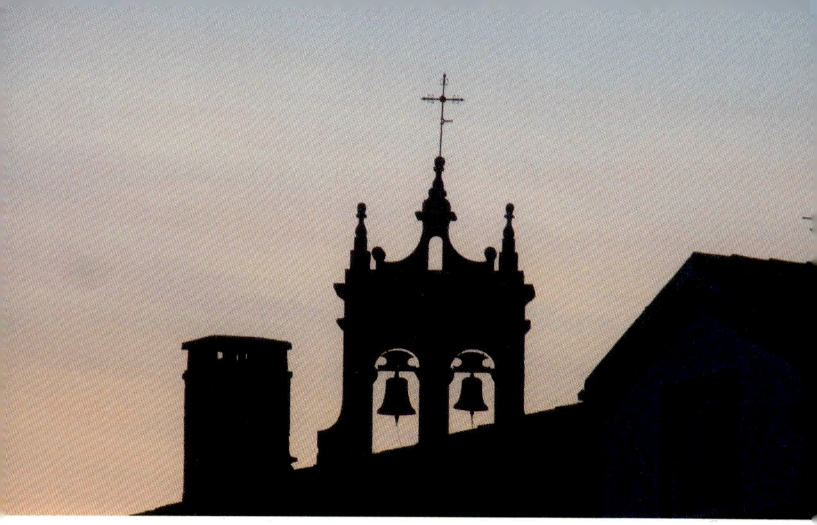

Nicht immer sehen wir das Ganze.

lehrten standen nun um das Tier herum und versuchten, sich durch Ertasten ein Bild von dem Elefanten zu machen. Als sie zurück zu ihrem König kamen, sollten sie ihm über das Tier berichten. Der erste Weise hatte am Kopf des Tieres gestanden und den Rüssel betastet. Er sprach: »Ein Elefant ist wie ein langer Arm.« Der zweite hatte das Ohr des Elefanten ertastet und sprach: »Nein, ein Elefant ist vielmehr wie ein großer Fächer.« Der dritte der Männer sprach: »Aber nein, ein Elefant ist wie eine dicke Säule.« Denn er hatte ein Bein des Elefanten berührt. Der vierte Gelehrte sagte: »Also ich finde, ein Elefant ist wie eine kleine Strippe mit ein paar Haaren am Ende.« Er hatte nur den Schwanz des Elefanten ertastet. Und der fünfte Weise berichtete seinem König: »Ein Elefant ist wie eine riesige Masse, mit Rundungen und ein paar Borsten darauf.« Dieser Gelehrte hatte den Rumpf des Tieres berührt. Nach diesen widersprüchlichen Äußerungen fürchteten die Gelehrten den Zorn des Königs, konnten sie sich doch nicht darauf einigen, was ein Elefant wirklich war. Doch der König lächelte weise: »Ich danke euch, denn ich weiß nun, was ein Elefant ist: Ein Elefant ist ein Tier mit einem Rüssel, der wie ein langer Arm ist, mit Ohren, die wie Fächer sind, mit Beinen, die wie starke Säulen sind, mit einem Schwanz, der einer kleinen Strippe mit ein paar Haaren daran gleicht, und mit einem Rumpf, der wie eine große Masse mit Rundungen und ein paar Borsten ist.« Die Gelehrten senkten beschämt ihre Köpfe, nachdem sie erkannten, dass jeder von ihnen nur einen Teil des Elefanten ertastet hatte und sie sich zu schnell damit zufriedengegeben hatten.

18

Durchhänger

Eine kleine, Mut machende Geschichte

Wer länger zu Fuß unterwegs ist, wird erleben, dass nicht jeder Tag dem anderen gleicht. An manchen Tagen kommt man überraschend leicht vorwärts, an anderen Tagen stimmt irgendetwas einfach nicht und man würde am liebsten in den nächsten Bus oder Zug steigen, alles hinter sich lassen und heimfahren. Wer akzeptiert, dass es ganz normal ist, dass es auch im Pilgerleben solche Momente geben kann, hat schon viel gewonnen. Denn nach einem leckeren Getränk, einer guten Mahlzeit, etwas Ruhe und Entspannung sowie nach einer etwas längeren Nachtruhe sieht die Welt am nächsten Morgen meist wieder freundlicher aus. Und man ist froh, doch nicht heimgefahren zu sein …

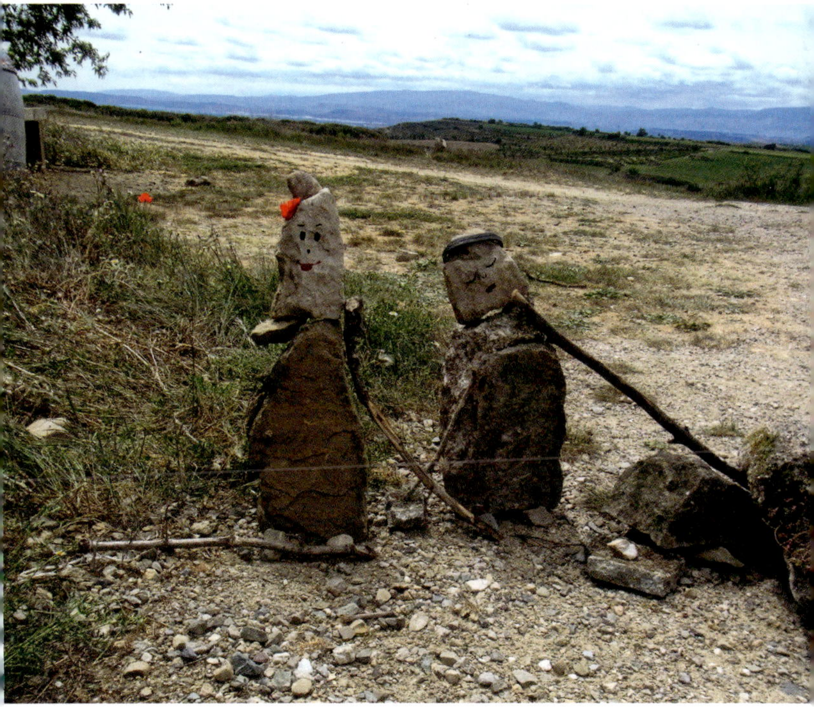

Diese zwei kleinen Pilger zaubern einem ein Lächeln ins Gesicht!

Die Geschichte von der Traurigkeit

Zu diesem Thema finde ich die nachfolgende Geschichte ganz rührend: Es war einmal eine kleine Frau, die auf einem staubigen Feldweg entlangwanderte. Sie war schon recht alt, doch ihr Gang war federnd und leicht. Das Lächeln in ihrem Gesicht hatte den frischen Glanz eines unbekümmerten Mädchens. Als sie so ging, sah sie am Wegesrand eine zusammengekauerte Gestalt sitzen. Sie blieb stehen und sah sie genauer an. Viel konnte sie nicht erkennen. Das Wesen, das da am Wegrand im Staub saß, schien fast körperlos und war in eine graue Flanelldecke gehüllt. Die kleine Frau bückte sich ein wenig und fragte: »Wer bist du?« Zwei fast leblose Augen blickten müde auf. »Ich? Ich bin die Traurigkeit«, flüsterte die Stimme stockend und so leise, dass sie kaum zu hören war. »Ach, die Traurigkeit!«, rief die kleine Frau erfreut aus, als würde sie eine alte Bekannte begrüßen. »Du kennst mich?«, fragte die Traurigkeit misstrauisch. »Natürlich kenne ich dich! Immer wieder einmal hast du mich ein Stück des Weges begleitet.« – »Ja, aber ...«, entgegnete die Traurigkeit, »warum flüchtest du dann nicht vor mir? Hast du denn keine Angst vor mir?« – »Warum sollte ich vor dir davonlaufen, meine Liebe? Du weißt doch selbst nur zu gut, dass du jeden Flüchtigen einholst. Aber, was ich dich fragen will: Warum siehst du so mutlos aus?« – »Ich ... ich bin traurig«, antwortete die graue Gestalt mit brüchiger Stimme. Die kleine, alte Frau setzte sich zu ihr. »Traurig bist du also«, sagte sie und nickte verständnisvoll mit dem Kopf. »Erzähl mir doch, was dich bedrückt.« Die Traurigkeit seufzte tief. Sollte ihr diesmal wirklich jemand zuhören wollen? Wie oft hatte sie sich das schon gewünscht. »Ach, weißt du«, begann sie zögernd und äußerst verwundert, »es ist so, dass mich einfach niemand mag. Es ist nun mal meine Bestimmung, dass ich zu den Menschen gehe und für eine gewisse Zeit bei ihnen verweile. Aber wenn ich zu ihnen komme, schrecken sie zurück. Sie fürchten sich vor mir und meiden mich wie die Pest.« Die Traurigkeit schluckte schwer. »Sie haben Sätze erfunden, mit denen sie mich verbannen wollen. Sie sagen: Papperlapapp, das Leben ist heiter. Und ihr falsches Lachen führt zu Magenkrämpfen und Atemnot. Sie sagen: Gelobt sei, was hart macht. Und dann bekommen sie Herzschmerzen. Sie sagen: Man muss sich nur zusammenreißen. Und sie spüren das Reißen in den Schultern und im Rücken. Sie sagen: Nur Schwächlinge weinen. Und die aufgestauten Tränen sprengen fast ihre Köpfe. Oder aber sie betäuben sich mit Alkohol und Drogen, damit sie mich nicht fühlen müssen.« – »Oh ja«, bestätigte die kleine, alte Frau, »solche Menschen sind mir schon oft begegnet.« Die Traurigkeit sank noch ein wenig mehr in sich zusammen. »Und dabei will ich den Menschen doch nur helfen. Wenn ich ganz nah bei ihnen bin, können sie sich selbst

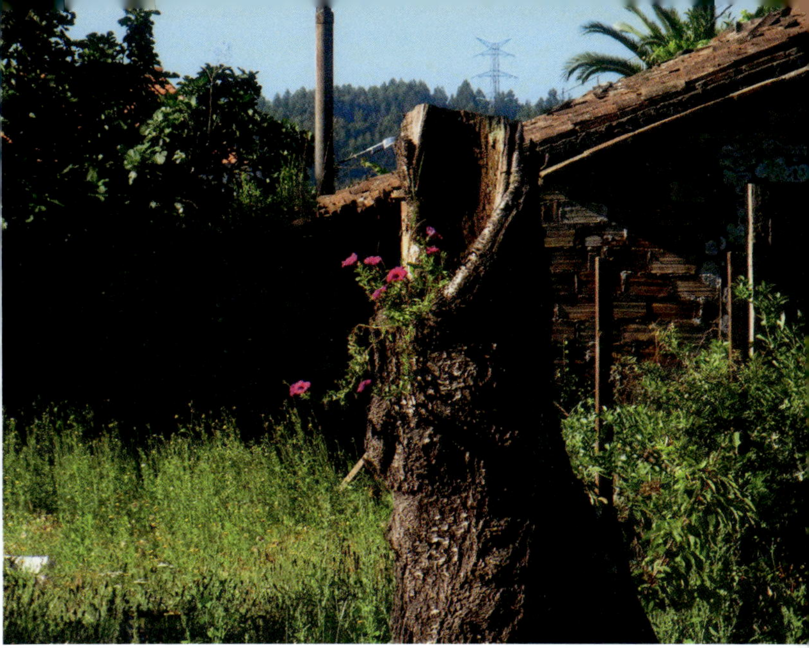

Netter Hingucker am Wegesrand

begegnen. Ich helfe ihnen, ein Nest zu bauen, um ihre Wunden zu pflegen. Wer traurig ist, hat eine besonders dünne Haut. Manches Leid bricht wieder auf wie eine schlecht verheilte Wunde, und das tut sehr weh. Aber nur, wer die Trauer zulässt und all die ungeweinten Tränen weint, kann seine Wunden wirklich heilen. Doch die Menschen wollen gar nicht, dass ich ihnen helfe. Stattdessen schminken sie sich ein grelles Lachen über ihre Narben. Oder sie legen sich einen dicken Panzer der Bitterkeit zu.« Die Traurigkeit schwieg. Ihr Weinen war erst schwach, dann stärker und schließlich ganz verzweifelt.

Die kleine, alte Frau nahm die zusammengesunkene Gestalt tröstend in ihre Arme. »Wie weich und sanft sie sich anfühlt«, dachte sie und streichelte zärtlich das zitternde Bündel. »Weine nur, Traurigkeit«, flüsterte sie liebevoll, »ruh dich aus, damit du wieder Kraft sammeln kannst. Du sollst von nun an nicht mehr alleine wandern. Ich werde dich begleiten, damit die Mutlosigkeit nicht noch mehr an Macht gewinnt.« Die Traurigkeit hörte auf zu weinen. Sie richtete sich auf und betrachtete erstaunt ihre neue Gefährtin. »Aber ... sag doch, wer bist eigentlich du?« – »Ich?«, sagte die kleine, alte Frau schmunzelnd, und dann lächelte sie wieder so unbekümmert wie ein kleines Mädchen. »Ich bin die Hoffnung.«

Endlichkeit

19

Annehmen, was unvermeidlich ist

Macht es Sinn, sich mit der Endlichkeit zu beschäftigen? Was ist eigentlich Endlichkeit? Ist sie das Gegenteil von Unendlichkeit oder bringen wir sie mehr mit dem Begriff der Vergänglichkeit in Zusammenhang? Ist Endlichkeit tröstlich oder birgt sie auch manche Unsicherheit?

Auf dem →Jakobsweg wissen wir eigentlich schon am Anfang unserer Wanderung, dass diese irgendwann ein Ende haben wird. Entweder weil wir an unserem →Ziel angekommen sind oder weil unsere Urlaubstage begrenzt sind. Diese Endlichkeit können wir meist akzeptieren.

Haben wir einen Schnupfen oder eine andere leichte Erkrankung, wissen wir um deren Endlichkeit und sind froh darüber. Bei der Endlichkeit unseres irdischen Lebens sieht es dann vielleicht schon etwas anders aus. Doch ist diese Endlichkeit eine unumstößliche Tatsache. Haben wir uns schon einmal damit beschäftigt? Auch ist es spannend, sich zu überlegen: Geht es dann in der Ewigkeit weiter?

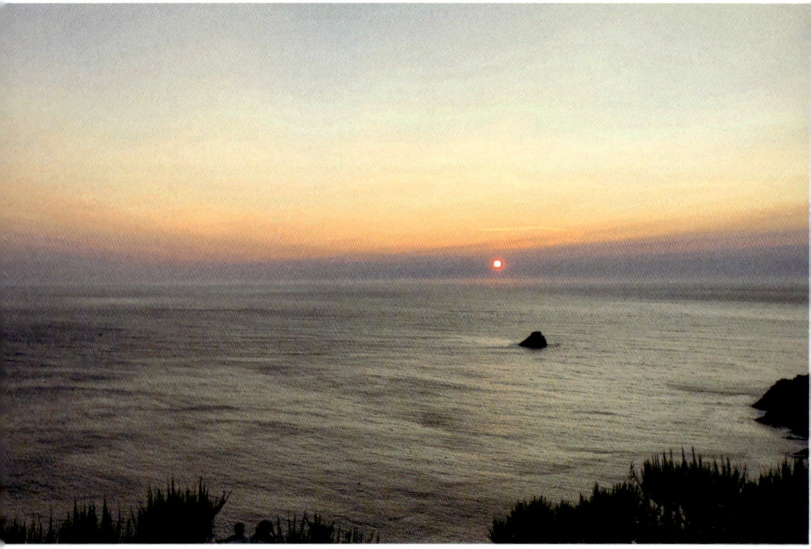

Am Kap Finisterre schauen wir auf die sinkende Sonne.

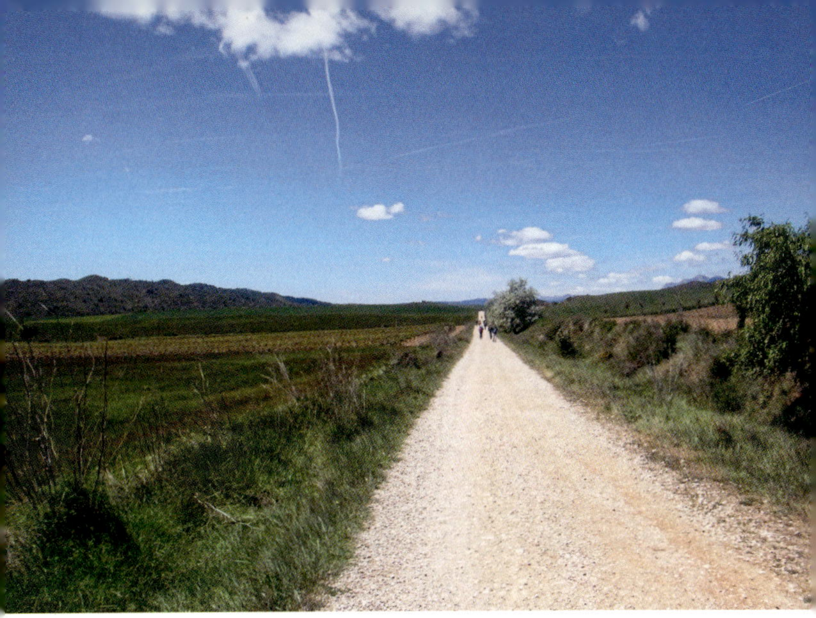

Die Wanderung auf dem Jakobsweg hat einen Anfang und ein Ende.

Endlichkeit auch auf dem Jakobsweg

Der Jakobsweg ist ein Weg nach Westen. Im Westen – sozusagen in der Unendlichkeit des Meeres – geht die Sonne nach ihrem Tageslauf unter. Am Kap →Finisterre beziehungsweise in Muxía lag früher das einstige Ende der Welt. So stand der Westen auch für das Thema Tod und Sterben. Die Pilger, die im Mittelalter losgezogen sind, mussten im Übrigen vor dem Start ihr Testament gemacht haben. Damals dauerte die Reise in der Regel weitaus länger als heute und war auch gefahrvoller. Doch etliche Grabdenkmale entlang des Camino de Santiago weisen darauf hin, dass auch heutzutage nicht alle Pilger wohlbehalten nach Hause zurückkehren.

Ganz wichtig: Die Beschäftigung mit der Endlichkeit mancher Dinge und des Lebens muss kein trauriges Thema sein. Nein, es kann sogar »mehr Lebendigkeit ins Leben« bringen. Denn ich werde mir bewusst, dass ich nicht unendlich viel Zeit habe, das zu realisieren und umzusetzen, was mir wichtig ist. Doch wenn ich mir das bewusst mache, ist das ein erster Impuls, etwas zu ändern. Ich kann mich daranmachen, →Schritt für Schritt meine Ideen und Projekte umzusetzen und zu verwirklichen. Denn: Wer etwas möchte, findet einen Weg. Wer etwas nicht möchte, dem begegnen lauter Hindernisse.

Etappen

20 Ich komme ans Ziel, egal ob ich 5 oder 50 Kilometer am Tag wandere

Die Länge der Etappen kann jede Pilgerin, jeder Pilger für sich persönlich wählen. Je nach Motivation, je nach →Kondition, je nach Höhenprofil der Strecke, je nach der verfügbaren →Zeit, je nach Alter, je nach Jahreszeit oder je nach →Wetter und den vorhandenen Übernachtungsmöglichkeiten wird die individuelle Etappenplanung anders aussehen.

Und doch hat es sich herausgestellt, dass sich viele Pilger nach einer gewissen Eingewöhnungszeit pro Tag so plus/minus 25 Kilometer an Wegstrecke vornehmen. Da bleibt bei einem frühen Start noch Zeit für eventuelle Besichtigungen, Einkäufe, die Wäsche, den →Pilgergottesdienst und das Abendmenü. Pilger, die in etwa die gleiche »Geschwindigkeit« haben, werden sich immer wieder treffen. Auch ist es schön, sich nach mal kürzeren oder längeren Etappen wiederzusehen. Wer das erste Mal auf dem →Camino unterwegs ist, möchte sich vielleicht auch Zeit für diverse Sehenswürdigkeiten und Besichtigungen nehmen, meist kommt man ja nur einmal genau an diese Stelle. Und ab und zu einen (halben) Ruhetag einzulegen, ist auch sehr wertvoll.

Ganz wichtig

Wählen Sie die Länge Ihrer täglichen Etappen so, dass Sie jeden Tag Ihrer Pilgertour genießen können und Sie Spaß und Freude am Wandern haben.

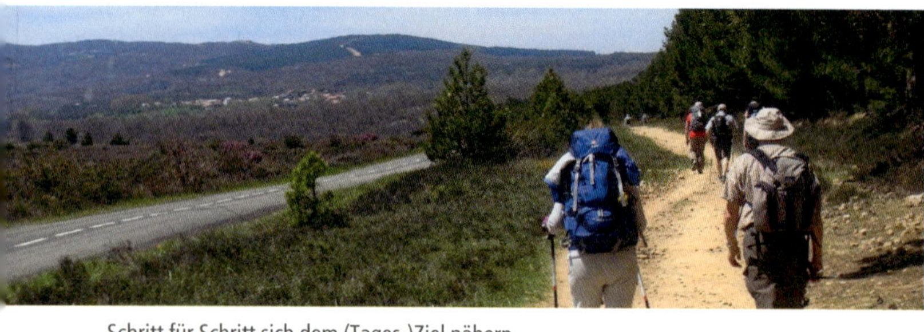

Schritt für Schritt sich dem (Tages-)Ziel nähern

Euro

21

Schauen wir »die Kehrseite der Medaille« mal etwas genauer an

Unser Zahlungsmittel, den Euro, haben wir auf dem →Jakobsweg und auch im Alltag so gut wie jeden Tag in der Hand. Es ist kein Geheimnis, dass die Geldstücke in Europa auf der Vorderseite, der Zahlenseite, gleich aussehen und auf der Rückseite landestypisch verziert sind. Richten wir unser Augenmerk nun einmal gerade auf diese Rückseiten. Da findet man bei den Cent- und Euromünzen ganz verschiedene landestypische Motive. Wer hat darauf schon einmal geachtet?

Da sieht man Edelweiße und Enziane (gehören zu Österreich), Eichenblätter und das Brandenburger Tor (Deutschland), Eulen und Boote (Griechenland), die Nationalfigur Marianne in Frankreich und vieles mehr. Länderübergreifend werden bekannte Schlösser und Gebäude dargestellt oder auch berühmte Persönlichkeiten und weiteres mehr. Auch Abbildun-

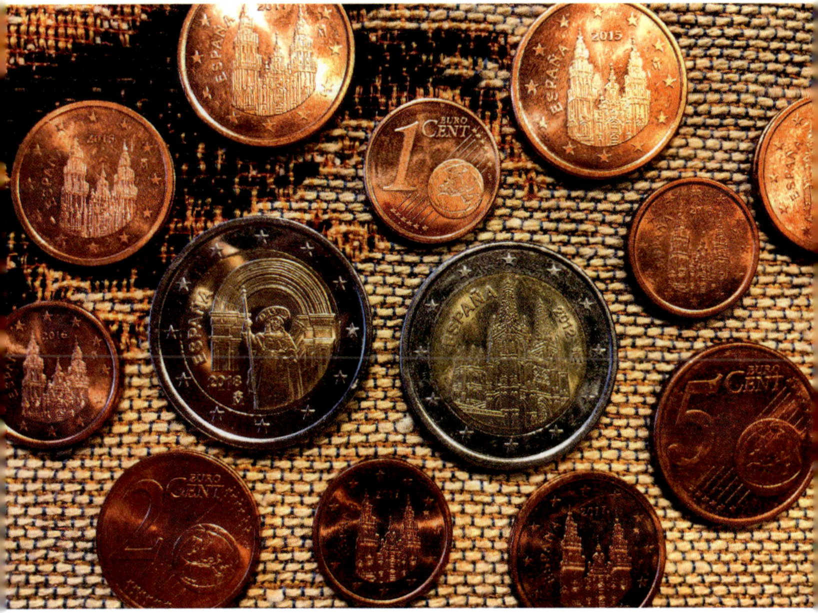

Spanische Euromünzen – alltägliche und besondere

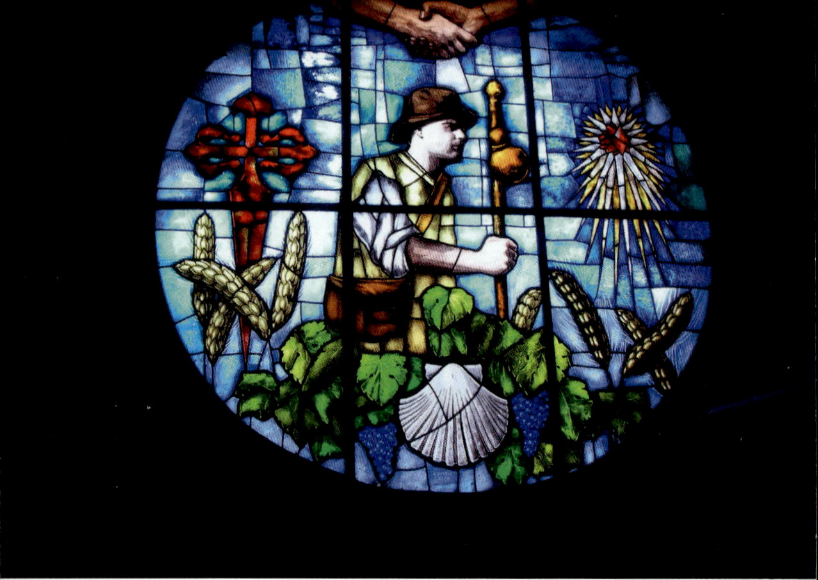

Wir sehen wunderbare Glasfenster, hier in Grañón.

gen von berühmten Kirchen, Domen und Kathedralen findet man in vielen Ländern. Manchmal sehen diese Rückseiten-Motive der 1-, 2- und 5-Cent-Stücke unterschiedlich aus, manchmal sind sie jedoch auch gleichartig.

Kathedrale auf Münzgeld

Und jetzt richten wir unser Augenmerk ganz speziell auf die spanischen Münzen. Was sehen wir da? Das ist doch bemerkenswert: Auf den spanischen 1-, 2- und 5-Cent-Stücken ist jeweils die Kathedrale von →Santiago de Compostela abgebildet, zu erkennen an ihren beiden Türmen. Wer ganz genau hinsieht, kann (fast) →Jakobus in der Mitte erkennen. Das spiegelt doch ganz eindeutig die Bedeutung dieser Kathedrale für das Land selbst wider.

Nicht zu vergessen: Manchmal gibt es in den einzelnen Ländern zudem – gerade bei den 2-€-Stücken – limitierte Sonderausgaben. Wer Glück hat, bekommt in den Geschäften dann auch mal die Kathedrale von Burgos in die Hände, einen Don Quijote oder weitere berühmte spanische Bauten. Im Jahr 2018 gab es eine ganz besondere Münze, die man jedoch im Handel wohl vergeblich suchen wird, da sie nur in einer Stückzahl von 300.000 aufgelegt wurde: den Santiago (Jakobus) von Compostela.

Faszination des Pilgerns

22

»Laufend« bereichernde Erfahrungen auf dem Jakobsweg machen

Der →Jakobsweg übt eine magnetische Kraft aus. Die Faszination des Pilgerns ist ungebrochen, sie zieht jedes Jahr mehr Menschen in ihren Bann. Aus der ganzen Welt strömen die Pilger nach Europa, um zu Fuß oder mit dem Rad nach →Santiago de Compostela zu gelangen. Was sind die Gründe hierfür? Würde man 250 Menschen danach fragen, würde man so ungefähr 250 verschiedene Antworten bekommen.

Doch einen Grund gibt es, der allem zugrunde liegt und ganz einfacher →Natur ist: Das Pilgern tut gut, dem Körper, der Seele und dem Geist. Denn wann achten wir Menschen im Alltag darauf, dass wir neben einem Körper auch eine Seele und einen Geist besitzen?

Während einer Auszeit auf dem Jakobsweg machen Menschen quer durch alle Altersstufen – Jüngere und Ältere, Frauen und Männer – »laufend« diese umfassenden und bereichernden Erfahrungen. Jeder entscheidet dabei für sich selbst, was diese Faszination für ihn persönlich ausmacht. Eindrücke auf dem Weg können beispielsweise sein: die im sanften Wind wogenden Getreidefelder, die grandiose Weite um einen herum wahrnehmen, die vielfältigen →Begegnungen und Gespräche, jedoch auch die tägliche körperliche Herausforderung, das An-seine-→Grenzen-Kommen, die heiligen Orte, der Duft der Blumen, die Erhabenheit hoher Bäume, die jahrhundertealte Geschichte des →Weges unter den Fußsohlen spüren, der Respekt vor dem Können der alten Baumeister oder das Plätschern der Bäche und Flüsse und vor allem – die →Zeit für einen selbst.

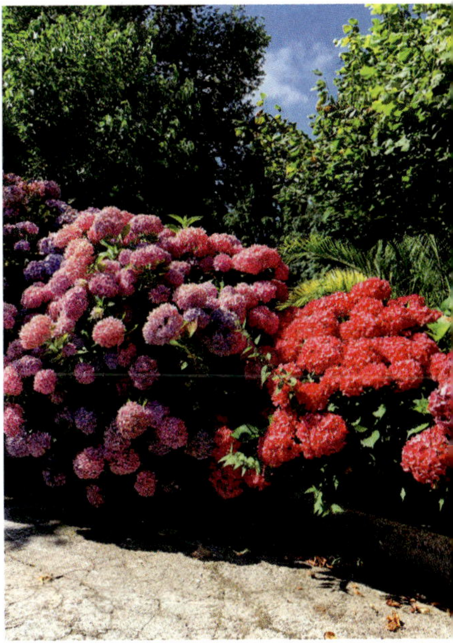

Prachtvolle Hortensien

Finisterre und Muxía

23

Für viele Pilger erst das eigentliche Ende des Jakobswegs

Das große Pilgerziel →Santiago de Compostela hat man erreicht. Für manche Pilger ist hier das Ende ihrer Pilgerfahrt. Nach einem Tag – oder auch zwei beziehungsweise mehreren Tagen – in der Stadt, in der man sich ausgeruht, seine →Compostela abgeholt, das Treiben rund um die Kathedrale genossen, vielleicht den →Pilgergottesdienst mitgefeiert oder das interessante Pilgermuseum besichtigt hat, geht es für die einen zurück nach Hause. Doch andere schmieden bereits neue Pläne, denn die nächsten beiden Höhepunkte warten schon!

Diese beiden besonderen Ziele sind die rund 90 Kilometer entfernten Orte am »Ende der Welt« – zum einen das Kap und der Ort →Finisterre, der sich auf galicisch Fisterra nennt, und zum anderen das etwas weiter nördlich gelegene Muxía. Wer noch Zeit hat, geht diese Strecke zu Fuß, alternativ kann man jedoch auch den Bus nehmen.

Schon in früheren Tagen war »das Ende der Welt« das Ziel der →Pilger. Sie wollten dem Weg der Sonne weiter nach Westen folgen und selbst sehen, wie die Sonne in der Unendlichkeit des Meeres versinkt. Im Wort »Finisterre« hört man das lateinische finis terrae, also »Ende der Erde« deutlich heraus. Diese beiden Wege verlaufen zunächst gemeinsam und sind ebenfalls bestens mit der Muschel markiert. An der Straßenkreuzung oberhalb des kleinen Ortes Hospital do Logoso trennen sich dann für die letzten knapp 30 Kilometer diese beiden Wege.

Welchen Weg wählen?

Gut markiert geht es links in Richtung Fisterra und rechts in Richtung Muxía.

Der Camino a Fisterra führt bis an die Westküste von Galicien. Belohnt wird man von ganz besonderen Eindrücken. Vom Ort Fisterra mit seinem langen Badestrand hat man noch gut 2,5 →Kilometer bis zum Kap zurückzulegen. Dann steht man am besonderen Kilometerstein »km 0,000« und schaut auf das endlose Meer – wenn man an einem nebelfreien Tag ankommt. Auch einen allerletzten →Stempel für den →Pilgerausweis kann man sich geben lassen. Wer den Weg zum kleinen Fischerort Muxía an der Costa da Morte einschlägt, wird feststellen, dass dort alles etwas beschauli-

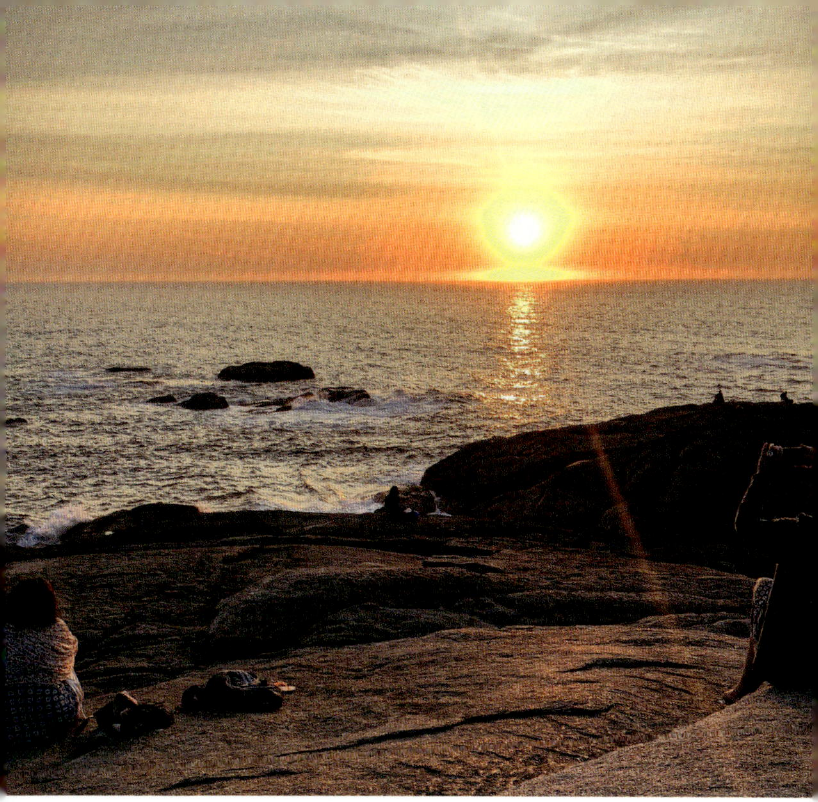

Einzigartig und wunderschön ist die Stimmung in Muxía.

cher zugeht. Der Weg von der Ortsmitte zum Kilometerstein »km 0,000« ist kürzer als der in Fisterra.

Der krönende Abschluss der Wanderung ist dort ein Ort mit Gänsehaut-Feeling: Die Kirche Santuario Nosa Señora da Barca befindet sich direkt am Atlantik. Für Pilger, die die beiden Orte zu Fuß erreicht haben, gibt es nochmals schön gestaltete Urkunden: Zum einen die »La Fisterrana« und zum anderen die »La Muxiana«, die jeweils im Gemeindebüro ausgestellt werden.

Der Weg nach Westen, der Weg in Richtung Sonnenuntergang, bedeutete schon immer mehr: Er war ein Symbol für das Vergängliche, das Sterben und den Tod. Das Meer kann man in diesem Sinne als Symbol für die Unendlichkeit und Ewigkeit ansehen. Und wer vom »Ende der Welt« in sein alltägliches Leben nach Hause zurückkehrte, kam durch die persönlichen Erfahrungen seines Weges als neuer Mensch zurück.

Frühstück

24 Die meisten Pilger ziehen morgens ohne dieses los

Auf dem →Camino Francés ziehen die meisten →Pilger nur mit einem kleinen oder ganz ohne Frühstück los. Man richtet seine →Siebensachen am Vorabend, schleicht sich morgens aus dem →Bett beziehungsweise dem Schlafraum und packt dann nur den Schlafsack und den Rest ein, zieht die Schuhe an – und schon kann es im wahrsten Sinne des Wortes »losgehen«.

Wenn man das »ohne Frühstück« zum ersten Mal hört, ist es für viele eher unvorstellbar oder vielleicht sogar abschreckend. Doch man wundert sich nach einigen Tagen über sich selbst: Der Magen hat sich tatsächlich daran gewöhnt, dass man morgens erst einmal ein oder zwei Stunden unterwegs ist, ehe man zur nächsten Bar kommt, in der man sich dann Zeit dafür nimmt. Im Sommer hat der frühe Aufbruch – zum Teil noch vor der Morgendämmerung – zusätzlich den Vorteil, dass man die noch kühleren Morgenstunden zum Vorwärtskommen ausnutzen kann.

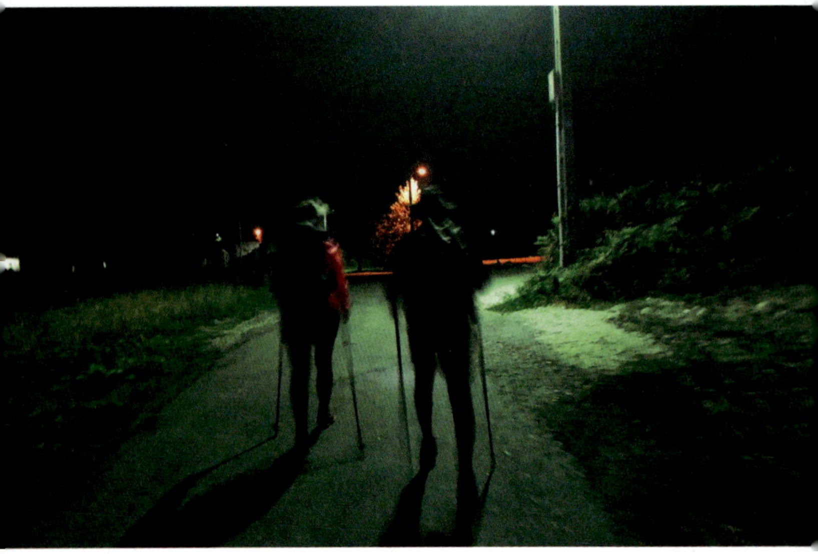

Aufbruch vor Tagesbeginn

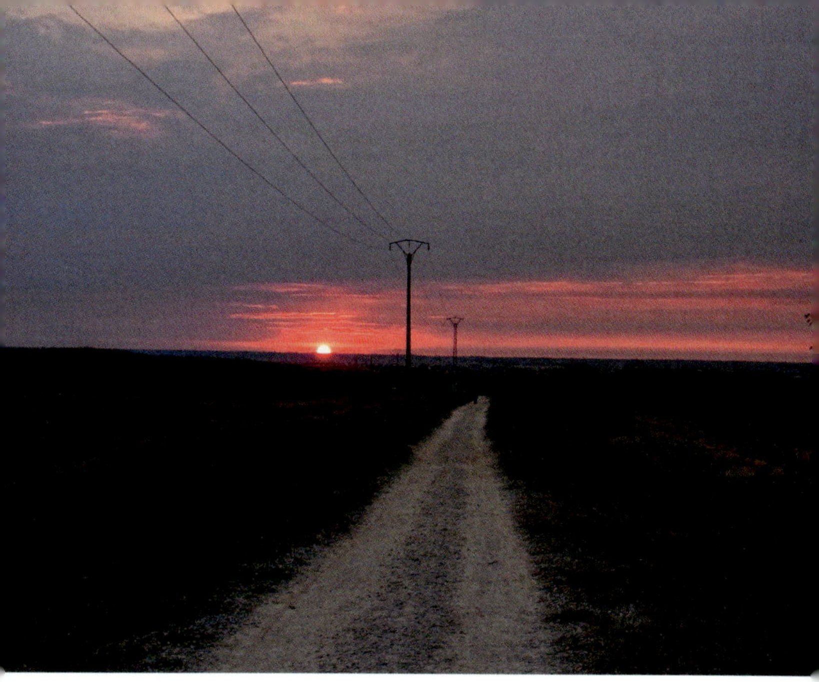

Faszinierend schöner Sonnenaufgang (hinter Astorga)

Und: Gibt es etwas Schöneres, als zur Zeit des Sonnenaufgangs unterwegs zu sein?

Frisch gepresster Orangensaft

Eine leckere Vitaminbombe am Morgen gefällig? Wenn es in Deutschland schon längst keine lecker-saftigen Orangen mehr gibt, dann heißt das noch lange nicht, dass dies in Spanien ebenso ist. Wer beim Wandern Lust auf eine vitaminreiche Erfrischung hat, bestellt sich in der Bar einen frisch gepressten Orangensaft. Die meisten Betriebe haben dafür eine raffinierte elektrische Saftpresse, bei der die Früchte oben als Ganzes hineinkommen. Diese werden darin automatisch geteilt und die Hälften werden ausgepresst. Das Ergebnis ist ein Glas voll köstlichen wunderbaren Orangensafts – Schluck für Schluck zum Genießen.

Auch die Früchte selbst sind eine vitaminreiche Zwischenmahlzeit. Wer hat schon einmal probiert, auf einem spanischen Wochenmarkt Orangen zu kaufen? Meist bekommt man sie sehr günstig, doch dafür muss man auch gleich ein oder zwei Kilogramm nehmen, was sich hervorragend zum Teilen und Sofort-Essen eignet!

Füße erfrischen …

25

… in einem Bach? Tatsächlich Erfrischung oder eher eine Dummheit?

Es gibt Themen, die werden mehr als leidenschaftlich diskutiert. Dazu zählt auf jeden Fall das Erfrischen der Füße in einem Bach, einem See oder Brunnen. Da gibt es im Allgemeinen nur zwei Positionen, die weit auseinander liegen. Befürworter, die es sehr gerne tun, und absolute Gegner davon. Eine Meinung dazwischen findet man selten.

Die Befürworter freuen sich darauf, bei jeder sich bietenden und passenden Gelegenheit bei warmem Wetter die Schuhe und Strümpfe auszuziehen und die Füße im kalten Nass zu erfrischen. Die →Schuhe und →Socken können in dieser Zeit lüften und trocknen. Nachdem die Füße an der

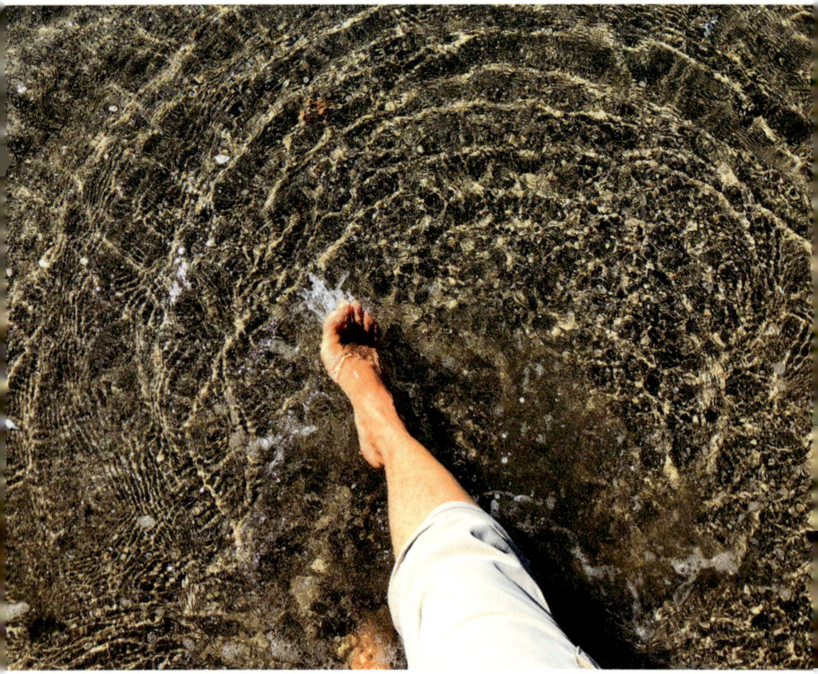

Erfrischung für die Füße

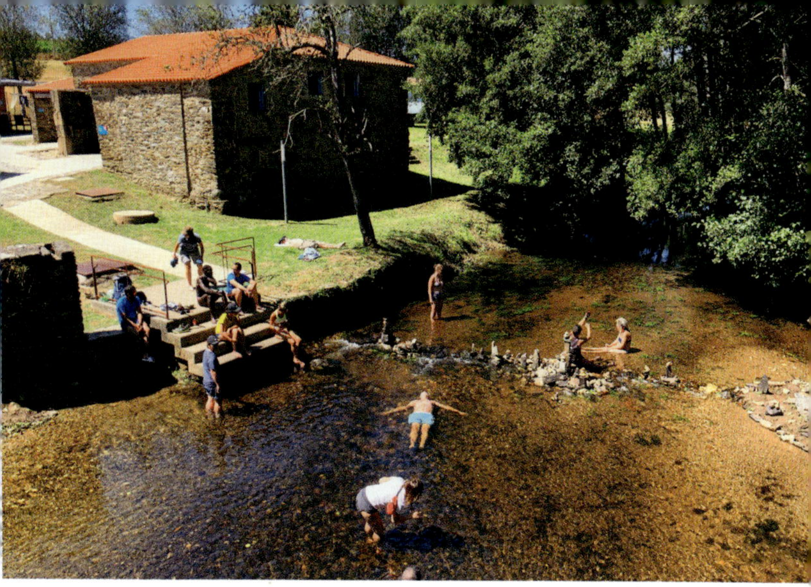

Sich nach einem (Fuß-)Bad lebendig und wie neugeboren fühlen

Luft getrocknet sind und man die Schuhe wieder angezogen hat, fühlt man sich lebendig und »wie neugeboren«.

Die absoluten Gegner würden noch nicht einmal tagsüber ihre Schuhe ausziehen. Mit den ernst gemeinten Argumenten: »Im Wasser quellen die Füße auf« und »Hinterher passe ich nicht mehr in meine Schuhe« verpassen sie vergnügliche Momente. Eigentlich ist die nachfolgende Frage leicht beantwortet: Wer hat nun die feuchteren Füße? Diejenigen, die ihre Füße gebadet und Schuhe wie auch Socken gelüftet und getrocknet haben, oder diejenigen, die das alles nicht getan haben? Bei warmen bis heißen Außentemperaturen staut sich die Wärme und damit die Feuchtigkeit im Schuh manchmal ganz enorm. Wer sich mit dieser Frage auseinandersetzt, merkt schnell, dass es eine Wohltat und eine Vorbeugung gegen →Blasen ist, tagsüber mal (auch ohne Fußbad!) aus seinen Schuhen zu schlüpfen – vor allem an heißen Sommertagen. Leider gibt es nur wenige Menschen, die bei dieser Frage ihren Verstand einschalten: Wenn ich meine Füße nach dem erfrischenden Bad im Wasser auf dem trockenen Boden in der warmen Sommersonne trocken laufe – wo hat da die Haut die Möglichkeit noch aufzuquellen?

Auch eine Fußmassage ist für die »Hauptakteure« einer Pilgerwanderung eine Wohltat. Diese werden in vielen Orten und sogar in einigen Herbergen angeboten …

Galgen- und Hühnerwunder

26

Das ist DIE Legende des Jakobswegs quer durch Europa

Die Legende des Galgen- und Hühnerwunders ist DIE Legende des →Jakobswegs, deren Darstellungen man quer durch ganz Europa findet. Man ist sich bei der legendären Geschichte über einige Details wohl nicht immer einig, doch das tut dem Ganzen keinen Abbruch. Die Szenen dieser Legende werden in vielen Altären eindrücklich bildlich dargestellt. Man nimmt an, dass der Ursprungsort der Legende Santo Domingo de la Calzada ist, da sich bis heute ein Hühnerstall in der Kathedrale befindet. Auch in Winnenden, der Partnerstadt von Santo Domingo de la Calzada, wird auf dem Holzschnitzaltar aus dem Jahr 1520 in der Schlosskirche dieses Galgen- und Hühnerwunder dargestellt. Viele dieser Altäre stammen ja tatsächlich noch aus einer →Zeit, in der nicht alle des Lesens und Schreibens mächtig waren. Doch Bilder wurden schon immer verstanden. Der Hinweis auf dieses Galgen- und Hühnerwunder reicht noch weiter zurück: Es wird bereits im →Codex Calixtinus, dem ersten Pilgerführer aus dem 12. Jahrhundert, erwähnt. Es wird dabei zu den Wundern gezählt, die →Jakobus bewirkt hat.

So geht die Legende …

Ein deutsches Ehepaar ist mit seinem Sohn auf dem →Jakobsweg unterwegs. Abends kehren sie in einem Wirtshaus ein, um zu übernachten. Die Tochter des Wirts verliebt sich in den Sohn, der jedoch kein Interesse an der Tochter zeigt. Am nächsten Morgen ziehen die →Pilger mit ihrem Hab und Gut weiter. Doch die Wirtsleute schmuggeln ihnen in einem unbemerkten Moment einen goldenen Becher ins Gepäck. Auf Diebstahl stand damals die Todesstrafe. Die herbeigerufene Polizei findet den Becher und der Sohn wird gehängt.

Betrübt ziehen die Eltern weiter. Als sie in →Santiago de Compostela ankommen, haben sie einen Traum: Sie sollen zurückkehren, denn ihr Sohn würde noch leben. Sie machen sich auf und finden am Galgen ihren Sohn, der tatsächlich noch lebt. Jakobus hat ihn die ganze Zeit über gehalten. Rasch gehen sie zum Richter und erzählen ihm, was sie gesehen haben. Dieser sitzt gerade beim Mahl und will gebratene Hühner speisen. So sagt er: »Euer Sohn ist genauso tot wie diese beiden Hühner.« In diesem Mo-

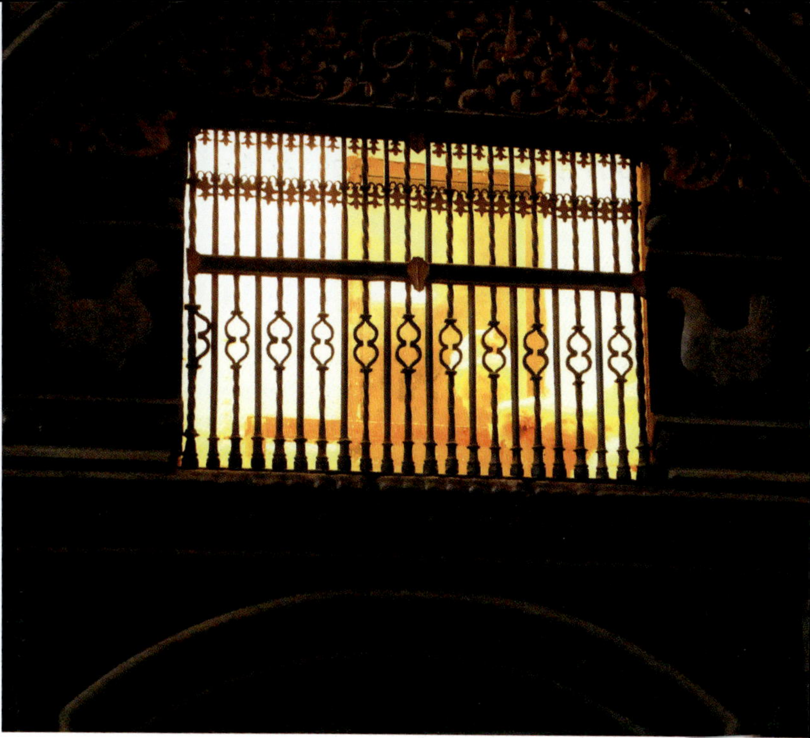

Echte Hühner in der Kathedrale von Santo Domingo de la Calzada

ment erheben sich die beiden Hühner und fliegen davon. Der Sohn kam frei und stattdessen wurde der Übeltäter gehängt.

Die Legende bietet natürlich heutzutage Anlass zu vielerlei Spekulationen. Pilger sind – früher wie heute – auf eine tägliche Aufnahme in den Herbergen angewiesen. Soll sie eine Warnung an die Gastgeber darstellen, mit den Gästen ehrlich umzugehen? Oder soll sie eine Warnung an die Pilger sein, nichts mitgehen zu lassen? Ist der Hühnerstall in Santo Domingo de la Calzada wirklich ein Beweis dafür, dass sich dort das legendäre Geschehen zugetragen hat? Immerhin wird dieser schon in einem Reliquienverzeichnis aus dem Jahre 1350 erstmals erwähnt. Der jetzige Käfig in der Kirche stammt aus dem 16. Jahrhundert und zeigt die Spuren von manchen Pilgerstäben. Früher galt es nämlich als positives Omen, wenn man eine Feder des weißen Hühnerpaars, das natürlich heutzutage aus Tierschutzgründen regelmäßig ausgetauscht wird, ergattern konnte. Da wurde manches Mal auch etwas nachgeholfen und mit dem langen Holzwanderstab kräftig an den Käfig geschlagen …

Gebet

27

Hilfe in allen Lebenslagen?

Für viele Menschen ist das Gebet eine regelmäßige und liebe Gewohnheit. Es gibt in vielen Religionen feststehende Gebete, wie beispielsweise im Christentum das Vaterunser, das in vielerlei Sprachen auf der ganzen Welt gesprochen wird. Es gibt dazuhin Gebete zu bestimmten Anlässen und ganz persönliche, gesungene, laut gesprochene und stille Gebete. In manchen Religionen gibt es feststehende Gebetszeiten. Schauen wir auf die jeweilige Körperhaltung, werden wir feststellen, dass diese je nach Glaubensrichtung anders aussehen kann.

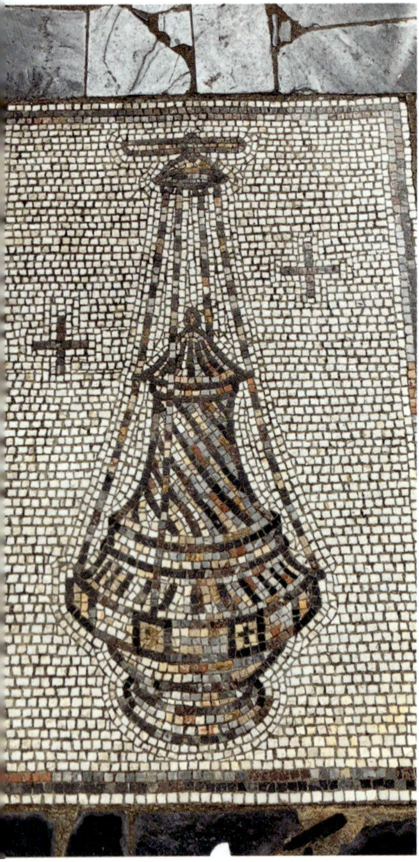

Botafumeiro-Mosaik in Sarria

Bei einem Gebet wendet man sich an eine höhere Wesenheit, an die man Bitten und Dank richtet. Das bedeutet, man ist davon überzeugt, dass es etwas gibt, das über unser rein körperliches Menschendasein hinausgeht. Man kann dabei persönliche Lasten ablegen, neue Hoffnung und Zuversicht schöpfen. Man fühlt sich eingebettet in einen größeren Zusammenhang und weiß, dass man nicht alles alleine schaffen muss. Manche Menschen bezeichnen eine →Pilgerwanderung auch als »Gebet mit den Füßen«, man könnte es dann auch als »Geh-bet« bezeichnen.

Eine interessante Überlegung ist: Wohin würde man sich wenden, wenn es das Gebet nicht geben würde? Müsste ich dann mit allem alleine fertigwerden, alles alleine regeln?

Gedanken

28

Sie begleiten uns jeden Tag, ja, sie »rattern« fast jede Minute

Unsere Gedanken und Einstellungen prägen unser Leben. Wählen wir sie daher mit Bedacht.

Jeden Morgen wachen wir auf. Wissen Sie noch, woran Sie heute Morgen im →Bett beim Aufwachen gedacht haben? Jeden Morgen stehen wir auf. Wissen Sie noch, woran Sie dabei gedacht haben?

Beim Wandern auf dem →Jakobsweg stehen wir ebenfalls auf, richten den Rucksack, gehen los … Bei fast allem Tun, und das fängt, wie man deutlich sieht, schon am Morgen an, kommen einem Gedanken. Das können aufbauende Gedanken sein wie »Heute freue ich mich auf den Weg« oder »Der heutige Tag sei gesegnet«, auch weniger aufbauende wie »Oje, muss der Bettnachbar so laut polternd das Zimmer verlassen?« oder auch »Wie wird das wohl werden mit …?« – hier kann man Sorgen und Bedenken aller Art einsetzen. Für uns Menschen ist es an der Tagesordnung, dass wir fast immer irgendetwas denken. Dabei wird auch vieles, was wir um uns herum sehen oder erleben, gedanklich bewertet. »Mit diesem großen Rucksack unterwegs zu sein, geht ja gar nicht.«

Gedanken über Gedanken

Erst wenn wir uns bewusst machen, was da vor sich geht, können wir es ändern. Wenn wir erfahren und spüren, dass wir es selbst sind, die unsere Gedanken steuern, dann haben wir viel gewonnen. Und das Schöne daran ist: Gedanken kann man in Windeseile ändern – manchmal braucht es nur einen Augenblick dazu. Gedanken sind sozusagen der Ausgangspunkt, ein Gärtner würde dazu vielleicht Samen sagen, die Neues hervorbringen können.

Ein Beispiel: Stellen Sie sich eine dunkle Höhle vor. Schon seit Jahrhunderten ist es darin stockdunkel. Doch wenn jemand mit einer Kerze oder Taschenlampe hereinkommt, wird es schlagartig hell. Das braucht gar nicht lange, nicht wahr? In Bruchteilen von Sekunden hat sich die Dunkelheit in Helligkeit verwandelt. Auch Gedanken kann man in Sekundenschnelle ändern, wenn man es denn möchte und es sich bewusst gemacht hat.

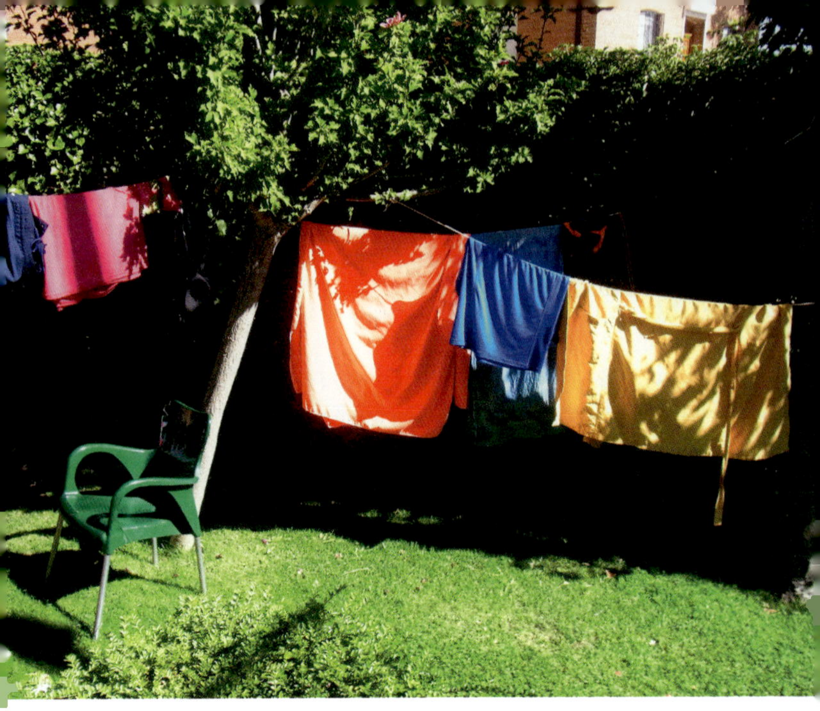

Welche Gedanken kommen Ihnen bei diesem Bild?

Unsere Gedanken bestimmen, wie Sie bestimmt mittlerweile gemerkt haben, sehr viel: unser Leben, unser →Glück, unsere Zufriedenheit …

Schauen wir einmal, was wir über uns selbst denken. Wir kommen diesen Gedanken vielleicht über eine persönliche Frage näher: Was denken Sie über sich selbst? Ist es eine Antwort wie beispielsweise »Ich bin liebenswürdig« oder »Ich bin eine gute Köchin/ein guter Koch« oder eher »Ich bin nichts Besonderes« oder »Ich bin unsportlich«? Fällt es Ihnen schwer, spontan etwas Positives über sich selbst zu formulieren? Meist geht man nicht nur ein bisschen, sondern oft sogar sehr kritisch mit sich selbst um, nicht wahr? Doch das muss ja nicht so bleiben …

Es ist auch spannend, sich mit der Frage zu beschäftigen, woher Gedanken kommen. Manchmal hat man das Gefühl, sie fliegen einem förmlich zu, nicht wahr? Plötzlich weiß man in einer bestimmten Situation, was das Richtige ist. Diese erhellenden und schöpferischen Gedanken kennt man unter den Begriffen Inspiration und Intuition.

Sehr schön passt auch der Text des alten deutschen Volkslieds »Die Gedanken sind frei« zu diesem Thema.

»1. Die Gedanken sind frei, wer kann sie erraten, sie fliehen vorbei wie nächtliche Schatten. Kein Mensch kann sie wissen, kein Jäger erschießen, es bleibet dabei: Die Gedanken sind frei.

2. Ich denke, was ich will, und was mich beglücket, doch alles in der Still, und wie es sich schicket. Mein Wunsch und Begehren kann niemand verwehren, es bleibet dabei: Die Gedanken sind frei.

3. Und sperrt man mich ein im finsteren Kerker, das alles sind rein vergebliche Werke; denn meine Gedanken zerreißen die Schranken und Mauern entzwei: Die Gedanken sind frei.

4. Drum will ich auf immer den Sorgen entsagen und will mich auch nimmer mit Grillen mehr plagen. Man kann ja im Herzen stets lachen und scherzen und denken dabei: Die Gedanken sind frei.«

Gedanken und Wahrnehmung

Gedanken haben einen weiteren Aspekt: Wer sich auf dem Jakobsweg mit einem oder mehreren Mitpilgern unterhält, wird merken, dass man gedanklich auf das Thema dieses Gesprächs fokussiert ist. In diesem Fall wird man die Umgebung mit ihren Details weniger wahrnehmen. Daher ist es immer wieder für einen selbst sehr wertvoll, auch mal ein Stück alleine zu gehen. In einer Gruppe bietet es sich an, bestimmte Abschnitte schweigend zurückzulegen. Man wird spüren, wie sich dabei die Wahrnehmung und die Aufmerksamkeit verändern.

Sicher kennen Sie die bekannte chinesische Weisheit: Achte auf deine Gedanken, denn sie werden zu Worten. Achte auf deine Worte, denn sie werden zu Handlungen. Achte auf deine Handlungen, denn sie werden zu Gewohnheiten. Achte auf deine Gewohnheiten, denn sie werden dein Charakter. Achte auf deinen Charakter, denn er wird dein Schicksal.

Und noch ein Aspekt gehört zu den Gedanken. Sicher hat es jeder schon einmal erlebt: Man möchte aus dem Haus gehen und hat »ganz geschwind« den Impuls, einen Regenschirm mitzunehmen. Da der Himmel blau ist und die Sonne scheint, verwirft man jedoch den Gedanken. Doch schneller als man es vermutet, zieht sich der Himmel zu und es fängt an zu regnen. Hätte man nur auf diesen Impuls gehört!

Die Natur solcher Impulse ist es, dass sie nur kurz aufblitzen. Dann mischt sich jedoch der Verstand ein, der scheinbar alles besser weiß und intelligente Argumente ins Spiel bringt. Doch auch dies ist ein Übungsweg (ist der Jakobsweg an sich womöglich auch ein Übungsweg?) und an erster Stelle steht das Sich-Bewusstmachen der Dinge. Und wer dann aufmerksam auf seine Impulse lauscht, kann wirklich Spannendes erleben!

Gegenwart

29

Das Leben findet im jeweiligen Moment statt

Es kamen ein paar →Pilger in einen kleinen →Ort mit einfachen Steinhäusern. Sie sahen auf einer Bank vor einem der Häuser eine ältere Frau sitzen. Sie schaute fröhlich auf und schenkte den Ankommenden ein Lächeln. Die Pilger waren etwas überrascht, nahmen sich jedoch einen Moment →Zeit und fragten sie: »Was machen Sie hier an diesem einsamen Ort? Sie scheinen trotzdem glücklich und zufrieden zu sein.« Die Frau antwortete mit einem sanften Lächeln: »Es ist ganz einfach: Wenn ich liege, dann liege ich. Wenn ich aufstehe, dann stehe ich auf. Wenn ich gehe, dann gehe ich, und wenn ich esse, dann esse ich.« Die fragenden Pilger schauten etwas irritiert und betreten in die Runde. Die Antwort war nicht das, was sie erwartet hatten. Dies alles taten sie schließlich auch. So sagte einer von ihnen: »Bitte, treiben Sie keinen Spaß mit uns. Was Sie sagen, tun wir ja ebenfalls. Wir schlafen, wir stehen auf, wir gehen und wir essen. Doch wo ist der Unterschied, was ist das →Geheimnis dabei?« Nochmals hörten die Vorbeikommenden die gleiche Antwort: »Wenn ich liege, dann liege ich. Wenn ich aufstehe, dann stehe ich auf. Wenn ich gehe, dann gehe ich, und wenn ich esse, dann esse ich.« Stille trat ein. Die Frau spürte, dass die Zuhörer mit ihrer Antwort nicht viel anfangen konnten. So ergänzte sie: »Sicher liegt ihr auch und ihr steht auch auf, geht und esst. Aber seht, das ist der Unterschied: Während ihr noch liegt, denkt ihr schon ans Aufstehen. Während ihr aufsteht, überlegt ihr, wohin ihr geht, und während ihr geht, fragt ihr euch bereits, was ihr essen werdet. So sind eure Gedanken ständig woanders und nicht da, wo ihr gerade seid, oder bei dem, was ihr gerade tut. Doch gerade im Schnittpunkt zwischen Vergangenheit und Zukunft, also in der Gegenwart, findet das eigentliche Leben statt. Lebt in diesem Augenblick, taucht ganz in ihn ein und ihr habt die Chance, wirklich glücklich und zufrieden zu sein.« Nachdenklich zogen die Pilger weiter.

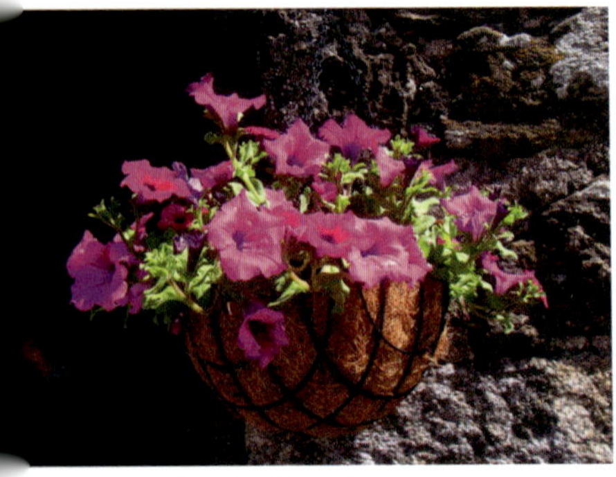

Blüten berühren das Herz.

Geheimnis des Jakobswegs

30

Gibt es heutzutage wirklich noch Geheimnisse?

Ist über den →Jakobsweg nicht schon alles geschrieben und veröffentlicht worden? Gibt es wirklich noch etwas, was man noch nicht erforscht hat? Wurde nicht schon alles bis ins Letzte und Allerkleinste entdeckt und enthüllt?

Und doch: Selbst in unserem Zeitalter gibt es Dinge, die man zwar mit Worten beschreiben und schildern kann, die dadurch jedoch noch längst nicht umfassend ausgedrückt sind. Es sind die Erlebnisse, die einen tiefen Eindruck in der Seele derjenigen Menschen hinterlassen, die sie gemacht haben. Das Wandern im eigenen Schritt-Tempo ist ein Abenteuer inmitten unserer modernen Zivilisation. Wir erleben dabei bezaubernde Landschaften, lichte Wälder, sanft geschwungene Wiesen und anmutige Höhen. Wir machen →Rast an wunderschönen Plätzen, genießen das Vogelgezwitscher, spazieren an munteren Bächen entlang und spüren die Elemente der →Natur hautnah. Wir besuchen ergreifende →Pilgergottesdienste, finden Ruhe und Stille in den Wäldern oder in den Kirchen, lassen die gewaltigen Kathedralen auf uns wirken oder bestaunen von Menschen geschaffene Kunstwerke. Wir haben interessante Gespräche mit Mitpilgern aus aller Welt, teilen gerne das, was wir haben, mit jemandem, der es brauchen kann, erleben anstrengende Momente und glückliche →Zufälle.

Eine alte Jakobsweg-Weisheit lautet folgendermaßen: »Der Weg gibt dir nicht das, was du willst, sondern das, was du brauchst.« Das ist auf den ersten Blick nicht wirklich das, was wir erwarten. Dazu eine kleine Geschichte …

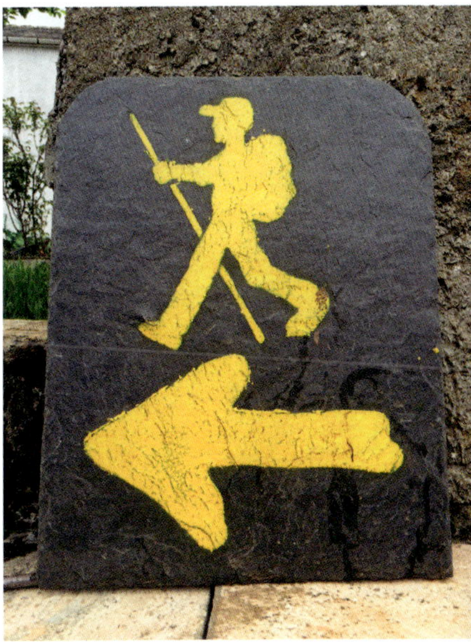

Was werden wir unterwegs entdecken?

Es ist nicht immer Gold, was glänzt …

Ein älterer und ein jüngerer Engel waren auf Reisen. Sie kamen zu dem Haus einer wohlhabenden Familie und baten um ein Nachtlager. Die Familie war unfreundlich und verweigerte den Engeln, die Nacht im Gästezimmer des Hauses zu verbringen. Stattdessen bekamen sie einen kleinen Platz in einem Keller. Als sie sich auf dem harten Boden ausstreckten, sah der ältere Engel ein Loch in der Wand und reparierte es. Als der jüngere Engel fragte, warum er das getan hatte, antwortete der ältere Engel: »Die Dinge sind nicht immer das, was sie zu sein scheinen.«

Am nächsten Morgen zogen sie weiter. In der folgenden Nacht rasteten die beiden im Haus eines sehr armen, aber gastfreundlichen Bauern und seiner Frau. Nachdem sie das wenige Essen, das sie hatten, mit ihnen geteilt hatten, ließen sie die Engel in ihrem Bett schlafen. Sie selbst richteten sich ein einfaches Nachtlager. Als die Sonne am nächsten Tag aufging, fanden die Engel den Bauern und seine Frau in Tränen. Ihre Kuh, deren Milch ihr einziges Einkommen gewesen war, lag tot auf dem Feld. Der jüngere Engel war sehr erstaunt und fragte den älteren Engel: »Warum hast du das geschehen lassen? Der erste Mann hatte alles, trotzdem halfst du ihm«, brachte er vor und fuhr fort: »Die zweite Familie hatte wenig, und du hast die Kuh nicht weiterleben lassen.« »Die Dinge sind nicht immer das, was sie zu sein scheinen«, sagte der ältere Engel und fuhr erläuternd fort: »Als wir im kalten Keller des Haupthauses ruhten, bemerkte ich, dass in diesem Loch in der Wand Gold steckte. Weil der Eigentümer sein glückliches Schicksal nicht teilen wollte, versiegelte ich die Wand, sodass er es nun nicht mehr finden kann. Als wir dann in der letzten Nacht im Bett des Bauern schliefen, kam der Engel des Todes, um seine Frau zu holen. Ich gab ihm stattdessen die Kuh. Du merkst: Die Dinge sind nicht immer das, was sie zu sein scheinen. Du hast selbst gemerkt, dass das nicht immer auf den ersten Blick zu verstehen ist. Wenn du →Vertrauen hast, kannst du dich darauf verlassen, dass jede Situation und jedes Ergebnis zu deinem Vorteil ist. Du wirst es vielleicht nicht gleich bemerken, sondern erst, wenn ein wenig →Zeit darüber vergangen ist …«

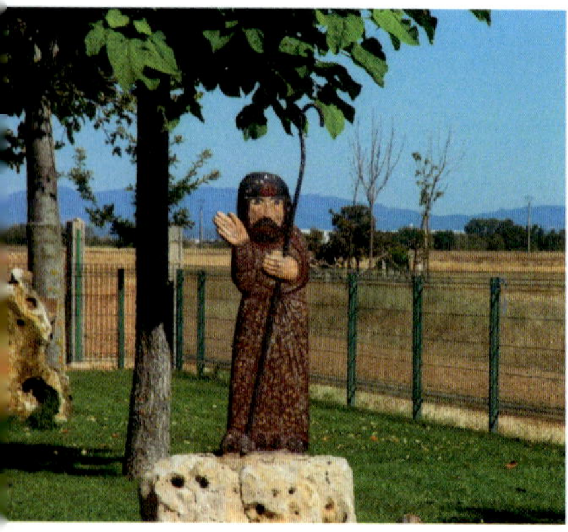

Gruß am Wegesrand

Gehen

31

»Es würde alles besser gehen, wenn man mehr ginge«

Dieses Zitat des deutschen Schriftstellers Johann Gottfried Seume (1763–1810) findet man im Werk *Spaziergang nach Syrakus*. Das Erstaunliche dabei ist, dass das Zitat nicht aus dem 20. oder 21. Jahrhundert stammt, sondern vom Beginn des 19. Jahrhunderts. Aus einer Zeit also, in der es noch keine Autos, keine Busse, keine Eisenbahnen und keine Flugzeuge gab. Da nimmt man aus heutiger Sicht doch unweigerlich an, dass die Menschen damals mehr zu Fuß gegangen sind, nicht wahr?

Das Gehen gehört zu den alltäglichen Dingen einer →Pilgerwanderung. Es ist an sich eine einfache Angelegenheit, nicht wahr? Ich setze einen Fuß vor den anderen und das wiederhole ich. Das wiederhole ich zigtausendfach – Schrittzähler können exakt Auskunft darüber geben, wie oft –, bis ich am gewünschten →Ziel bin. Und doch ist gehen nicht gleich gehen. Zusätzlich wird das Wort »gehen« im Sprachgebrauch auch vielfach übertragen eingesetzt. Wird es nun kompliziert? Nein!

»Man erlebt auf dem Jakobsweg: Durch Bewegung bewegt sich etwas. Durchs Gehen geht etwas weiter.«

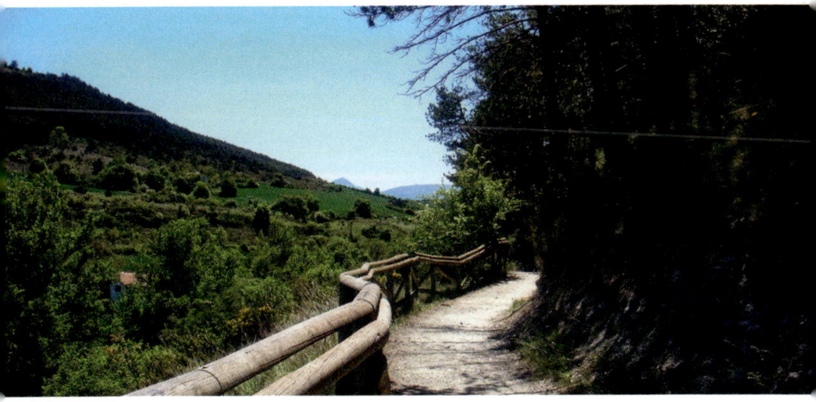

In Spanien gibt es auf dem Camino viele schöne Wegabschnitte.

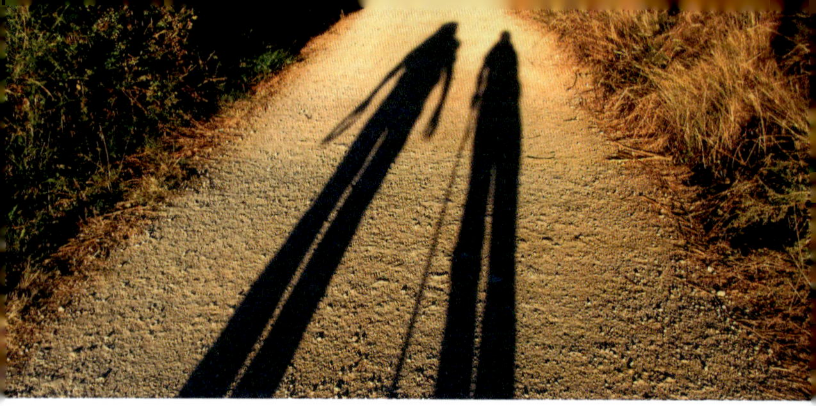

Morgenstimmung mit langen Schatten

Fangen wir mit der Frage an: Kann ich wirklich unterschiedlich gehen? Der körperliche Ablauf beim Gehen wird sich nicht wesentlich ändern, das vorneweg. Doch es macht erstens einen Unterschied, ob ich alleine gehe, mit einer Freundin, einem Gefährten oder in einer Gruppe. Dann kommt es zweitens darauf an, ob man eine interessante Unterhaltung führt, seinen Gedanken nachhängt, einer Erzählung lauscht oder ob man sich bewusst in der Umgebung umsieht oder umhört. Nicht zu vergessen (drittens) die äußeren Bedingungen wie Jahreszeit, Sonne, Regen, Wind und die Beschaffenheit der Landschaft. Man spürt die Unterschiede schon beim Lesen, nicht wahr? Eine etwas eintönige Strecke kommt einem mit einer Unterhaltung viel kürzer vor. Dagegen prägen sich die Abschnitte besonders gut ein, die man – vielleicht sogar in Stille – mit allen Sinnen aufmerksam wahrgenommen hat. Manchmal übersieht man auch etwas, weil man mit seinen Gedanken gerade ganz woanders war. Das kann einem selbst bei den wirklich großen Markierungspfosten in Galicien passieren …

Viele Redewendungen verweisen auf das Gehen im übertragenen Sinne: »Wie geht's?« oder »Wer gut geht, dem geht es gut!«.

Gehen als Meditation

Das stundenlange Gehen kann wie eine Meditation wirken. Manche Pilger nennen es auch »Beten mit den Füßen«. Beim gleichförmigen »Einen-Schritt-vor-den-anderen-Setzen« kommt der Geist ganz unwillkürlich in eine andere Verfassung. Manches sortiert sich dabei neu und/oder man entwickelt eine andere Sichtweise.

Dass diese Erfahrungen nicht wirklich neuzeitliche Erkenntnisse sind, das belegt ganz eindrucksvoll der rund 200 Jahre alte Spruch »Es würde alles besser gehen, wenn man mehr ginge.«

Gelassenheit

32

Im Wort »Gelassenheit« steckt das Wörtchen »lassen«

Wenn man Synonyme für das Wort »Gelassenheit« suchen würde, dann würde man vielleicht auf innere Ruhe, Gleichmut, Seelenruhe oder Gemütsruhe kommen. Allen Begriffen gemeinsam liegt eine innere Einstellung zugrunde, die die Fähigkeit beinhaltet, vor allem in überraschenden oder auch schwierigen Situationen die Fassung oder eine unvoreingenommene Haltung zu bewahren. Gelassenheit bedeutet sozusagen das Gegenteil von raschen Urteilen, Unruhe, Aufgeregtheit oder Stress.

Im Wort »Gelassenheit« hören wir ganz deutlich das Wörtchen »lassen« heraus. Ob wir etwas sein lassen, loslassen, bleibenlassen, unterlassen, zulassen, überlassen, zurücklassen oder weglassen – das entscheiden wir selbst.

Ob uns zu jedem dieser »Lassen«-Begriffe Beispiele aus unserem Leben einfallen? Zu einer aktuellen Situation, zu einer vergangenen Situation?

Was können wir beispielsweise alles loslassen? Wir können Sorgen loslassen. Denn: Bringen sie uns weiter? Nein, sie rauben einem eher Kraft, nicht wahr? Wenn ich mir auf dem →Jakobsweg morgens Sorgen mache,

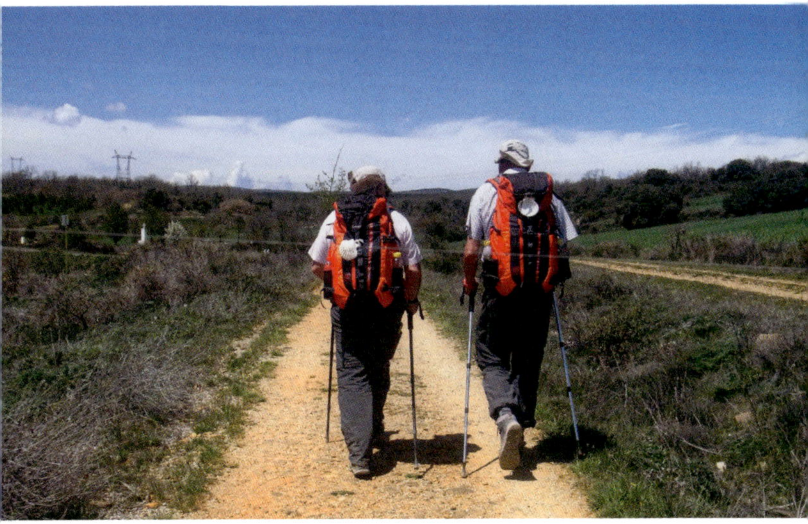

Schritt für Schritt gehen – und erholt nach Hause kommen

wo ich am Abend schlafen werde, habe ich dann einen schönen Tag vor mir? In den ersten Tagen wird man vielleicht noch versucht sein, sich telefonisch ein Quartier vorab zu reservieren. Nach einigen Tagen hat man dann eher das →Vertrauen, dass sich eine passende Unterkunft finden wird. Übrigens: An hohen Feiertagen kann der Impuls, sich doch ein Nachtlager vorab zu reservieren, sehr nützlich sein.

Das Unterwegssein auf dem Jakobsweg bringt es mit sich, dass man sich über manche Themen mehr →Gedanken machen kann als im Alltag. Und dass man manches gleich in der Praxis umsetzen und testen kann.

Die Zehn Gebote der Gelassenheit

Lebensregeln von Papst Johannes XXIII:

1. Nur für heute werde ich mich bemühen, den Tag zu erleben, ohne das Problem meines Lebens auf einmal lösen zu wollen.

2. Nur für heute werde ich große Sorgfalt in mein Auftreten legen: vornehm in meinem Verhalten; ich werde niemanden kritisieren, ja ich werde nicht danach streben, die anderen zu korrigieren oder zu verbessern – nur mich selbst.

3. Nur für heute werde ich in der Gewissheit glücklich sein, dass ich für das Glück geschaffen bin – nicht für die andere, sondern auch für diese Welt.

4. Nur für heute werde ich mich an die Umstände anpassen, ohne zu verlangen, dass die Umstände sich an meine Wünsche anpassen.

5. Nur für heute werde ich zehn Minuten meiner Zeit einer guten Lektüre widmen; wie die Nahrung für das Leben des Leibes notwendig ist, ist eine gute Lektüre notwendig für das Leben der Seele.

6. Nur für heute werde ich eine gute Tat vollbringen, und ich werde es niemandem erzählen.

7. Nur für heute werde ich etwas tun, wozu ich keine Lust habe: Sollte ich mich in meinen Gedanken beleidigt fühlen, werde ich dafür sorgen, dass es niemand merkt.

8. Nur für heute werde ich fest glauben – selbst wenn die Umstände das Gegenteil zeigen sollten –, dass die gütige Vorsehung Gottes sich um mich kümmert, als gäbe es sonst niemanden auf der Welt.

9. Nur für heute werde ich keine Angst haben. Ganz besonders werde ich keine Angst haben, mich an allem zu freuen, was schön ist – und ich werde an die Güte glauben.

10. Nur für heute werde ich ein genaues Programm aufstellen. Vielleicht halte ich mich nicht genau daran, aber ich werde es aufsetzen – und ich werde mich vor zwei Übeln hüten: der Hetze und der Unentschlossenheit.

Gepäcktransport

33

Nur mit dem Tagesrucksack unterwegs – ein Vorteil?

Viele Organisationen bieten auf dem →Jakobsweg und natürlich auf dem →Camino Francés einen Gepäcktransport an. Dabei wird das »große Gepäck« zum vorher festgelegten nächsten Etappenendpunkt befördert, man trägt nur den Tagesrucksack. Allerdings ist auch bei diesen Gepäckstücken – wie bei einer eventuellen Reise im Flugzeug auch – eine Gewichtsbeschränkung zu beachten. Die Kosten für diese angenehme Serviceleistung sind überschaubar. So klingt das Angebot wirklich verlockend. Solch ein komfortables Pilgern mit dem leichten Tagesrucksack hat selbstverständlich einen großen Vorteil, der auf der Hand liegt: Man wandert mit dem leichten Tagesgepäck sehr angenehm. Jedoch tauchen bei genauerem Hinsehen auch Nachteile auf. Einer davon ist: Ich muss mich – spätestens am Tag vorher – entscheiden und festlegen, wo ich am folgenden Tag über-

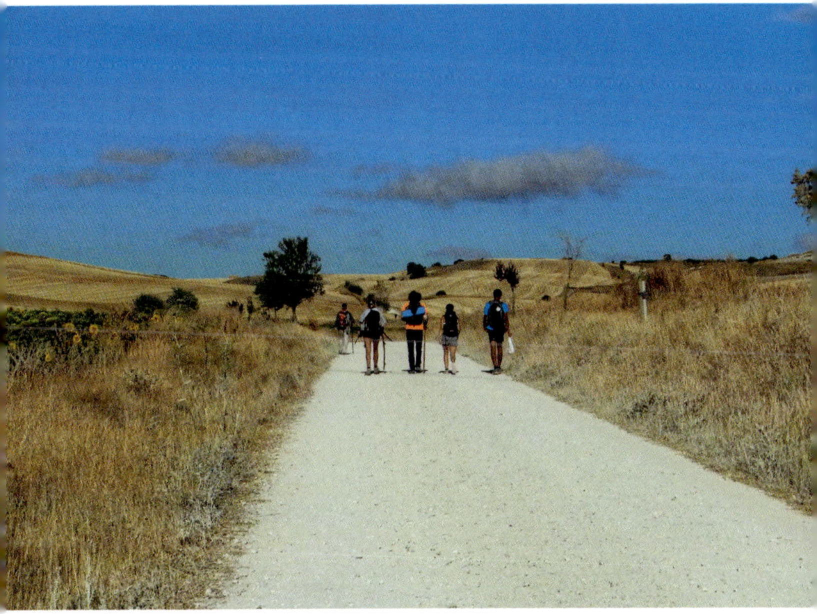

Miteinander auf dem Camino unterwegs

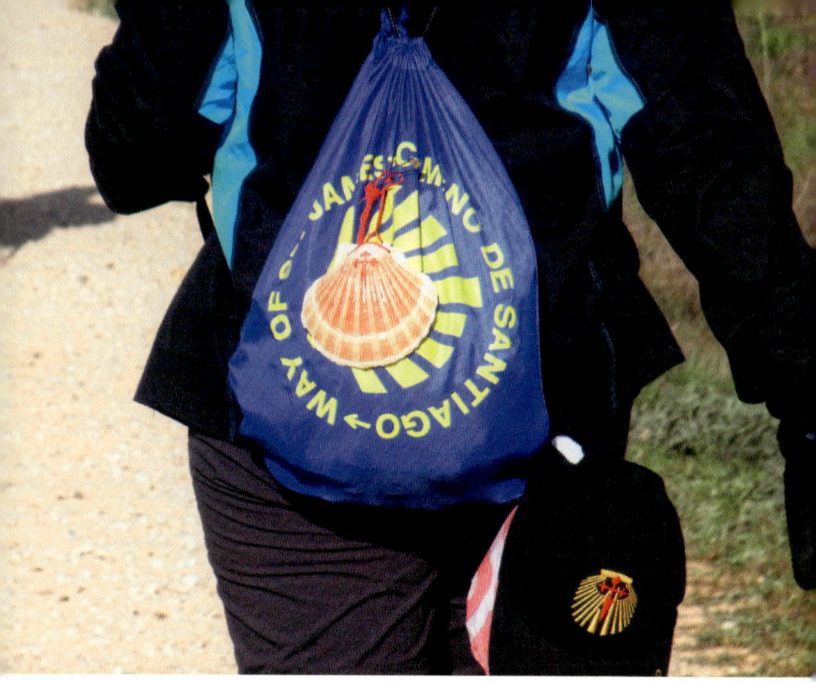

Ein leichter Tagesrucksack – ein Vorteil?

nachten möchte. Denn das Gepäck kommt ja vor mir an. Da bleiben bei einer individuellen →Pilgerwanderung ein wenig die Freiheit und die Spontaneität auf der Strecke. Unterwegs kann ich nicht sagen: Ich bleibe an einem bestimmten Ort, weil es mir überraschenderweise gut gefällt. Ich muss eben bis dorthin gehen, wo mich mein Gepäck erwartet, ich muss zu der vorab ausgemachten und festgelegten Unterkunft. Ein weiterer Nachteil ist, dass ich mich jeden Morgen neu entscheiden muss: Was nehme ich mit? Brauche ich an diesem Tag eine Jacke oder den Anorak? Was brauche ich sonst tagsüber und was lasse ich befördern? Doch zu den großen Vorteilen des Gepäcktransports zählt eben auch: Pilger mit körperlichen Einschränkungen können möglicherweise auf dem Camino unterwegs sein, was sie ohne diesen Komfort nicht bewerkstelligen könnten.

Und wer als Gruppe unterwegs ist und die Unterkünfte sowieso schon vorab reserviert hat, hat ja ebenso wenig die Wahl, woanders zu übernachten. Und wie so oft gibt es weitere Alternativen, wie zum Beispiel diesen Service für einzelne Tage zu buchen. So zählt auch dieses Thema – wie viele andere ebenfalls – zu den individuellen Entscheidungen, die jeder für sich persönlich treffen kann.

Glück

34

Was ist Glück, was ist Unglück?

Zu Geburtstagen und anderen besonderen Anlässen ist es üblich, sich neben anderen Glückwünschen auch Glück zu wünschen. Als Symbol für das Glück kennen wir das vierblättrige Kleeblatt, ein rosarotes Schweinchen oder einen Schornsteinfeger. Doch was ist das wirklich, das Glück? Bedeutet es mehr Geld, mehr Erfolg, mehr Freunde? Oder ist es nicht auch so, dass wir das Zusammentreffen besonders günstiger Umstände als Glück verstehen? Da kommen wir dem →Zufall schon wieder ganz nahe. Wenn wir uns die bekannte Redewendung »Jeder ist seines Glückes Schmied« vor Augen halten, dann klingt dabei doch heraus, dass man auch selbst etwas dazu beitragen kann. Ist es vielleicht einfach auch nur die individuelle Sichtweise auf eine Situation? Auf eine Situation, die am Anfang vielleicht überhaupt nicht danach aussieht, dass sie »Glück« beinhalten könnte? Dazu fällt mir eine alte Geschichte ein:

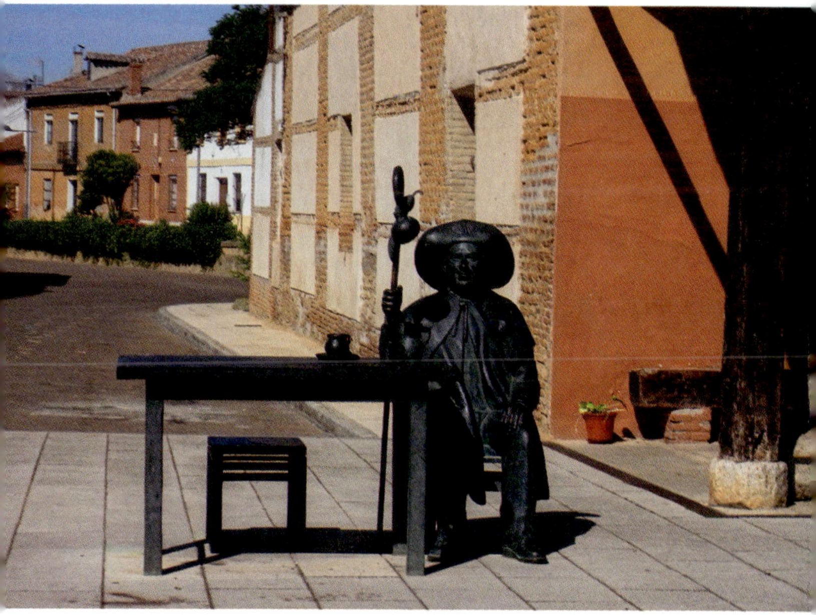

Empfängt die Pilger jahrein und jahraus in Villalcázar de Sirga

Eine Frage der Sichtweise

Im alten China lebte einst ein armer alter Bauer, dessen einziger Besitz ein wundervoller weißer Hengst war. Selbst der Kaiser träumte davon, dieses Pferd zu besitzen. Er sandte Boten mit viel Gold und Diamanten zu dem alten Mann. Doch dieser schüttelte den Kopf und sagte: »Der Schimmel ist mir zum Freund geworden und er ist bei mir seit vielen Jahren. Einen Freund verkauft man nicht. Auch nicht für viel Gold und Diamanten.« Die Dorfbewohner, die das mitbekommen hatten, lachten über diese Unvernunft. Wie konnte der Alte so viel Reichtum und Glück ausschlagen?

Das Leben im Dorf ging weiter. Eines Morgens war das Pferd verschwunden. Die Dorfbewohner kamen aufgeregt zum leeren Stall, um das Unglück des alten Bauern zu beklagen: »Du wärest ein reicher Mann, wenn du das Angebot damals nicht abgelehnt hättest. Was für ein Unglück. Jetzt bist du ärmer als zuvor. Kein Pferd zum Arbeiten und kein Gold zum Leben.« Der alte Bauer blickte bedächtig in die Runde, nickte nachdenklich und sagte: »Keiner weiß, ob es ein Glück ist oder ein Unglück. Sagt lieber: Das Pferd steht nicht mehr im Stall. Das ist, was ich im Moment weiß.« Die Leute tuschelten untereinander und gingen kopfschüttelnd nach Hause. Insgeheim dachten sie, dass der Alte wirr im Kopf geworden war. Anders konnten sie sich seine Worte nicht erklären.

Einige Tage später kam der vermisste Schimmel laut wiehernd zurück und hatte sechs wilde Stuten mitgebracht. Die Dorfbewohner riefen dem Mann zu: »Was für ein Glück! Jetzt hast du statt eines Pferdes eine ganze Herde und bist doch noch ein reicher Mann geworden.« Doch der Alte schaute wieder gelassen in die Runde und antwortete: »Ob das ein Glück ist oder ein Unglück, weiß niemand zu sagen. Sagt einfach: Jetzt habe ich sieben Pferde.« Und er ergänzte: »Wir sehen im Leben meist nur einzelne Teile, wie kann man da das Ganze beurteilen?« Kopfschüttelnd gingen die Leute wieder nach Hause. Sie dachten bei sich, dass der Alte schon immer etwas komisch gewesen war.

Der alte Bauer hatte einen einzigen Sohn, der in den folgenden Wochen die Wildpferde zu zähmen begann. Dabei stürzte er so unglücklich vom Pferd, dass er sich die Beine brach. Es sah so aus, als ob er für den Rest seines Lebens ein hinkender Mann bleiben würde. Die Leute versammelten sich wieder vor dem Haus des Alten und jammerten: »Oh, was für ein Unglück. Dein einziger Sohn, die Stütze deines Alters, ist nun ein hilfloser Krüppel und kann dir keine Hilfe mehr sein.« Wiederum schaute der Alte in die Runde und antwortete ganz ruhig: »Keiner weiß, ob es ein Unglück oder Glück ist. Ihr fällt sehr rasch ein Urteil. Versteht ihr es, wenn ich euch

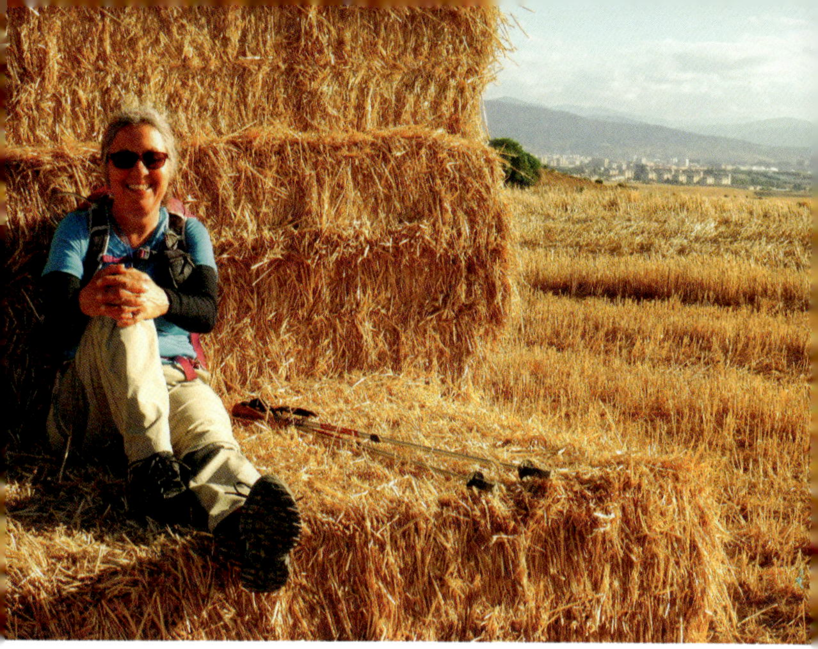

Bietet sich auch mal zum gemütlichen Verweilen an: Strohballen am Wegesrand

sage, dass wir nur Bruchstücke des Lebens sehen können? Das Leben zeigt sich uns nur in winzigen Ausschnitten, doch ihr tut so, als könntet ihr das Ganze betrachten. Bleibt doch einfach bei der Tatsache, dass mein Sohn beide Beine gebrochen hat und wahrscheinlich nie wieder so laufen können wird wie vorher.« Etwas nachdenklich geworden gingen die Leute zurück in ihre Häuser.

Die Zeit verging. Nicht lange danach kam es zu einem Krieg. Alle tatkräftigen männlichen Bewohner wurden eingezogen. Lautes Wehklagen erfüllte das Dorf. Wieder kamen die Dorfbewohner zum Haus des alten Bauern und riefen: »Jetzt bringt dein verkrüppelter Sohn dir doch noch Glück. Wir sehen unsere Söhne bestimmt nie wieder. Dein Sohn jedoch ist bei dir und wird mit der Zeit auch wieder mithelfen können. Was haben wir für ein Unglück!« Der alte Mann schaute in die Runde und sagte: »Ihr urteilt wieder sehr rasch. Ihr seht nur einen Ausschnitt des Lebens und meint doch, das Ganze erkennen zu können. Was eben noch als großes Unglück schien, erweist sich im nächsten Moment als Glück – und umgekehrt. Sagt einfach: Unsere Männer ziehen in den Krieg, und dein Sohn bleibt zu Hause. Was daraus wird, weiß keiner von uns. Das Leben ist überaus vielfältig und überraschend.«

GPS

35

Moderne Satellitentechnik auf dem uralten Jakobsweg

Die Abkürzung GPS heißt ausgeschrieben Global Positioning System und übersetzt wird daraus globales Positionsbestimmungssystem. Man versteht darunter ein weltweites Navigationssatellitensystem. Seit Beginn des 21. Jahrhunderts können auch Privatpersonen dieses System zur Orientierung verwenden. Zunächst brauchte man dafür spezielle GPS-Geräte. Diese GPS-Geräte empfangen die Signale der Navigationssatelliten und leiten daraus den eigenen Standort ab. Diese Punkte lassen sich als Track im Gelände aufzeichnen, dann am Rechner bearbeiten und weitergeben. Mithilfe von digitalen Karten lassen sich auch Routen vorab planen und auf die Geräte übertragen. Mittlerweile kann man auch mit einem Smartphone über verschiedene Apps sehr gute Ergebnisse erzielen.

Wichtig dabei ist, dass man darauf achtet, dass man die erforderlichen Karten offline dabeihat. Denn nicht überall ist der Internet-Empfang gewährleistet, von den Kosten ganz abgesehen. Mit GPS hat man eine schnelle Standortbestimmung und weiß, in welche Richtung es weitergeht. Das kann auch mal in einer Stadt nützlich sein …

Geocaching

Mit diesen GPS-Geräten oder den Apps auf dem Smartphone hat sich ein ganz neues Hobby entwickelt. Geocaching ist sozusagen eine digitale Schatzsuche. Jemand versteckt an einer gewissen Stelle einen Schatz, den Cache, zum Beispiel in einer wasserfesten Dose. Dann stellt man die Koordinaten davon ins Internet. Andere versuchen nun, diesen Schatz anhand dieser Informationen zu finden. Wer ihn findet, trägt sich in eine Liste ein, tauscht vielleicht ein Objekt in dieser Schatzkiste und stellt dann den Behälter zurück an seinen Ort.

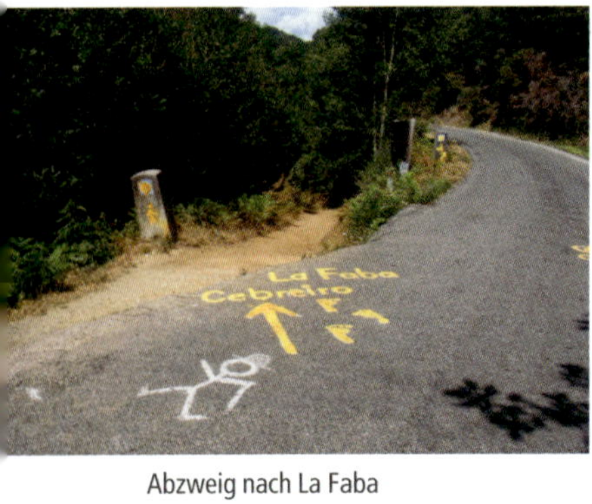

Abzweig nach La Faba

Grab des Jakobus

36

Heiligengräbern wird eine besondere Aura zugesprochen

Welche Heiligengräber kennen wir? Die berühmtesten Heiligengräber des Christentums befinden sich neben Jerusalem in →Santiago de Compostela und Rom. In Rom wurden Petrus und Paulus bestattet, in Santiago de Compostela befindet sich das Grab des Apostels →Jakobus des Älteren. In früheren →Zeiten nahm man an, dass man durch den Besuch eines Heiligengrabes selbst näher an diese Aura des Heiligen herankommt. Man glaubte daran, dass man durch die Fürsprache des Heiligen dem Himmel ein gutes Stück näher kommen würde. Auch der damals vorherrschende Reliquienkult leitet sich von dieser Annahme ab.

Wir erinnern uns: Auch unsere Friedhöfe – damals Kirchhöfe genannt – befanden sich früher im nahen Umkreis um die Kirche. Man wollte nahe bei den Heiligen begraben sein, deren Reliquien in der betreffenden Kirche verehrt wurden, um möglichst das Fegefeuer umgehen zu können. Erst ab dem 16. Jahrhundert wurden die Friedhöfe nach außen verlagert. Ob das mit der zu dieser Zeit beginnenden Reformation, mit der ein anderer Umgang mit den Toten aufkam, oder eher mit dem Platzmangel in den Städten zusammenhing?

Doch zurück zu den großen Pilgerorten wie Rom, Jerusalem oder Santiago de Compostela: Wie kam man an diese weit entfernten Orte? Wer keine Kutsche und kein Pferd besaß, der machte sich zu Fuß auf.

Da taucht natürlich ganz unwillkürlich die Frage auf: Ist es ganz sicher, dass es sich in Santiago de Compostela um das Grab Jakobus' des Älteren handelt?

Die Geschichte Jakobus'

Blicken wir in der Geschichte zurück: Nach dem Tod Christi ging Apostel Jakobus der Ältere nach Spanien, um dort zu missionieren. Sein Erfolg war wohl eher bescheiden, das kann man der Legende von Muxía entnehmen. An der Stelle an der Costa da Morte, an der sich heute nahe dem Felsstrand die Kirche Santuario da Virxe da Barca befindet, soll die Jungfrau Maria dem niedergeschlagenen Apostel Jakobus auf einem Boot erschienen sein. Jakobus kehrte darauf nach Jerusalem zurück und starb um das Jahr 44 den Märtyrertod durch Enthauptung. Weitere Legenden berichten davon, dass sein Leichnam in ein Boot gelegt wurde, das von

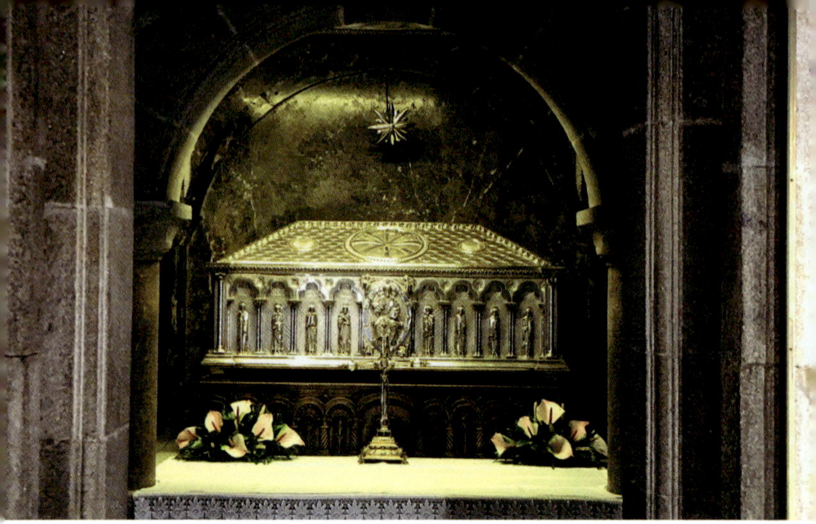

Ziel aller Jakobswege: das Grab Jakobus des Älteren

Engeln geleitet dann wieder an der Westküste von Galicien in Iria Flavia, dem heutigen Padrón, in Spanien anlandete. Als die Begleiter den Leichnam ausluden und auf einen Stein legten, verformte sich dieser zu einem Sarg. Im Land herrschte damals die Königin Lupa. Als sie diese um eine Erlaubnis für eine Grabstätte baten, lehnte sie es zunächst ab. Sie schickte die Begleiter zum römischen Gesandten, der sie kurzerhand ins Gefängnis werfen ließ. Sie wurden jedoch daraus von einem Engel befreit. Nochmals wandte Königin Lupa eine List an: Sie schickte die Begleiter auf eine Bergweide mit wilden Stieren. Insgeheim dachte sie, dass sich damit das Problem erledigen würde. Doch wie war sie erstaunt, als sich die Tiere willig vor den Wagen spannen ließen. Als sie das gesehen hatte, ließ sie sich zum Christentum bekehren und die Begleiter bekamen eine Begräbnisstätte zugewiesen. So konnten sie den Leichnam – etwas von der Küste entfernt – beisetzen. Das Grab geriet jedoch daraufhin in Vergessenheit.

Anmerkung: Das Fest der Übertragung der Gebeine von Padrón nach Santiago de Compostela wird in Santiago de Compostela alljährlich am 30. Dezember gefeiert. Zur Wiederauffindung kam es erst zu Beginn des 9. Jahrhunderts durch den Eremiten Pelagius. Er entdeckte es auf dem sogenannten »Sternenfeld«, spanisch »Compostela«. Man errichtete dann dort eine erste Kapelle, in der zu Beginn des 9. Jahrhunderts – man sagt, am 25. Juli 816 – die Reliquien des Jakobus feierlich beigesetzt wurden. Um die Kirche und um die später an diesem Platz erbaute Kathedrale herum entwickelte sich der Pilgerort →Santiago de Compostela.

37

Grenzen

Sichtbare und unsichtbare Grenzen auf dem Jakobsweg

Nicht nur auf dem →Jakobsweg wird unser Leben von allerlei Grenzen bestimmt. Auf dem Weg nach →Santiago de Compostela kommen wir mit ganz unterschiedlichen Grenzen in Berührung. Viele sehen wir gar nicht so eindeutig und offenkundig. Das können beispielsweise Regions- und Gemeindegrenzen sein, auch sieht man nicht jede Ländergrenze in einer Bergregion auf einem Wanderweg so ganz genau.

Andere Grenzen wiederum sind ganz selbstverständlich und werden normalerweise nicht infrage gestellt. Diese Grenzen »lernt« man im Allgemeinen bereits in der Kindheit und in der Schule. Sie können kulturell auch etwas unterschiedlich sein, doch der Rahmen sieht bei allen ähnlich aus: Es sind dies Verhaltensregeln, die für ein harmonisches Zusammenleben notwendig sind, wie: Man stiehlt den anderen nichts, und so weiter. Oder auch: Am Flughafen zeigt man seinen Ausweis. Neben diesen äußeren Grenzen gibt es auch die eigenen Grenzen. Diese sind individuell ganz unterschiedlich: Vielleicht haben wir diese auch schon ab und zu gespürt.

Und dann gibt es noch eine Grenze, die man gerne außen vor lässt, die jedoch jeder einmal überschreiten wird: die Grenze vom Leben zum Tod.

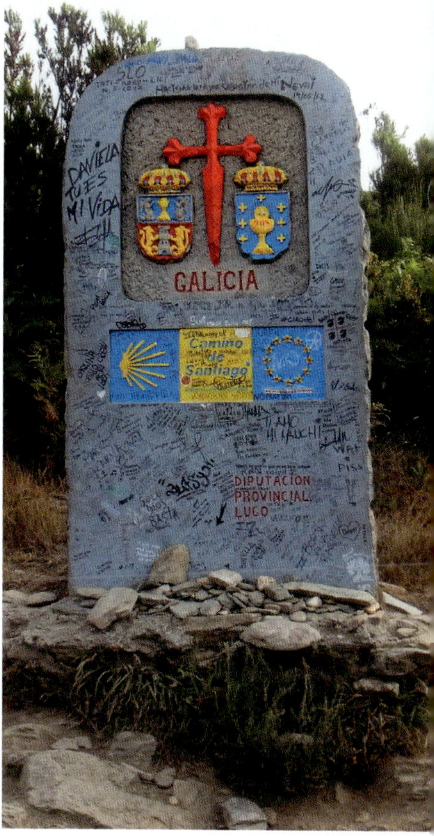

Nicht zu übersehen!

Hallo!

38

Nichts ist überraschender, als an einem fremden Ort Bekannte zu treffen!

Da steht man zum ersten Mal in seinem Leben auf dem belebten Platz an der Kathedrale in →Burgos (der Schauplatz kann genauso gut eine andere Stadt oder auch ein kleines Dorf entlang des →Jakobsweges sein), und auf einmal hört man, dass ganz laut ein »Hallo« ergänzt mit dem eigenen Namen gerufen wird. Man dreht sich um, sieht eine liebe Mitpilgerin oder einen lieben Mitpilger, freut sich, umarmt sich und schon fühlt man sich nicht mehr fremd in der Fremde. Und dies geschieht meist nicht nur einmal, sondern kann einem gleich mehrfach am Tag passieren – ein wirklich wunderbares Gefühl! Und dies natürlich umso mehr, je länger man unterwegs ist und je mehr man sich →Santiago de Compostela nähert. Es kann sein, dass man sich am Tag vorher das letzte Mal getroffen hat – oder es ist schon mehrere Tage her, dass man sich gesehen hat.

Was einen auf dem →Camino verbindet, sind vorangegangene gemeinsame Erlebnisse wie beispielsweise das Sitzen am großen Tisch beim →Pilgermenü am Abend, das »In-der-Schlange-Warten« auf ein →Bett, das Teilen des gleichen Schlafraums, eine gute Unterhaltung, das Zusammen-Wandern auf dem Jakobsweg oder auch Treffen in den →Bars. Man erkundigt sich nach den Neuigkeiten seit dem letzten Zusammentreffen und tauscht die aktuellsten Tipps aus. Die weitere Unterhaltung ist dann abhängig von den Möglichkeiten der sprachlichen →Verständigung.

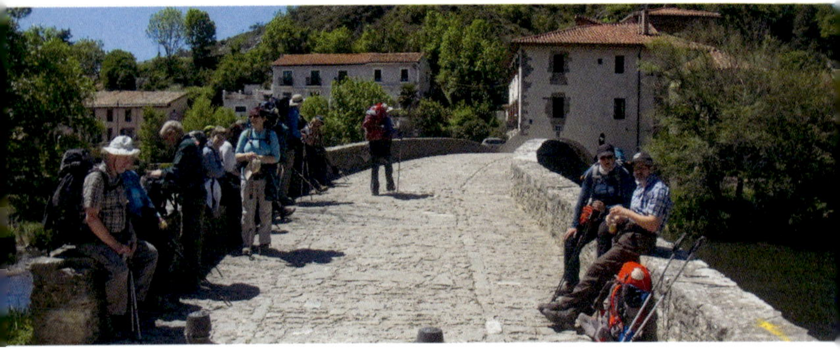

Pilger treffen sich an der Brücke in La Trinidad de Arre über den Rio Ulzama.

39

Heiliges Jahr

Der Gedenktag Jakobus des Älteren ist der 25. Juli

Jedem Heiligen wird im Jahreslauf ein Gedenktag zugeordnet. Bei Jakobus dem Älteren ist dies der 25. Juli. Dieser Gedenktag des Nationalheiligen wird in ganz Spanien groß gefeiert, natürlich auch in →Santiago de Compostela. Eine Steigerung der Feierlichkeiten ist dabei möglich: Immer wenn dieser Gedenktag auf einen Sonntag fällt, wird ein Heiliges Jahr ausgerufen. Diese Heiligen Jahre haben einen ganz bestimmten berechenbaren Rhythmus, die Abstände liegen, durch die Schaltjahre bedingt, bei 6 – 5 – 6 – 11 Jahren. Nach 2021 und der Verlängerung wegen den eingeschränkten Reisemöglichkeiten auf das Jahr 2022 folgt das nächste Heilige Jahr 2027, dann 2032, 2038, 2049 und so fort … In den Heiligen Jahren wird auf der Ostseite der Kathedrale die spezielle Heilige Pforte, die »Puerta del Perdón« (Pforte der Vergebung) geöffnet, die ansonsten zugemauert ist. Ganz exakt schon am Vorabend, also am 31. Dezember. Es ist ein eindrückliches Erlebnis, durch diese besondere Pforte die Kathedrale zu betreten.

Nach dem Heiligen Jahr 2010 wurde die Kathedrale in Santiago de Compostela Stück für Stück im Außen- und Innenbereich »auf Hochglanz« gebracht und präsentiert sich nun in ihrem Festtagsgewand. Vom großen Praza do Obradoiro hat man den besten Blick auf die bekannte Westseite der Kathedrale. Diese eindrucksvolle und imposante Schauseite ist DAS Fotomotiv, das die meisten Ankommenden mit ihrem Fotoapparat oder Handy festhalten. Täglich spielen sich große Emotionen auf diesem meist sehr belebten Platz ab.

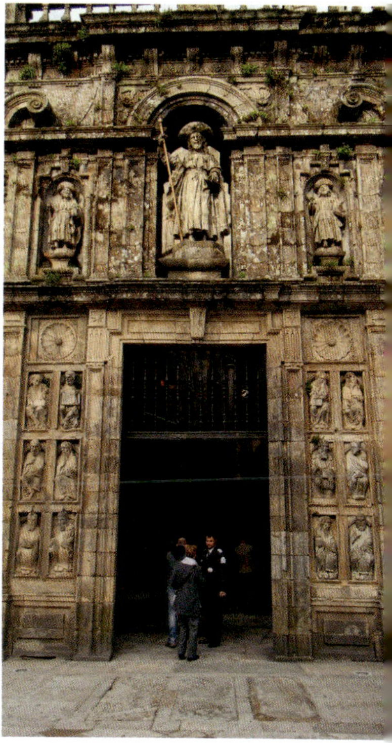

Die Heilige Pforte von außen …

Radfahrer, Fußpilger, Rollstuhlfahrer – sie alle haben viele Tage Pilgerfahrt gemeistert und feiern nun fröhlich und erleichtert ihre Ankunft an diesem besonderen Ort. In den Heiligen Jahren bekommt man – so war früher die gängige Meinung – einen kompletten Ablass. Also auch für die Sünden, die man noch begehen wird …

Auch heutzutage ist in den Heiligen Jahren eine deutliche Zunahme von →Pilgern zu verzeichnen. Doch die Spanier haben längst erkannt, was der →Jakobsweg für den Tourismus bedeutet, und das Land tut alles dafür, dass die Infrastruktur dem wachsenden Pilgerstrom angepasst wird.

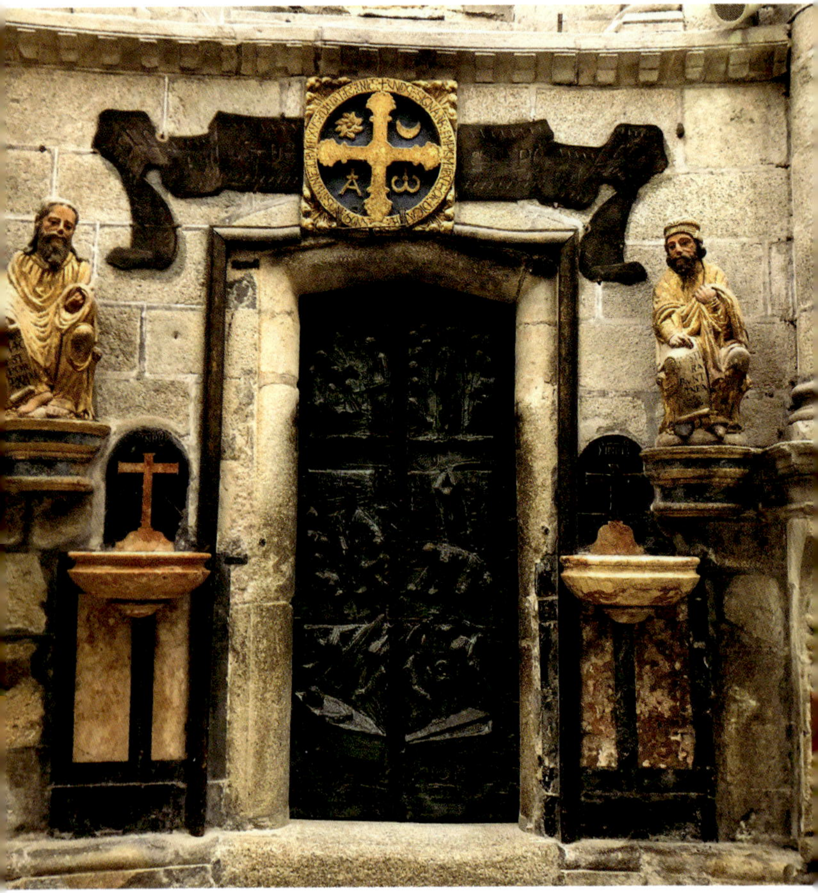

… und so sieht sie von innen aus!

Herz und Verstand

40

Wenn wir uns entscheiden: Wer entscheidet dann?

Fast täglich müssen wir größere oder kleinere Dinge entscheiden. Setzen wir dabei eher das Herz oder mehr den Verstand ein? Trauen wir unserer Intuition oder hat der Verstand das letzte Wort? Die Antwort darauf wird sicher vielschichtig sein. Doch alleine wenn wir unser Augenmerk, unsere Aufmerksamkeit diesem Bereich etwas mehr Bewusstsein schenken, ist schon viel geholfen. Denn sicher hat es jeder schon einmal erlebt: Man hat eine Idee und verwirft sie wieder, weil der Verstand »es immer besser weiß« und Vorbehalte und Zweifel mit ins Spiel bringt. Und am Ende stellt sich dann doch heraus, dass es besser gewesen wäre, wenn man seiner Intuition gefolgt wäre.

Eine andere Möglichkeit, seine Entscheidungen zu hinterfragen, ist die folgende: Mache ich etwas – oder mache ich etwas nicht – aus Liebe? Aus Liebe zu meinen Mitmenschen, aus Liebe zu mir? Oder: Mache ich etwas – oder mache ich etwas nicht – aus Angst? Aus mangelndem Mut, aus Angst, abgelehnt zu werden, aus Angst, ein Nein zu kassieren? Es ist wirklich spannend, dies mal für einen Tag auszuprobieren!

Das perfekte Herz – eine Geschichte

Es war einmal, dass ein junger Mann eines Tages in eine Stadt kam und erklärte, dass sein Herz das schönste sei. Die Menschen liefen zusammen und bewunderten sein Herz. Es gab keinen Fleck und keine Unregelmäßigkeit daran. Es war wirklich das schönste Herz, das sie je gesehen hatten. Der junge Mann prahlte noch lauter, doch plötzlich trat ein alter Mann aus der Menge hervor und sagte ruhig: »Nun, dein Herz ist nicht annähernd so schön wie meines.« Die Leute und der junge Mann schauten das Herz des alten Mannes an. Es schlug kräftig, doch es war voller Narben und es gab Stellen, wo Stücke entfernt und durch andere ersetzt worden waren. Nicht immer passten sie genau und man sah auch einige ausgefranste Ecken. Die Leute wussten nicht recht, was sie antworten sollten. Sie dachten: »Wie kann er behaupten, sein Herz sei schöner?« Der junge Mann sah auch den Zustand des Herzens des alten Mannes und gab zurück: »Du scherzt«, sagte er, »dein Herz ist ein Durcheinander mit Narben und Furchen.« – »Ja«, sagte der alte Mann, »auf den ersten Blick sieht deines perfekt aus, aber ich würde nicht mit dir tauschen wollen.

Schau, jede Narbe steht für einen Menschen, dem ich meine Liebe gegeben habe. Dabei reiße ich ein Stück meines Herzens heraus und reiche es dem anderen. Oft geben sie mir daraufhin ein Stück ihres Herzens, das in die leere Stelle meines Herzens passt. Doch manchmal passen die Stücke nicht ganz genau, daher kommen die unregelmäßigen Stellen. Doch sie erinnern mich daran, dass wir die Liebe geteilt haben. In anderen Fällen habe ich auch ein Stück meines Herzens gegeben, ohne dass ich etwas zurückbekommen habe. Zu lieben bedeutet auch manchmal, ein Risiko einzugehen. Erkennst du nun, was wahre Schönheit des Herzens bedeutet?« Der junge Mann hatte betroffen zugehört. Spontan riss er ein Stück aus seinem schönen Herzen und gab es dem alten Mann. Der Mann setzte es in sein Herz und gab dem jungen Mann ein Stück seines vernarbten Herzens. Der junge Mann sah, dass sein Herz nun nicht mehr perfekt war, doch schöner als je zuvor. Und er spürte die Liebe in seinem Herzen …

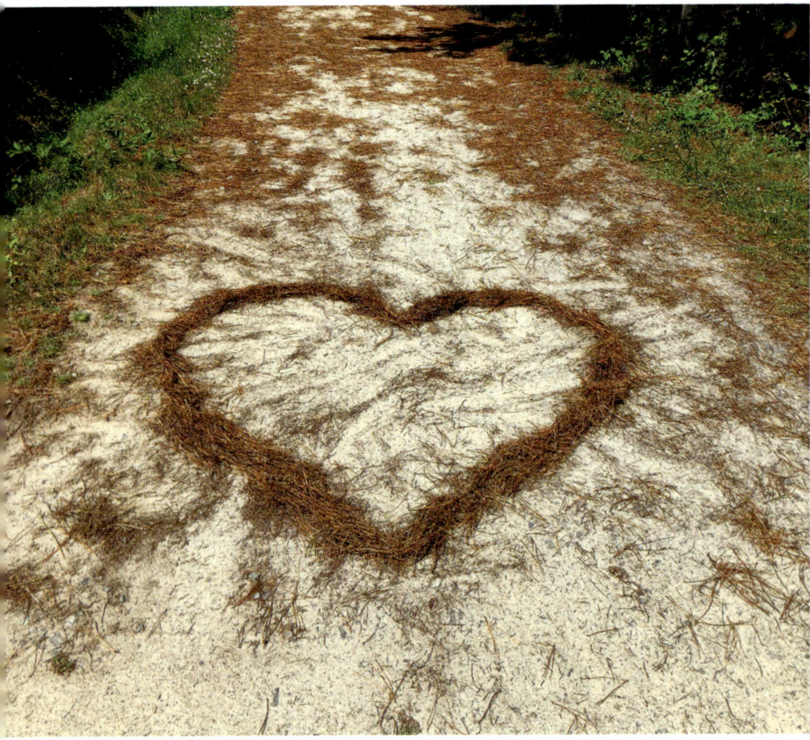

Da geht einem das Herz auf …

41

Höhepunkte

Auf dem Pilgerweg wie auch auf dem Lebensweg gibt es Höhepunkte

Höhepunkte sind etwas Besonderes. Sie geben Kraft, sie vermitteln Stärke, sie ermöglichen Orientierung. Höhepunkte – und auch die andere Seite, die Tiefpunkte – gehören zum Jakobsweg gleichermaßen wie zu einem Lebenslauf. Diese beiden »Extreme« kann man aus verschiedenen Blickwinkeln betrachten.

Wenden wir uns zunächst den natürlichen, also den geografischen Höhepunkten auf dem Jakobsweg zu. Diese liegen ihrer Natur nach weit oben und müssen daher →Schritt für Schritt erklommen werden. Das macht sie für

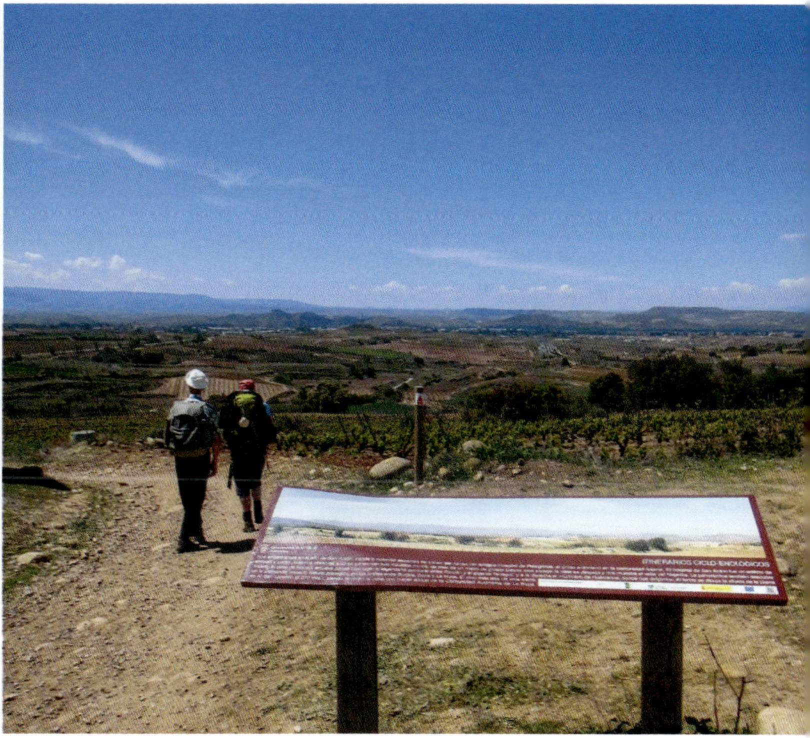

Phänomenal weiter Ausblick in der Region La Rioja

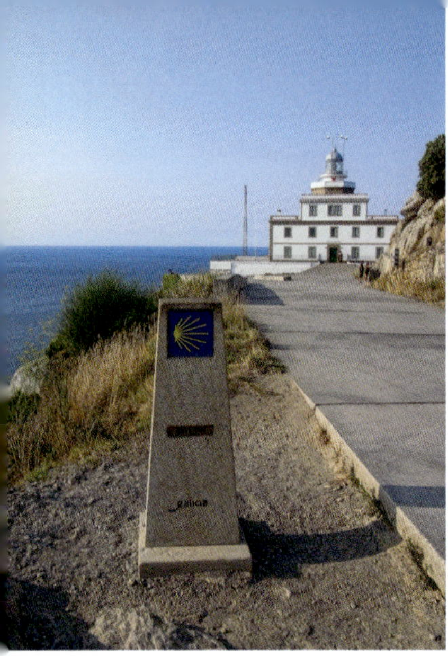

Gänsehaut-Feeling am Kap Finisterre

viele Pilger zu wenig verlockenden Zielen, weil sie mit Anstrengung und →Schweißtropfen verbunden sind. Doch wenn man auf so einem besonderen Höhepunkt steht, eröffnet sich meist eine grandiose Panorama-Aussicht. Die Welt betrachtet man von so einem Punkt aus einer ganz anderen Perspektive. Es darf sich ein Hochgefühl einstellen. Man erkennt, wo man herkommt, und man sieht deutlich, wohin der weitere Weg einen führen wird. Auf solchen Höhepunkten kann man sich gut orientieren und die weitere Richtung bestimmen. Und da sind wir auch ganz schnell bei den weiteren, ja philosophischen Bedeutungen der Höhepunkte angelangt.

Doch zurück zum Jakobsweg: Auf der Route zwischen Roncesvalles und Santiago gibt es einige dieser spektakulären Höhepunkte. Manchmal befinden sich auch ganze →Orte auf so einer besonderen Aussichtsterrasse. Man denke beispielsweise an den →Alto del Perdón, an die Orte Viana in Navarra, an Astorga oder an den uralten Ort O Cebreiro. Nicht zu vergessen den Monte do Gozo.

Eine ganz bequem zu erreichende Aussichtsterrasse gibt es in León. Mit dem Lift geht es zum Café auf der Dachterrasse des Hotels Conde Luna hinauf. Von dort oben eröffnet sich ein ganz besonderer Blick auf die Dächer der Stadt und auf die Kathedrale.

Und nicht zu vergessen: die abenteuerliche Führung hinauf auf die Dächer der Kathedrale in →Santiago de Compostela. Wer dort oben auf den schweren Dachgranitplatten gestanden ist, wird an dieses eindrucksvolle Erlebnis lange zurückdenken.

Doch Höhepunkte kann man nicht nur an speziellen geografischen Punkten, sondern auch im Tal oder an anderen Orten erleben. Oft bekommt man dabei ein gewisses »Gänsehaut-Feeling«. Für die meisten Pilger ist es ein großer Wunsch, ein großes Ereignis im Gottesdienst in der Kathedrale in Santiago de Compostela zu erleben: den großen Weihrauchkessel, den Botafumeiro, zu sehen, wie er in großen Bögen durch das Querschiff schwingt.

Hospitaleras/Hospitaleros

42

Wichtiger Dienst der freiwilligen Helfer in den Herbergen

Ohne die große Anzahl der ehrenamtlich tätigen Hospitaleras und Hospitaleros in den vielen Herbergen in den Städten und auf dem Land wäre der →Jakobsweg nicht vorstellbar. Sie haben vielfältige Aufgaben: Sie nehmen die Anmeldungen der →Pilger entgegen, stempeln den →Pilgerausweis, erklären das jeweilige Haus mit seinen Besonderheiten, teilen die →Betten zu, sorgen für Sauberkeit – und für die Einhaltung der →Nachtruhe. Manchmal bereiten sie auch eine Abendmahlzeit zu oder in seltenen Fällen das →Frühstück. Dazu sind sie Ansprechpartner für viele weitere Dinge. Der ehrenamtliche Dienst der Hospitaleras und Hospitaleros, die entweder aus der Region stammen oder auch eine weite Reise aus verschiedenen Ländern der Welt hinter sich haben, wird in einem gewissen Turnus gewechselt. Meist liegt die Zeitspanne ihrer Einsätze zwischen zwei und vier Wochen.

Die Persönlichkeiten der freiwilligen Hospitaleros prägen den Geist der jeweiligen Herberge. Diese Ehrenamtlichen sind meist schon selbst auf dem Jakobsweg gewandert, haben die Gastfreundschaft genossen und wollen nun etwas von diesem erlebten Entgegenkommen anderen Pilgern weitergeben. Man sagt, dass dieses ehrenamtliche Engagement im Jahr 1990 im Haus Nr. 29 im kleinen, uralten →Ort direkt am Jakobsweg in Hornillos del Camino (hinter Burgos) seinen Anfang genommen hat.

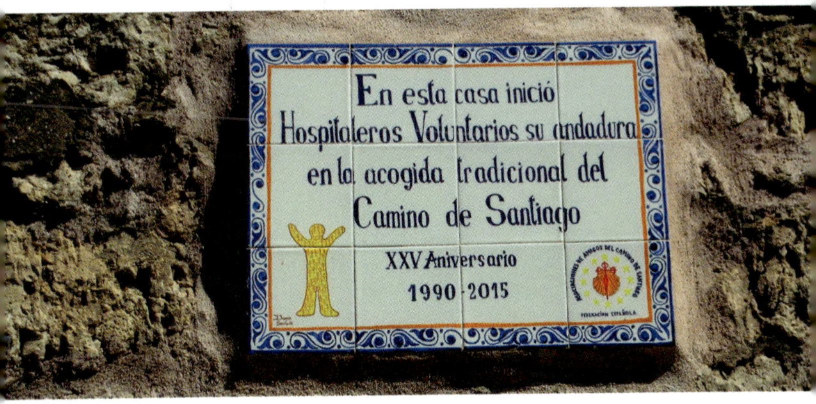

Deutlicher Hinweis in Hornillos del Camino

Hostels/Hotels

43

Welche Unterkunft wähle ich?

Auf dem →Camino hat man meistens die Wahl zwischen den unterschiedlich geführten →Pilgerherbergen, Hostels oder Hotels. Da man in den Pilgerherbergen zwar günstig, dabei meist jedoch in Mehrbettzimmern und oft auch in Stockbetten untergebracht ist, entsteht bei manchen Pilgern der Wunsch nach mehr Privatsphäre und Komfort. Diesem Wunsch werden viele Hostels und Hotels entlang des Jakobswegs gerecht. Sie profitieren genauso von den durchziehenden Menschen oder auch den Radfahrern. Es gibt viele Pilger, die nur in komfortableren Quartieren nächtigen, die zudem vorab problemlos reserviert werden können. →Radpilger werden meistens erst abends bei freien Plätzen in den Herbergen aufgenommen, sodass sich auch diese oft gleich andere Übernachtungsmöglichkeiten suchen. Doch auch »normale Pilger« gönnen sich diesen →Luxus eines Doppel- oder Einzelzimmers ab und zu, was eine angenehme Abwechslung zu den Herbergen darstellt. Auch wenn man einmal mehr als eine Nacht bleiben möchte, weicht man auf ein Hostel oder Hotel aus, da man in den Pilgerherbergen nur eine Nacht bleiben darf.

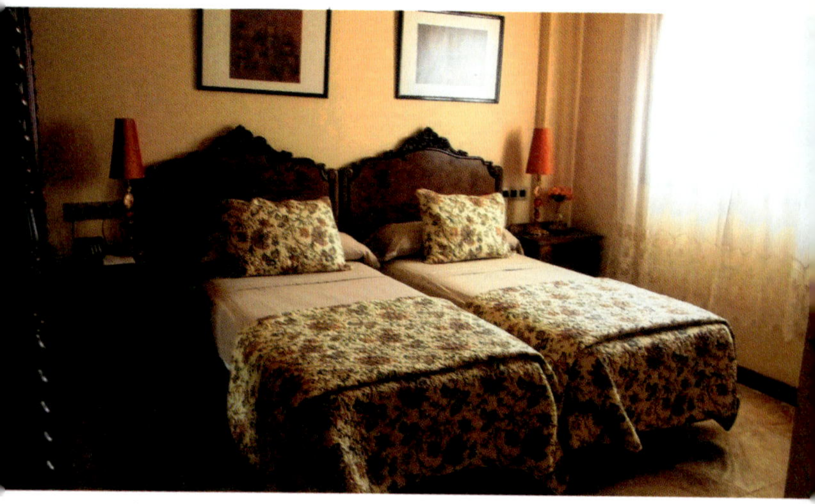

Hotels und Pensionen bieten mehr Privatsphäre und Komfort.

Hunde …

44

Das Thema Tiere ist beim Pilgern immer wieder aufs Neue aktuell

Man hört ab und an von irgendwelchen Erzählungen, die von wenig freundlichen Hunden entlang des Jakobwegs berichten. Doch muss man ganz klar feststellen, dass dies mittlerweile die große Ausnahme ist. Auf den →Jakobswegen insgesamt und auf dem →Camino Francés im Besonderen. In Frankreich dürfen Hunde – bei Strafe! – gar nicht frei herumlaufen. Sie bellen zwar oft lautstark in ihren umzäunten Grundstücken, damit hat es sich aber auch schon. Und auf dem Camino Francés ziehen mehrere hundert Menschen pro Tag durch die →Orte und Weiler. Das scheint den meisten Kläffern dann doch zu mühsam zu sein. Falls man doch mal einen Hund zu Gesicht bekommt, dann liegen die kleineren oder größeren Exemplare dieser Spezies meist im Schatten und dämmern vor sich hin. Und freuen sich, wenn sie in Ruhe gelassen werden …

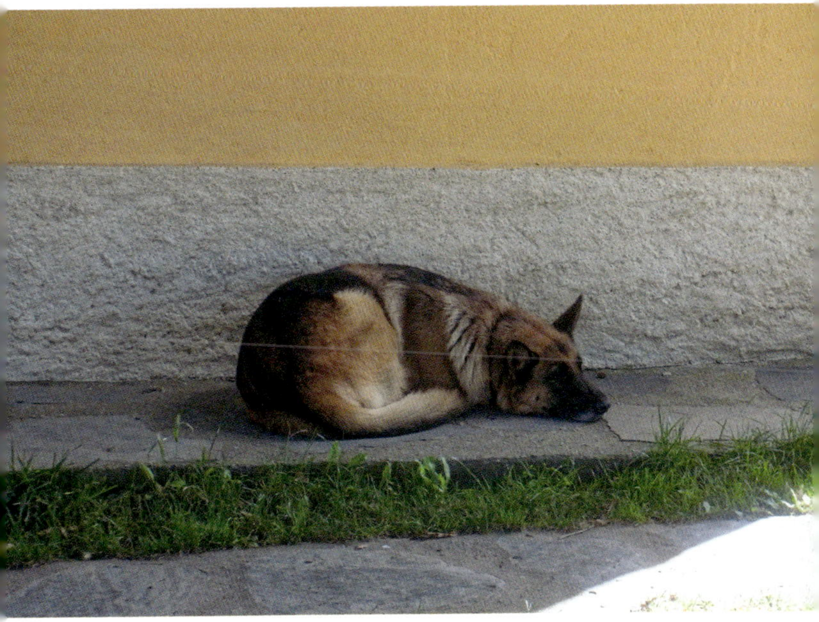

»Bin ich froh, wenn die Pilger mich in Ruhe lassen …«

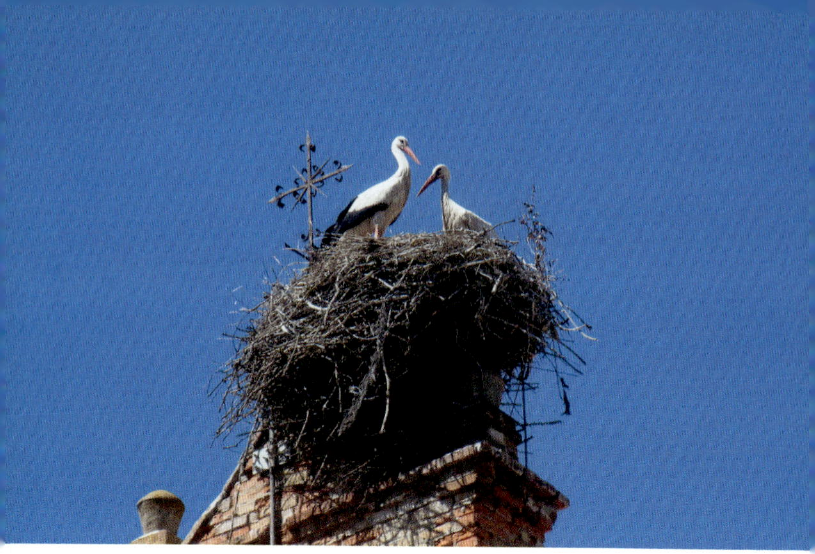

Störche sieht man im Frühjahr überraschend oft.

… und andere Tiere

Doch wenn wir schon bei den Tieren sind: Welchen können wir unterwegs noch begegnen? Wenn wir mal mit den größten anfangen, dann sind es die Kühe. In den ländlichen Gebieten werden sie oft noch morgens durch die engen Gassen der Orte auf die Weide getrieben und kommen dann – je nach →Wetterlage – nachmittags oder abends wieder zurück in den Stall. Das kann in vielen Abschnitten den Camino Francés oder andere Jakobswege zum Beispiel in Frankreich betreffen. Desgleichen kann man auch mit Schafen erleben, unversehens findet man sich in einer Schafherde wieder …

Im Frühjahr ist man doch überrascht, wie viele Störche es in Spanien gibt. Auf vielen Kirchendächern thronen die Adebare und klappern munter mit ihren langen Schnäbeln. Oft kann man auch Nachwuchs in den Nestern erkennen.

Ein Hingucker anderer Art sind zudem die kleinen Schnecken, die zu dutzenden die Halme hochklettern.

Nette luftige Begleiter sind auch die Schmetterlinge, die wir – je nach Jahreszeit – immer wieder in leuchtenden Farben auf unserem Weg sehen. Und wer seinen Blick ab und zu aufwärts zum Himmel wendet, hat immer wieder gute Chancen, Adler mit ihren weit ausladenden Schwingen und andere große Greifvögel zu Gesicht zu bekommen.

Innerer Akku

45

Nicht nur das Handy möchte regelmäßig geladen werden

Bei unserem Handy achten wir meist sehr genau darauf, dass der Akku nicht unter eine gewisse Grenze geht, sondern immer genug geladen ist. Denn ansonsten würde das Mobiltelefon uns seine Dienste verweigern. Das wäre in den meisten Fällen schmerzlich. Wenn wir das Handy an einem Tag mal ganz besonders für bestimmte Zwecke einsetzen wollen, dann achten wir darauf, dass es die volle Kapazität besitzt, nicht wahr? Das heißt, wir müssen es rechtzeitig an die Stromversorgung anschließen. Auch bei unserer Autobatterie wissen wir, dass wir ein Auge darauf haben müssen. Ohne diese Batterie nutzen uns die ganzen PS nichts, sondern das Fahrzeug bleibt an seinem Platz stehen.

Doch stellen wir uns mal ganz ehrlich die folgende Frage: Gehen wir genauso sorgsam mit unserem Körper um? Sehen wir zu, dass er regelmäßig gut genährt und versorgt wird? Wissen wir, was wir benötigen, damit wir unseren Akku aufladen können? Verstehen wir seine Signale oder vielleicht auch »Fehlermeldungen«, die er sendet? Nehmen wir uns auch – täglich – Zeit für uns, so wie ein Smartphone auch Zeit braucht, um aufzuladen, damit unser Körper seine volle Kapazität bekommt?

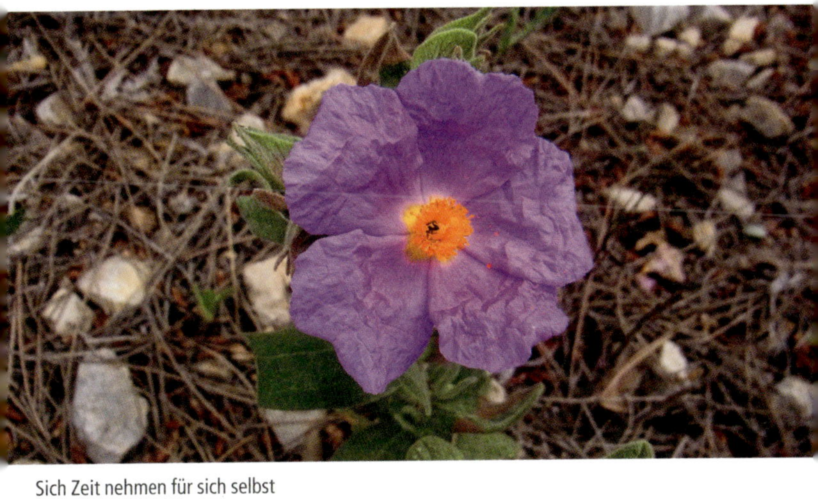

Sich Zeit nehmen für sich selbst

Internet

46 Die erste Frage in der Herberge lautet: Gibt es Wi-Fi?

Das Internet hat die Welt in den letzten Jahren spürbar verändert. Auch auf dem →Jakobsweg ist diese Veränderung spürbar. War es vor Jahren noch das Internetcafé, zu dem die Pilger hingezogen sind, so ist es heute die täglich vielhundertfach gestellte Frage der Smartphone-Besitzer: Gibt es Wi-Fi/WLAN? Dabei muss man eigentlich erwähnen, dass die kostenlose Internetverbindung mittels Wi-Fi schon fast in allen →Orten und Lokalitäten Standard ist. Es gibt kaum noch Unterkünfte und Restaurants, die diesen Service nicht anbieten. Für manche Pilger ist dies sogar Voraussetzung beziehungsweise Kriterium, nach dem sie sich ihre Herberge wählen. Die erste Frage ist daher eher die folgende, kaum dass man sein →Bett reserviert hat: »Wie lautet das Passwort für Wi-Fi?«

Online-Planung

Das Internet ist natürlich auch für die Planung und Vorbereitung einer →Pilgerwanderung hervorragend geeignet. Man findet zum einen unzählige gut gemachte Seiten zu den verschiedenen Jakobswegrouten in Europa. Neben dem Wegverlauf kann man sich zum anderen über Unterkünfte oder den Anschluss an den öffentlichen Nahverkehr sehr detaillierte Auskünfte einholen. Wenn man in Spanien beispielsweise einen überregionalen Bus braucht, kann diese Fahrkarte sogar vorab – samt Sitzplatz – online reserviert werden. Natürlich gibt es auch einige gute Apps, die für Pilger hilfreich sind.

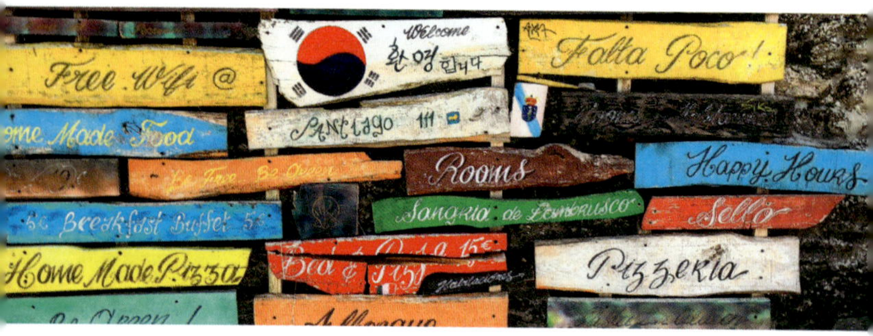

Eine Internetverbindung ist heute fast überall Standard.

47

Jakobsweg

Der Jakobsweg kostet Kraft, der Jakobsweg gibt Kraft

Das Pilgern auf Jakobswegen ist ganz einfach – man muss nur damit anfangen. Ohne große Ziele und Anforderungen an sich selbst.

Was ist das eigentlich, der Jakobsweg? Sie werden sehen, der Jakobsweg ist überaus vielschichtig. Selbst mit den 101 Dingen, die man über ihn wissen muss, ist er nicht umfassend erläutert. Wahrscheinlich hätte man auch noch mit 1.000 Stichwörtern seine Schwierigkeiten, alle Details und Möglichkeiten aufzuzählen oder zu beschreiben. Und das zählt ganz sicher auch zu den →Geheimnissen des Jakobswegs: Jede Pilgerin und jeder Pilger macht genau die Erfahrungen, die für ihr oder für sein Leben wichtig sind. Es gibt die bereits erwähnte alte Weisheit vom Jakobsweg: »Der Weg gibt dir nicht das, was du möchtest, sondern das, was du brauchst.« Hoppla. Das muss man vielleicht zweimal lesen. Doch hat man es wohl erst dann wirklich begriffen, wenn man es persönlich erlebt hat. Und wenn es auch wie ein Widerspruch aussieht, es stimmt trotzdem, viele →Pilger werden es bestätigen können: »Der Jakobsweg kostet Kraft, der Jakobsweg gibt Kraft.«

Immer mehr Pilger machen sich auf

Der Name »Jakobsweg« geht, wie bereits erwähnt, auf →Jakobus den Älteren zurück, dessen →Grab sich in →Santiago de Compostela befindet. Seit dem 9. Jahrhundert ziehen Menschen aus ganz Europa zu diesem Ziel hin. Kaiser, Könige, Bischöfe und Menschen aller Gesellschaftsschichten nahmen die Mühen der langen Pilgerreise auf sich. Selbst Verbrecher wurden auf den Weg geschickt, kamen sie wohlbehalten wieder, war ihre Schuld gesühnt. Mit dem Aufkommen der Reformation verringerte sich der Pilgerstrom, bis er dann fast ganz zum Erliegen kam. Die Tendenz verlagerte sich immer mehr zu heimischen beziehungsweise lokalen (Tages-)Wallfahrten. Im Jahr 1993 wurde der Jakobsweg als UNESCO-Welterbe anerkannt. Erst in den letzten Jahrzehnten hat sich die Fernpilgerroute wieder zu einem Weg entwickelt, der die Menschen dazu bringt, aufzubrechen, durch die Lande zu ziehen und durchs »Leben zu gehen«. Seit Beginn des 21. Jahrhunderts gewinnt der Jakobsweg Jahr für Jahr mehr an Bedeutung und im wahrsten Sinne des Wortes an »Zulauf«.

Faszinierende Route durch viele Länder Europas

Was übt seit vielen Jahren und Jahrhunderten eine so ungeheure →Faszination auf die Menschen in aller Welt aus? Die in →Santiago de Compostela geführte Statistik weist im Moment für jedes Jahr neue Rekordzahlen an ankommenden Pilgern aus. Mehr als 325.000 ausgestellte Urkunden (Stand 2018) bedeuten im Jahresdurchschnitt rund 900 Pilger am Tag. Tendenz: Jahr für Jahr steigend. Dabei lassen sich gar nicht alle Pilger, die in Santiago de Compostela ankommen, im Pilgerbüro eine Urkunde ausstellen – und nur die Anzahl der ausgestellten Urkunden wird in der Statistik erfasst. Man erkennt daran ganz deutlich, dass die fast magnetische Kraft des Jakobswegs nach wie vor ungebrochen ist und die Route zum →Grab des →Jakobus jedes Jahr mehr Menschen in ihren Bann zieht. Und doch: Unterwegs ist auf dem Weg von den Pilgerscharen wenig zu sehen, manchmal vielleicht am Morgen und am Vormittag auf den letzten 100 Kilometern. Nachmittags wandert man fast alleine … Es ist immer wieder aufs Neue erstaunlich, wie sehr sich die Menschen doch auf der Länge der Strecke verteilen.

Viele Wege führen nach Santiago

Wer bisher vom →Jakobsweg nur wenig oder gar nichts gehört hat, ist vielleicht von der Vielzahl der nach →Santiago de Compostela führenden Wege irritiert. In Deutschland, Österreich und der Schweiz gibt es eine Vielzahl von Jakobswegen, in Frankreich gibt es ebenfalls verschiedene Routen und natürlich genauso in Spanien. Eigentlich gibt es mittlerweile in fast jedem europäischen Land Jakobswege. Was hat es damit auf sich? Wer auf eine Karte schaut, erkennt die Zusammenhänge sehr rasch. Aus dem Norden und Osten von Europa ziehen die Jakobswege in Richtung Südwesten, den Pyrenäen zu. Sie bündeln sich immer mehr und steuern das Ziel in Nordwestspanien, das →Grab Jakobus' des Älteren in Santiago de Compostela, an. Zur Verdeutlichung: Stellen wir uns einen großen Baum vor. Von der äußeren Baumkrone führen viele kleinere Zweige hin zu Ästen. Die Äste führen hin zu größeren und kräftigeren Ästen und schließlich weiter zum Stamm. So münden auch die Jakobswege, die weiter entfernt sind, immer mehr ineinander ein und führen dann zum gemeinsamen Ziel Santiago de Compostela. Der Jakobsweg verbindet Menschen und Völker über viele einstige und heutige →Grenzen hinweg.

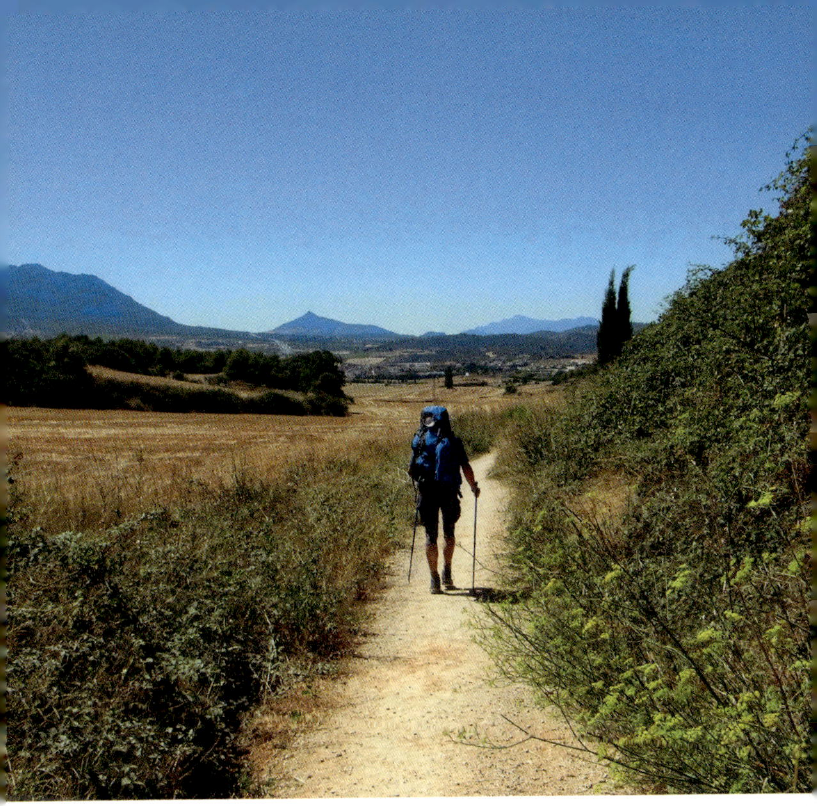

Pilger ziehen durch Landschaften wie aus dem Bilderbuch.

Viele Menschen geben dem uralten Jakobsweg heutzutage neues Leben: Das sind neben den Pilgern auch diejenigen, die entlang des →Weges wohnen, ihn unterhalten und betreuen oder gar Kunstwerke für den Weg gestalten. Das können Privatpersonen oder Organisationen sein.

Zum Schluss noch eine kleine Warnung an alle Jakobsweg-Neulinge: Achtung, der Jakobsweg kann süchtig machen – und er kann ausgesprochen ansteckend wirken.

Achtung, Gefahr!

Eine (etwas humorvoll gemeinte) Warnung darf beim Thema Jakobsweg nicht fehlen. Der Jakobsweg hat viele gute Seiten, doch darf man ehrlicherweise diese beiden Dinge nicht verschweigen: Das Wandern auf dem Jakobsweg ist ansteckend und man kann süchtig danach werden! Nur wenige Menschen werden nicht zum Wiederholungstäter …

Jakobus der Ältere

48

Einer der beiden Donnersöhne, Schutzheiliger der Pilger und Reisenden

Jakobus der Ältere war einer der zwölf Apostel Jesu. Auf lateinisch nennt man ihn Jacobus Maior oder Iacobus Zebedaei. Seine Eltern waren Maria Salome und Zebedäus. Er gilt als Schutzpatron Spaniens und in der Kathedrale von →Santiago de Compostela dominiert seine große Darstellung den Kirchenraum. Seine Eltern sieht man als große Figuren rechts und links im beginnenden Querschiff. Jakobus der Ältere war der Bruder des Johannes. Diese beiden Apostel erhielten aufgrund ihrer ungestümen Wesensart den Beinamen »Donnersöhne«. Sie zählten – zusammen mit Petrus – zum engeren Kreis der Jünger. Auf spanisch und portugiesisch wird Jakobus Santiago genannt, was sich von »Sant« für heilig und »Iago« von Jakobus ableitet. Jakobus soll in Spanien – nicht sehr erfolgreich – missioniert haben und erlitt dann in Jerusalem um das Jahr 44 n. Chr. als erster der Apostel den Märtyrertod.

Das →Grab Jakobus' des Älteren, das sich unter dem Hauptaltar der Kathedrale in Santiago de Compostela befindet, und der →Camino de Santiago sind weltweit bekannt. Daher kommen auch aus der ganzen Welt Menschen in allen Altersstufen nach Spanien.

Gott schützt und behütet

Jakobus der Ältere ist der wichtigste unter den →Pilgerheiligen. Sein Name bedeutet: »Gott schützt, Gott behütet«. Seine Attribute, an denen man ihn eindeutig erkennt, sind die →Muscheln an seinem meist breitkrempigen Hut und/oder auf dem Gewand, das Pilgergewand, die Pilgerumhängetasche, oft stabiles Schuhwerk oder Sandalen und ein langer Stab in seiner Hand. Manchmal weist auch ein Buch darauf hin, dass es sich um Jakobus handelt. Der Stab kann auch mit einer Kalebasse verziert sein. Von unserem Pilgerheiligen Jakobus dem Älteren gibt es in den Kirchen und entlang des Jakobweges eine Vielzahl von Darstellungen. Man findet ihn in Glasfenstern, als gotische oder moderne Skulptur, als Statue hoch oben an Kirchen, auf Gemälden und in vielen Kirchen wird er in der Reihe der Apostel dargestellt. Er wird als Schutzheiliger nicht nur der Pilger und Reisenden, sondern auch der Apotheker und Drogisten sowie der Hutmacher, Wachszieher und Kettenschmiede verehrt. Auch Arbeiter stellen sich unter seinen Schutz, das Gedeihen der Äpfel und Feldfrüchte steht unter seiner Schirmherrschaft. Der Jakobustag ist ein alter Lostag für das Wetter. Die Bedeutung des Jakobus als helfender Schutzherr bei kriegerischen Auseinandersetzungen ist vor allem aus Spanien bekannt. Dort findet man auch immer wieder die Darstellung des Jakobus als Matamoros (Maurentöter).

Sein Gedenktag ist der 25. Juli. Dieser Tag wird nicht nur in Spanien groß gefeiert, auch in vielen anderen Ländern sind Jakobimärkte bekannt. Fällt der 25. Juli auf einen Sonntag, dann spricht man in Spanien von einem →Heiligen Jahr.

Auch gibt es zu diesem Tag einige wichtige Bauern- und Wetterregeln, die die Bedeutung des Jakobustages unterstreichen:

»Jakobi klar und rein, wird's Christfest frostig sein.«

»Jakobi heiß – lohnt Müh' und Fleiß.«

»Um Jakobi heiß und trocken, kann der Bauersmann frohlocken.«

»Gegen Margareten und Jakoben, die stärksten Gewitter toben.«

»Sind an Jakobi die Tage warm, gibt's im Winter viel Kält' und Harm.«

»St. Jakob nimmt hinweg die Not, bringt erste Frucht und frisches Brot.« (Die ersten Äpfel nennt man daher Jakobiäpfel und die ersten Kartoffeln Jakobikartoffeln.)

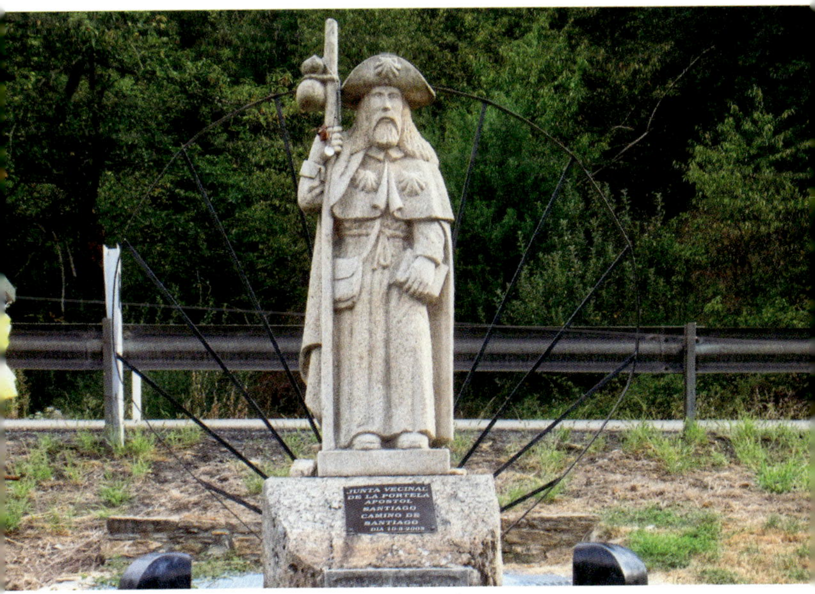

Jakobusdarstellung in La Portela de Valcarce

Jeden Tag neu

49

Der →Jakobsweg hat seinen eigenen Rhythmus

Zu Beginn einer →Pilgerwanderung ist vieles neu. Man ist gespannt, wie es →gehen wird und wie man persönlich damit zurechtkommt. Man hat zwar alle Dinge im Rucksack verstaut, doch wenn man eine gewisse Kleinigkeit sucht, dann wundert man sich, in wie vielen Fächern und Taschen man danach suchen kann, bis man es findet. Es dauert zumeist nur wenige Tage, bis man dann den Überblick hat und das Rucksack-Packen zur Routine geworden ist. Doch bleibt auf dem Jakobsweg vieles anders als zu Hause. Man bricht jeden Morgen in ein neues →Abenteuer auf.

Jeden Tag neu – die Stiefel schnüren.

Jeden Tag neu – den Rucksack aufsetzen und aufbrechen.

Jeden Tag neu – das Gepäck und die Konsequenzen für das eigene Tun tragen.

Jeden Tag neu – Unsicherheiten, Zweifel und Ängste überwinden.

Jeden Tag neu – voller Hoffnung, Zuversicht und →Vertrauen weitergehen.

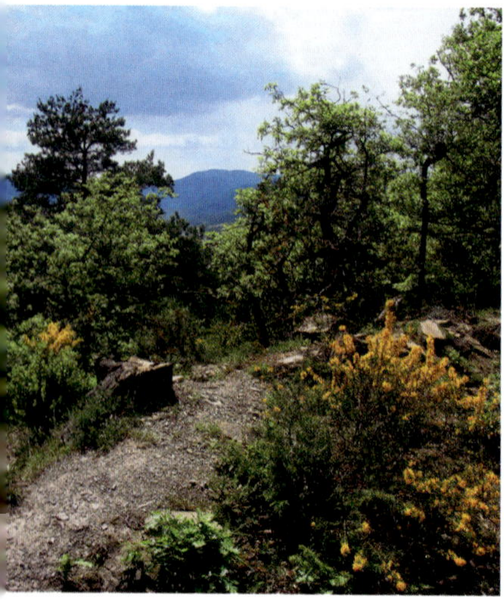

Blühender Ginster im Frühjahr

Jeden Tag neu – vielfältige →Begegnungen erleben.

Jeden Tag neu – dankbar sein für die reichen Erlebnisse.

Jeden Tag neu – mit allen Sinnen erleben.

Jeden Tag neu – sich lebendig fühlen.

Jeden Tag neu – müde und erschöpft ankommen und sich auf ein →Bett und eine Dusche freuen.

Jeden Tag neu – Gemeinschaft erleben und sich gegenseitig unterstützen.

Jeden Tag neu – das, was man hat, mit anderen teilen.

Jeden Tag neu – sich über das Leben freuen.

Kilometer

50

5 oder 50 Kilometer am Tag?

Ohne das Wort »Kilometer« geht es nicht auf dem Jakobsweg. Es ist sozusagen ein täglicher Begleiter. Wie lange wähle ich meine →Etappe? Wie viele →Kilometer sind es noch – bis zum nächsten →Ort, bis zum Tagesziel und bis →Santiago? Die allerletzte Frage wird den →Pilgern – vor allem in Galicien – auf jedem Markierungsstein wirklich auf den Meter genau beantwortet.

Zum einen gibt es Pilger, die ihren Weg sportlich angehen. Sie legen Wert auf lange Etappen und ein rasches Vorwärtskommen. Diese kommen dann meist abends spät in der Herberge an und am nächsten Morgen sind sie vor dem Morgengrauen schon wieder verschwunden. Zum anderen gibt es Pilger, die für ihren Weg so etwa 20 bis 25 Kilometer Tagesetappen anpeilen. Je nach den Höhenunterschieden der Etappe auch etwas mehr oder weniger. Dabei bleibt genug Zeit für die täglich notwendigen wie auch geselligen und unterhaltsamen Stopps in den →Bars. Oft trifft man bei dieser Weglänge über längere Zeit hinweg immer wieder die gleichen Mitpilger, was ein freudiges →Hallo! bedeutet. Dann möchte man sich auch →Zeit nehmen für die Sehenswürdigkeiten entlang der Route, für schöne Erinnerungsfotos oder für Einkäufe. Auch die Wahl der →Pilgerherberge, sich einrichten, sich duschen, Wäsche waschen müssen berücksichtigt werden. Dann vielleicht noch →Tagebuch schreiben, →Kirchen besichtigen, Essen kochen …

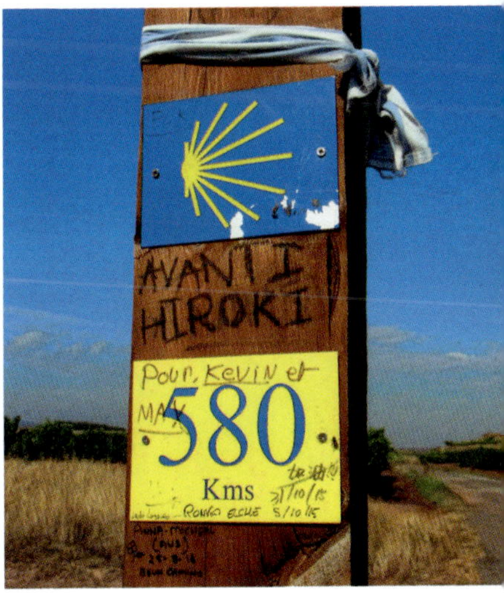

Exakte Informationen

Es gibt auch Pilger, die es gemütlicher angehen lassen. Sie nehmen sich kürzere Etappen vor und kommen Schritt für Schritt ganz genauso ans Ziel. Ein Erfolg auf dem Jakobsweg bemisst sich nicht in der Länge der täglichen Etappen. Und am →Ziel ist es völlig unwichtig, ob man 5 oder 50 Kilometer am Tag gewandert ist.

Wie weit ist es noch?

Es gibt gewisse Stellen entlang des Camino, an denen die Frage »Wie weit ist es noch, bis …?« täglich dutzendfach gestellt wird. Eine solche Stelle befindet sich zum Beispiel in Uterga nach dem steilen Abstieg vom →Alto del Perdón. Dort legen viele →Pilger in einer beliebten →Bar eine →Rast ein. Jeder möchte an dieser Stelle natürlich wissen, wie weit es noch bis Puenta la Reina ist. Die netten Mädels an der Bar haben sich für diese täglich und wöchentlich tausendfach gestellte Frage etwas Nettes einfallen lassen: Die Antwort, also die restlichen 7 Kilometer, stehen vorne auf ihren T-Shirts drauf!

An einer anderen Stelle auf dem →Camino Francés muss man nicht fragen, wie weit es noch ist, nein, da wird es einem auf dem Markierungsstein angezeigt: Es sind noch ganz exakt 100,000 Kilometer bis zum Ziel Santiago de Compostela. Keine Frage, das ist der meistfotografierte Stein der ganzen Route!

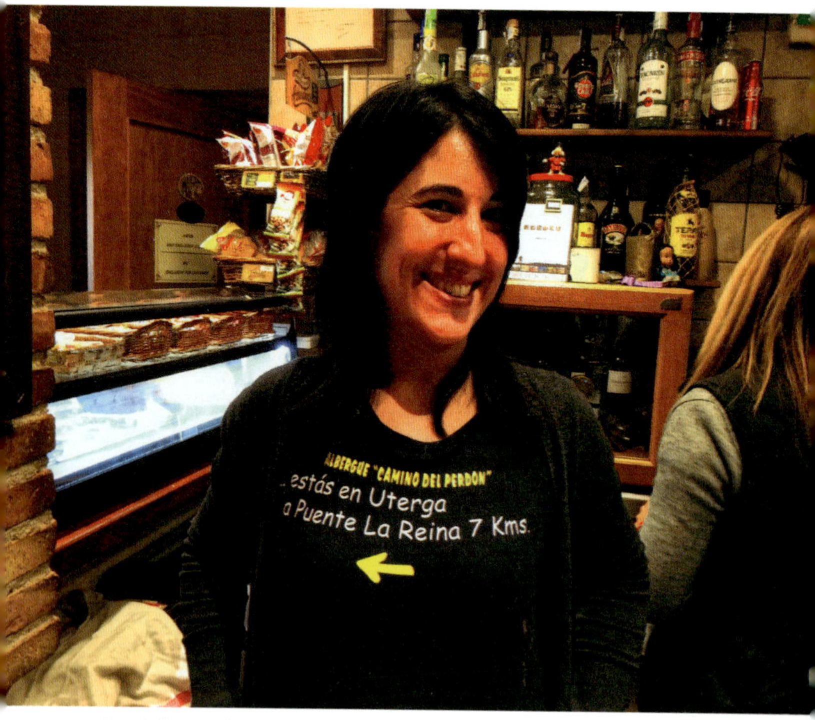

Wo sind wir und wie weit ist es noch?

Kirchen und Klöster

51

Früher waren dies die bevorzugten Pilgertreff- und Sammelpunkte.

In früheren Jahrhunderten war der →Jakobsweg oft auch ein gefahrvoller Weg. Da war es sicherer, in einer Gemeinschaft von Gleichgesinnten unterwegs zu sein. Seit alters boten Kirchen und Klöster Unterkunft und Verpflegung für die durchziehenden Pilger an. So waren dies für die Pilger aus den verschiedensten Heimatorten beliebte Treff- und Sammelpunkte. Von dort aus zog man dann gemeinsam weiter. Einige der Kirchen und Klöster sind über die lange Zeit erhalten geblieben, viele andere sind – aus den verschiedensten Gründen – verschwunden und es gibt sie nicht mehr. Auch heutzutage wird diese über Jahrhunderte hinweg traditionelle Aufnahme in den Klöstern und Kirchen fortgeführt. Für viele Pilger sind das heute noch bevorzugte Anlaufstellen, die sie gerne aufsuchen.

Raum für Ruhe und Besinnung

Kirchenräume sind ganz allgemein Orte der Ruhe, der Besinnung und der Entspannung. Orte, die Kraft und Inspiration schenken. Orte, die neue Anregungen und Ausgleich vom Alltäglichen bieten. Heutzutage sind leider viele Kirchen außerhalb der Gottesdienst- und Messezeiten geschlossen. Doch entlang des →Camino findet man einige, in denen man als →Pilger willkommen ist. Manchmal erfüllt meditative Musik den Kirchenraum, in anderen liegen besinnliche Texte in mehreren Sprachen aus und in manchen kann man sogar übernachten. Bei einigen kann man auch unzählige Stufen aufwärtssteigen und den Blick vom Kirchturm aus genießen. Und vielleicht sogar mal von Hand am Glockenstrang ziehen …

Kerzen als Symbole

Kerzen sind ein Symbol der Hoffnung, Freude und Zuversicht. In vielen Kirchen besteht die Möglichkeit, eine Kerze anzuzünden. Für sich, für seine Anliegen oder für liebe Mitmenschen. Das sanfte Licht der Kerzen bringt eine ganz bezaubernde Stimmung in einen (Kirchen-)Raum. Auf dem Camino Francés und in der Kapelle im Pilgerbüro in →Santiago de Compostela werden immer wieder (oder auch regelmäßig) Taizé-Andachten im Kerzenlicht angeboten. Eine schöne Gelegenheit, zur Ruhe zu finden und sich zu sammeln.

Das Läuten der Glocken

Vom Klang der Kirchenglocken in Spanien darf man sich nicht zu viel erwarten. Das Glockengießen wurde garantiert nicht in Spanien erfunden. Oft erinnert einen das Schlagen oder Läuten der Glocken mehr an rostige Eimer! Natürlich gibt es auch hierbei Ausnahmen. Eine rühmliche ist beispielsweise der Uhrenturm der Kathedrale in Santiago.

Ein Blick zurück in die Geschichte: Früher half das Läuten der Glocken den zum Beispiel im Nebel verirrten Pilgern, die richtige Richtung einzuschlagen und »nach Hause« zu finden.

Übrigens: Der Glockenschlag zur vollen Stunde wird mit etwas größerem Abstand wiederholt.

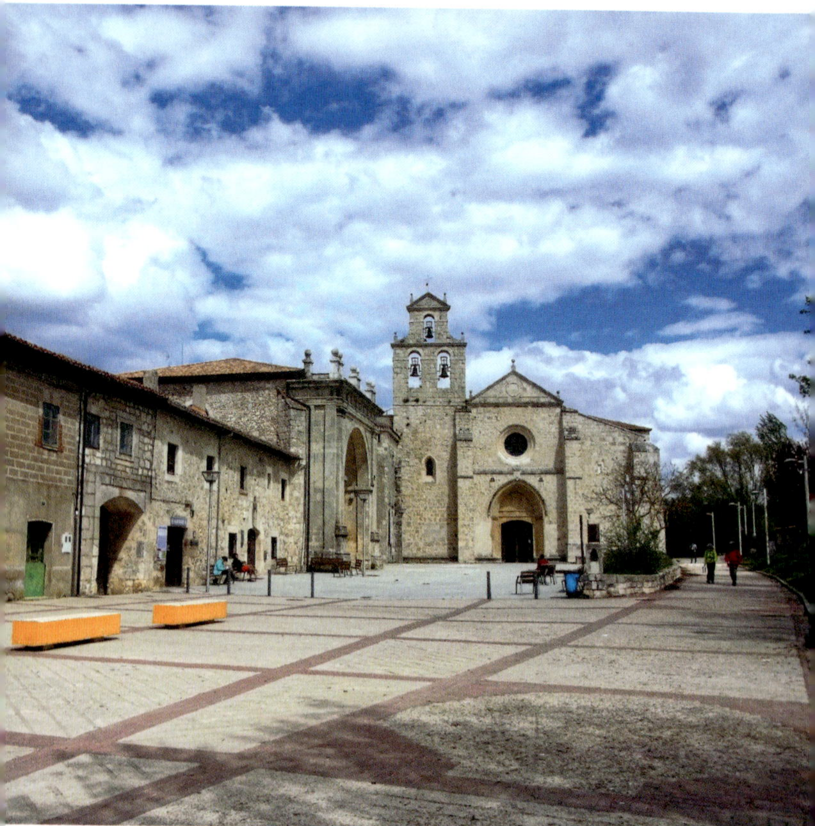

Kirche und Herberge in San Juan de Ortega

Kondition und Fitness

52

Wie viel brauche ich für den Jakobsweg?

Eine gute Kondition erleichtert zu Beginn der →Pilgerwanderung manches, jedoch zählt die körperliche Fitness nicht zu den allerwichtigsten Dingen, auf die man beim Start einer und bei den →Vorbereitungen für eine Pilgerwanderung sein Augenmerk richten sollte. Da steht eher anderes im Vordergrund, wie beispielsweise: Was nehme ich mit? Was brauche ich wirklich? Denn: Wenn ich als gesunder Mensch jeden Tag zu Fuß unterwegs bin, stellen sich die Kondition und die körperliche Leistungsfähigkeit ganz von alleine ein. Alle Muskeln, Knochen, Bänder und Gelenke werden ja beansprucht und kräftigen sich dabei – bei jedem →Schritt und jeden Tag etwas mehr. Daher ist es am Anfang des →Jakobswegs für »Schreibtischtäter« sinnvoll, eher kürzere →Etappen zu wählen. Sich zu Beginn zu sehr anzustrengen schlägt ins Gegenteil um und vermasselt einem die Freude.

Und nach einer Woche oder zwei staunt man dann über sich selbst: Man legt meist ohne Anstrengungen Wegstrecken zurück, die man am Anfang nicht für möglich gehalten hätte – und die eigentlich schon längst die Grenze des Möglichen bedeutet hätten. Doch es gibt – mindestens – zwei Bedingungen für diesen automatischen Anstieg der Fitness und diese sind: Man kann zum einen ohne körperliche Blessuren und Schmerzen unterwegs sein und zum anderen muss das Gewicht beziehungsweise die »Leichtigkeit« des Rucksacks stimmen. Dann kann man vielleicht sogar der Redewendung zustimmen, dass »alles wie von selbst geht«. Und wenn wir schon bei den Redewendungen sind, die sich aufs →Gehen beziehen: »Wie geht es dir/Ihnen?«

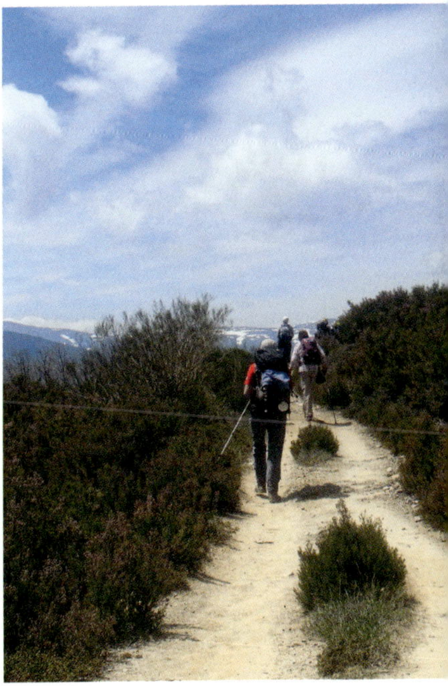

Es gibt auch bergige Abschnitte.

Kraftorte

53

Vieles kann ein besonderer Ort der Kraft sein

Der Besuch von Kraftorten und heiligen Orten kann belebend, heilend und erquickend wirken. Kraftorte und heilige Orte können besondere Plätze in der Natur sein, wie beispielsweise →Quellen, Waldlichtungen, ein bestimmter Platz im Garten und vieles mehr. Auch in →Kirchen, Kathedralen oder anderen Gebäuden kann man Kraftorte und heilige Orte finden.

Wenn wir an so einem Platz innehalten, haben wir die Möglichkeit, tief durchzuatmen und uns einen Moment der Ruhe zu gönnen.

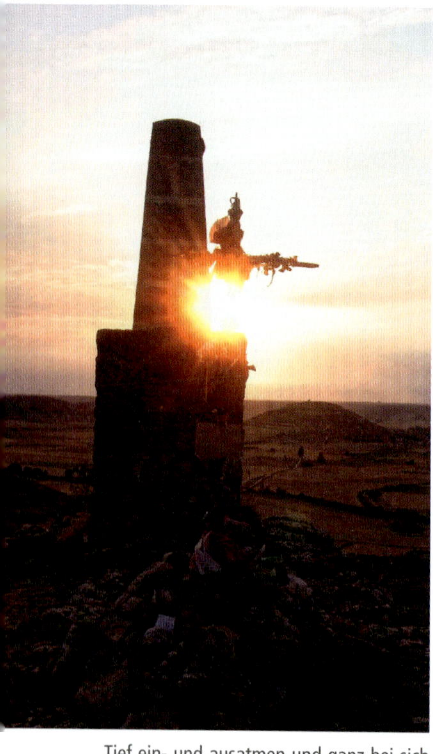

Tief ein- und ausatmen und ganz bei sich sein.

Vielleicht ist das auch ein günstiger Zeitpunkt, einmal neu auf sich selbst und sein Leben zu schauen. Ist es nicht so, dass wir uns bei vielen Dingen angewöhnt haben, sie aus einem gewissen Blickwinkel zu betrachten? Ein Wechsel der Perspektive könnte uns eine neue Sicht ermöglichen. Wie sieht es beispielsweise aus, wenn ich einen Weg oder eine Situation aus der Froschperspektive anschaue? Wie fühlt es sich dagegen an, sie wie ein Adler aus großer Höhe von oben herab zu betrachten? Schon bei der Vorstellung spürt man den Unterschied der beiden Sichtweisen, nicht wahr? Diese veränderte Schau macht den Weg frei für Neues – bei der Umsetzung von Ideen oder bei der Lösung von Problemen. Neue Blickwinkel zeigen auf, dass man oft mehr Möglichkeiten und Spielraum hat, als man sich vorher womöglich hätte vorstellen können.

54 Lieder, Gesänge und Musik

Was Kanons, Lieder und Gesänge für einen bedeuten können

Wann haben SIE das letzte Mal gesungen? Singen ist eine besondere Art, sich auszudrücken. Das Singen verleiht der Seele Flügel, weckt die Lebensfreude, kann Menschen verbinden und die →Herzen öffnen. Jeder hat sicher schon einmal den bekannten Spruch gehört: »Wo man singt, da lass dich ruhig nieder, böse Menschen haben keine Lieder, sondern nur ein Radio und 'nen Fernsehapparat ...«

Wenn man mit einer Gruppe auf dem →Jakobsweg unterwegs ist, dann wird (wegen der meist guten Akustik) gerne in den →Kirchen und an schönen Plätzen in der Natur gesungen. Besonders gut machen sich dabei Kanons: Mit einfachen Mitteln erzeugt man einen sehr schönen mehrstimmigen Klang. Sehr berührend sind auch die bekannten Taizélieder, die eingängige Melodien haben und die man auch als ungeübter Sänger schnell mitsingen kann. Für die geübten Sänger gibt es bei diesen Liedern die zusätzliche Herausforderung, vierstimmig zu singen.

Singen ... auch mal mit Gänsehaut

Dazu ein eindrückliches Erlebnis: Vor Jahren waren wir als Gruppe auf dem Jakobsweg in Burgund unterwegs. Das Ziel der einwöchigen Pilgerwanderung war der sonntägliche Gottesdienst in Taizé. Für unsere Wanderung hatte ich ein Liedblatt vorbereitet und natürlich hierfür schwerpunktmäßig Taizélieder ausgewählt. Immer wieder stimmten wir diese Lieder an, sodass sie dann allen Mitpilgern vertraut waren. Die Woche verlief wie vorgesehen und als wir dann in Taizé im Gottesdienst saßen, trauten wir kaum unseren Augen: Es war, als ob die Mönche unser Liedblatt als Vorlage genommen hätten! Alle Lieder, die wir einstudiert hatten, wurden im Gottesdienst gesungen. Das erzeugte schon ein gewisses Gänsehaut-Feeling ...

Wenn man alleine unterwegs ist, wird es mit dem Singen schon etwas schwieriger. Doch auch bei dem abendlichen Pilgergebet sind manchmal Lieder dabei, die das →Herz berühren. Gerne wird dabei das Salve Regina gesungen. Wer den lateinischen Text am Beginn seiner Pilgerschaft noch nicht kennt, lernt ihn im Verlauf des Weges – Interesse vorausgesetzt – immer besser kennen.

Auf dem →Camino Francés kann man unterwegs auch von Musik begleitet werden. Immer wieder ergibt es sich, dass mitten in einer einsamen Landschaft am Wegesrand ein Gitarrenspieler oder auch mehrere Musiker sitzen und mit ihren Darbietungen die vorbeiziehenden – beziehungsweise die nun stehen bleibenden – →Pilger unterhalten. Tolle Momente, die man nicht planen kann und die den Tag auf wundervolle Weise bereichern …

Tiefsinnige Liedzeilen

»Wechselnde Pfade, Schatten und Licht, alles ist Gnade, fürchte dich nicht …« In diesen wenigen Zeilen des bekannten und wirklich leicht zu lernenden Pilgerkanons ist sehr viel Inhalt, ja Weisheit verborgen. Gehen wir den Text →Schritt für Schritt, pardon, Zeile für Zeile durch: wechselnde Pfade. Das können wir mit Sicherheit bestätigen, wir wandern auf wechselnden Pfaden. Mal sind sie breit, mal sind sie schmal. Wechselnde Pfade … wir erleben auf dem Jakobsweg breite sonnige Teerwege, holprige schattige Waldwege oder schmale Stege, die einmal auf- und dann wieder abwärtsführen.

Schatten und Licht … Wie zwei Seiten einer Münze gehören Licht und Schatten zusammen. Nur das eine wäre auf Dauer nichts, nur das andere würde man sich ebenfalls nicht wünschen.

Alles ist Gnade … diesem Satz wird man wohl am Anfang am wenigsten zustimmen. Dass manches Gnade ist, ja, damit ist man sicher einverstanden. Jedoch wirklich alles? Auch das Unangenehme? Es dauert eine Weile, ja, manchmal sogar Jahre, bis man dazu »Ja« sagen kann. Es braucht viel Verständnis um zu erkennen, dass alles, was ich erhalte oder mir geschieht, ein Geschenk für mich ist. Manchmal muss ich es aus einer vielschichtigen Verpackung auswickeln, bis ich es erkenne: Ein Geschenk für meine Entwicklung.

Fürchte dich nicht … diesen Spruch kennen wir als Botschaft der Engel. Sie sagt uns: Lege deine Hand vertrauensvoll in Gottes Hand.

Stimmen erzeugen Stimmung

Ein Erlebnis ist mir in Bezug auf das Singen ganz besonders im Gedächtnis geblieben. In einem Jahr sind wir als reine Frauengruppe zu sechst gestartet. Am Ende des morgendlichen →Pilgergottesdienstes in Le Puy-en-Velay sind die meisten Pilger rasch losgezogen. Wir haben uns noch einen Moment Zeit gelassen und gemeinsam das Lied »Segne du Maria« gesungen. Eine Männergruppe hörte interessiert zu. In den nächsten Tagen kamen wir mit dieser Gruppe immer mal wieder ins Gespräch, so wie man sich auf dem Jakobsweg eben immer wieder trifft. Und dann ergab es sich, dass wir in einem Ort gerade die Kirche verlassen wollten, als diese Männergruppe ankam. Sie fragten uns, ob wir nicht mit ihnen gemeinsam singen würden. Wir stimmten zu. Unsere Stimmen ergaben zusammen einen wunderschönen Klang. Wir alle genossen dieses »Bad« in dieser herrlich feierlichen und besinnlichen Stimmung, die wir alleine durch unsere Stimmen in der Kirche erzeugt hatten.

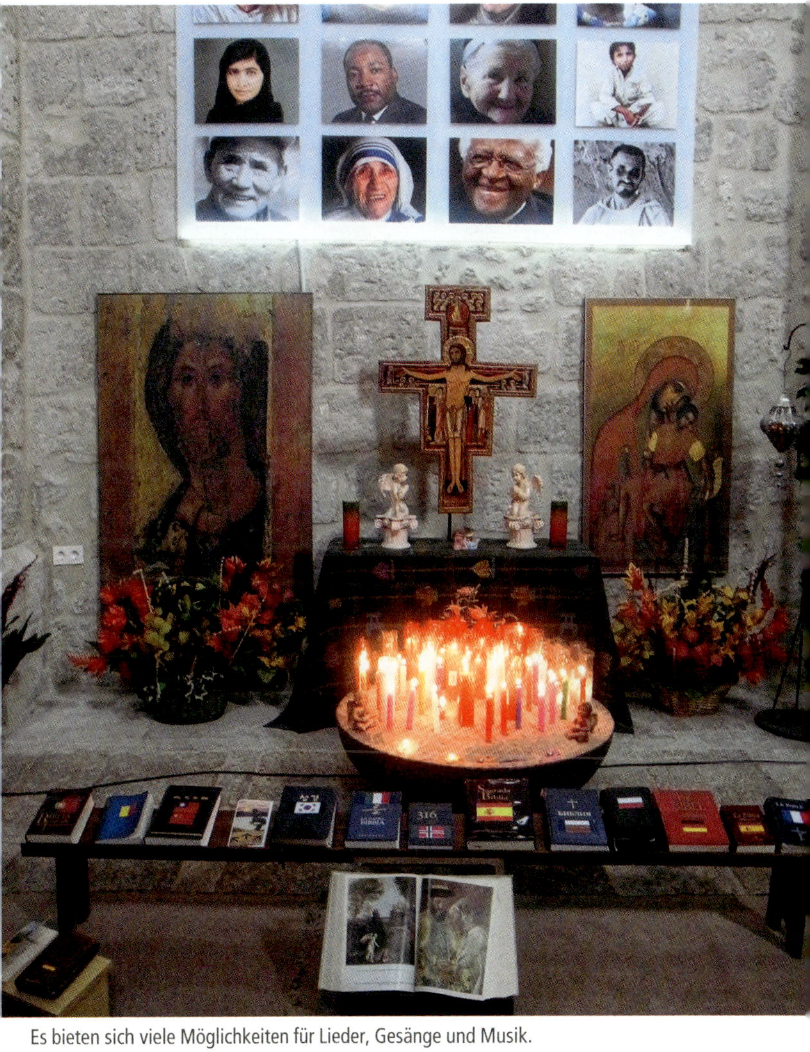

Es bieten sich viele Möglichkeiten für Lieder, Gesänge und Musik.

Luxus

55 Wie passen Luxus und Pilgern zusammen?

Luxus ist für jeden etwas anderes und daher ganz individuell. Was versteht man unter Luxus? Haben Sie sich schon einmal überlegt, was für SIE persönlich Luxus bedeutet? Beim Pilgern gilt im Allgemeinen die Devise: Nur das Nötigste darf mit und wird eingepackt. Denn man muss ja alles tragen. Doch wenn man mal genau hinschaut, so offenbart sich – bei vielen Dingen erst am Nachmittag oder Abend nach der Ankunft – so manches, was da ganz individuell aus den Tiefen der Rucksäcke ans Licht kommt. Die einen finden diese Dinge für sich bedeutend und wichtig, die anderen würden genau diese Sachen komplett als überflüssig betrachten. Und das macht ja gerade den individuellen Luxus aus!

101 Bücher dabei

Die Bandbreite der Luxusartikel ist so groß wie die Schar der Pilger. Hier nur einige Kostproben: Das können zum einen schicke Sandalen sein, die schon mehr nach High Heels (»You never know«) aussehen. Das kann zum anderen ein übergroßes Handtuch sein, das besser an einen Strand passen würde. Oder es kann ein E-Book-Reader sein, auf dem eine ganze Bibliothek abgespeichert ist. Oder ein großes Taschenmesser, mit dem man sogar bei einem Survival-Training gut aussehen würde. Oder es kann ein Roman in Buchform sein, den man unbedingt unterwegs lesen wollte. Auch ein Paar Ersatzschuhe für die Wanderstiefel können es sein, für den Fall, dass die anderen drücken. Oder das geliebte Strickzeug, das unbedingt mitmusste, oder, oder, oder …

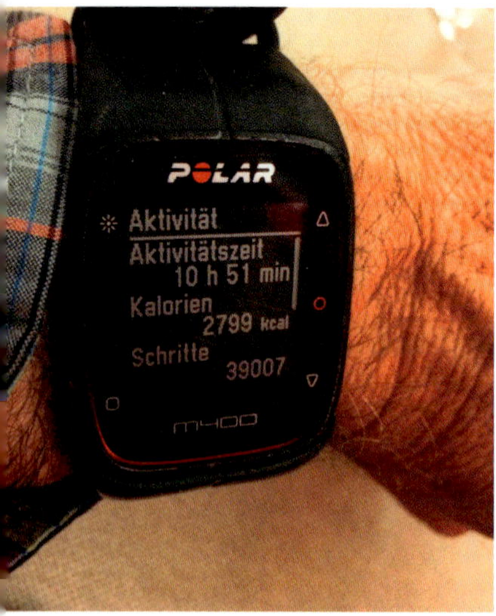

Luxus ist individuell.

Oder es kann ein Föhn sein, wenn man daran gewöhnt ist und einem seine Frisur ansonsten nicht

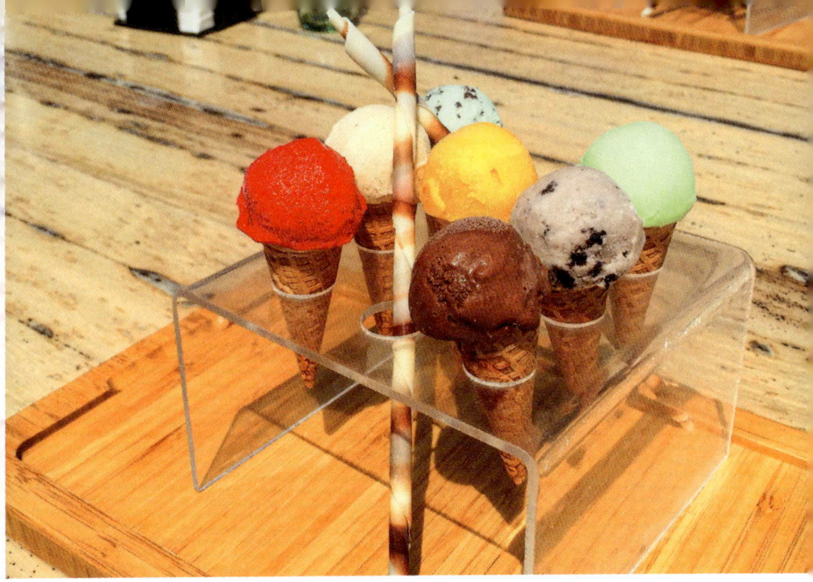

Sich Zeit nehmen für einen speziellen Genuss zwischendurch

gefällt. Oder es kann die große Kamera sein, mit der man besonders schöne Fotos aufnehmen möchte.

»Luxus« könnte man in diesem Zusammenhang also auch als Wohlfühlartikel definieren. Daher ist dieser kleine persönliche Luxus wichtig – gerade in der Einfachheit des Pilgerns. Er sorgt für kleine Auszeiten und für eine gute Regeneration bei →Durchhängern. Und er verhilft zu Zufriedenheit und Lebensfreude.

Lippenstift: für viele Pilgerinnen ein absolutes Muss

Pilgern und Sich-Stylen ist kein Widerspruch. Für viele Pilgerinnen ist es selbstverständlich, dieses kleine Utensil, das man Lippenstift nennt, griffbereit – zum Beispiel in der Hüftflossentasche des Rucksacks – zu haben. Dabei ist hier, das sei ausdrücklich erwähnt, nicht der Lippenpflegestift gemeint, der ja durchaus eine wichtige Funktion erfüllt, wenn man sich den ganzen Tag bei Sonne, Wind und Wetter draußen aufhält. Nein, wir sprechen hier vom »richtigen« Lippenstift, der mit seiner eher bedeckten oder auch leuchtenden Farbe auf eine gewisse Weise auf seine Benutzerin aufmerksam macht. Denn: Es könnte ja vielleicht doch sein, dass einem der Mann des Lebens gerade an diesem einen Tag begegnet. Doch längst nicht alle Pilgerinnen benutzen den Lippenstift nach dem Motto: »You never know«.

Markierung

56

Gelbe Pfeile, Wegsteine mit Muscheln, kleine Kunstwerke

Wer auf dem →Jakobsweg unterwegs ist, wandert auf einer durchweg markierten Route. Man kann dabei in Deutschland, Österreich, der Schweiz oder in Frankreich starten, man wird immer eine typische Muschelmarkierung vorfinden. Diese Wegzeichen können sich zwar im Detail unterscheiden – in der Art der Muschel, in der Größe, in der Richtungsangabe des Knotens der Muschel und weiteren Dingen mehr. Jede Region hat ihre eigenen Regeln bei der Markierung. Doch als →Pilger gewöhnt man sich schnell an die jeweilige Art. Diese Arbeit der Wegpflege und der Anbringung wie auch der nachfolgenden jährlichen Kontrolle der Wegzeichen wird meist in ehrenamtlicher Arbeit geleistet. Diesen unzähligen Helfern gilt ein großes Dankeschön! Nur durch dieses Engagement ist es gewährleistet, dass wir über tausende von Kilometern durchweg auf dem markierten Jakobsweg wandern können – beachtlich, nicht wahr? Auf dem →Camino Francés in Spanien gibt es ebenfalls je nach Region unterschiedliche Markierungen.

Gelbe Pfeile als Wegweiser

Unendlich viele gelbe Pfeile weisen uns in Richtung →Santiago de Compostela. Auf dem Weg entlang des Camino Francés sehen wir hunderte, ja tausende von gelben Pfeilen. Sie zeigen die Richtung an, die uns auf das Ziel hinführt. Die kräftig gelben Pfeile sind auf Straßen und Wegen zu finden, an Hauswänden, auf Mäuerchen, manchmal etwas versteckt hinter Efeu und anderem Bewuchs, manchmal ganz unten an den Rinnsteinen und sehr oft auf den muschelverzierten Wegweisersteinen. Die Verwendung der gelben Pfeile geht zurück auf den Pfarrer Don Elías Valiña Sampedro aus O Cebreiro. Dieser Mann war maßgeblich an der Neubelebung des Jakobswegs beteiligt.

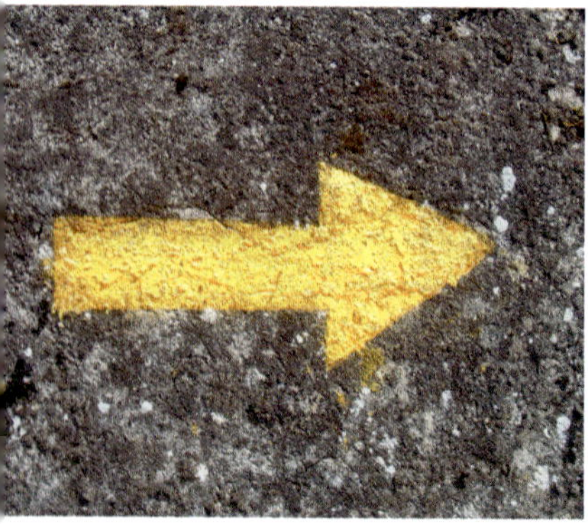

Gut markiert unterwegs

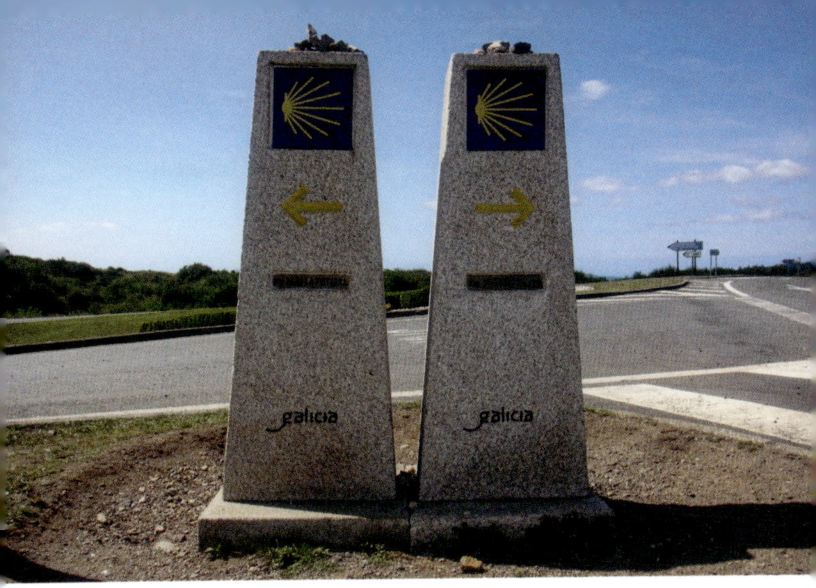

Markante Wegsteine mit exakten Meterangaben in Galicien (Gabelung Fisterra/Muxía)

Steinmännchen

Die hübschen Steinmännchen dienen ebenfalls der Markierung. Man sieht diese kleineren oder größeren Gebilde, die von Menschenhand aufgeschichtet wurden, vor allem in den bergigen Regionen. An manchen Stellen erkennt man die Baulust der vorbeiziehenden Pilger: Da türmen sich auf dichtem Raum jede Menge dieser lustigen oder auch raffiniert aufgeschichteten Steingebilde am Wegesrand.

Wegsteine in Galicien

In Galicien wissen wir bis auf die dritte Stelle hinter dem Komma genau, also bis auf den Meter, wie weit es noch bis zum →Ziel ist. Unendlich viele dieser großen Wegsteine wurden entlang der Route aufgestellt. Besondere Aufmerksamkeit bekommt dabei der Stein mit der Entfernung »100,000 km«. Das ist sicher – auf der Strecke bis Santiago de Compostela – der am meisten fotografierte Markierungsstein! Denn es gibt Steine, die in der Beliebtheitsskala vielleicht noch ein kleines Stückchen weiter oben rangieren: Auch auf dem Weg von Santiago weiter bis Fisterra und bis Muxía wurden diese nicht zu übersehenden Wegsteine platziert. Welche Freude ist es, in Fisterra oder in Muxía an diesen 0,000-Steinen zu stehen. Diese werden dann garantiert noch mehr fotografiert …

Meseta

57

Die schier unendliche Weite im kastilischen Hochland

Der →Jakobsweg durch die Meseta bleibt einem noch lange im Gedächtnis. Beeindruckend ist die Wanderung durch die fast ebenen Getreidefelder der spanischen Meseta. Tagelang wandert man durch das nur wenig gegliederte Gelände, sieht rings um sich die riesigen Getreidefelder und gaaanz viel Himmel. Nur das Kantabrische Gebirge, das man bei guter Wetterlage im Norden erkennen kann, gibt den Augen in der Ferne etwas Halt. Da kann man sich als →Pilger schon sehr klein vorkommen.

Doch nicht nur als Mensch kommt man sich klein wie eine Ameise vor. Diese scheinbare Winzigkeit schlägt sich auch in den Ortsnamen nieder: Terradillos (Verkleinerung von Terra = Erde) de los Templarios, Calzadilla (Verkleinerung von Calzada = Straße) de la Cueza, Calzadilla de los Hermanillos (Verkleinerung von Hermano = Bruder).

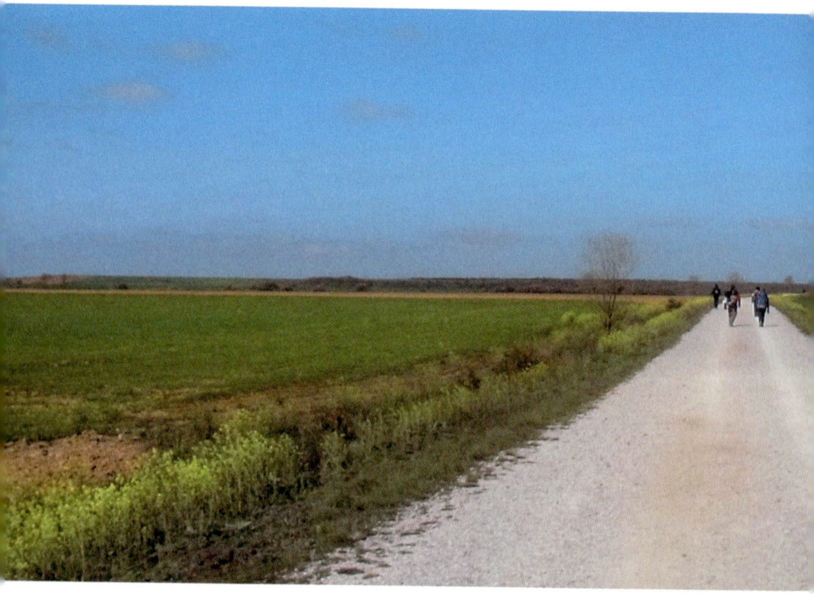

Beeindruckend: die enorme Weite des kastilischen Hochlandes

Je nachdem, welche →Wetterverhältnisse man im kastilischen Hochland angetroffen hat, wird die Erinnerung jeweils angenehmer oder weniger angenehm ausfallen. Bei einer aus einem blauen Himmel scheinenden Sommersonne wirkt die Strecke komplett anders als bei einem frostig kalten Rückenwind, bei dem man noch nicht einmal eine gemütliche Pause einlegen kann. Wenn man sogar bei einem regnerischen Gegenwind unterwegs war, dann weiß man auch, was man geschafft hat. Und das sind nur einige der Möglichkeiten, die das Wetter einem so anbietet. Auch die jahreszeitlich unterschiedliche Färbung der Felder spielt bei der positiven oder weniger positiven Erinnerung eine gewisse Rolle. Kurzweilig ist es im Frühjahr, wenn man die verschiedensten Grüntöne der sprießenden Felder genießt. Auch sieht es sehr schön aus, wenn der Wind durch die Getreidefelder streicht und diese wie Wellen in einem Meer wirken. Im Sommer wechselt das Farbenspiel in ein wunderbares Gold, auch die dann folgenden Stoppelfelder leuchten noch lange in diesem Ton. Im Herbst kommen dann die Brauntöne zum Tragen. Interessant ist es, wenn man Traktoren oder andere Maschinen bei der Arbeit beobachten kann: Dadurch, dass man sie schon von Weitem sieht, erscheinen sie einem wie »Miniaturfahrzeuge«.

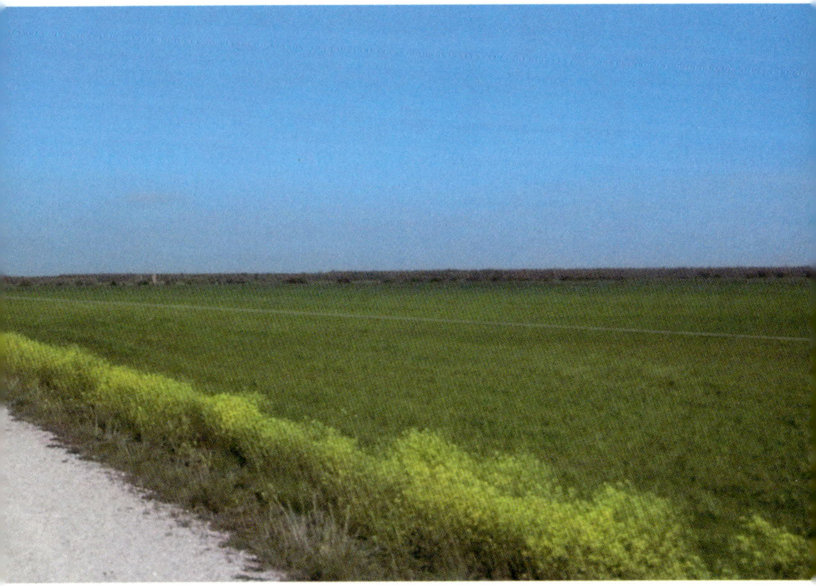

Motivation?

58 Damals wie heute eine spannende Frage

Wenn man 100 Pilger nach ihrer Motivation für ihre →Pilgerwanderung fragen würde, bekäme man dann 100 gleich lautende Antworten? Sicher nicht! Jede Pilgerin und jeder Pilger hat ihre beziehungsweise seine persönlichen Gründe, warum sie oder er auf dem Jakobsweg ist. Bei den verschiedenen Motivationen gibt es kein »gut« oder »schlecht«, »richtig« oder »falsch«, es ist einfach anders.

Umbrüche im Leben können einen motivieren, sich auf den →Jakobsweg zu machen. Die einen gehen nach Beendigung ihrer Schulzeit auf den →Camino, um sich zu orientieren, wie es denn im Leben weitergehen könnte. Andere finden den Zeitraum nach dem Studium und vor dem Einstieg in das Berufsleben günstig. Wieder andere nehmen sich während ihres Berufslebens eine Auszeit, um »zu sich zu kommen«. Oder um zu schauen, was es denn noch alles im Leben gibt. Auch der Übergang vom Berufsleben in den Ruhestand bietet dann wieder für viele eine Möglichkeit, sich »Zeit für sich selbst« zu nehmen. Manche lösen ein gegebenes Versprechen ein. Oder man hat eine Frage, die man auf dem Jakobsweg klären möchte. Auch religiöse Motivationen spielen eine Rolle.

Jeder hat seine persönlichen Gründe

Daneben gibt es eine Vielzahl weiterer Lebenslagen oder auch Krisensituationen wie Trennungen oder Sterbefälle von nahen Angehörigen, die Auslöser für die Wanderung auf dem Jakobsweg sein können. Neugier und sportliche Herausforderung können ebenfalls Gründe sein, dass man seine →Siebensachen packt und loszieht. Nicht zu vergessen: Die Literatur spielt in hohem Maße auch eine Rolle. Als die Bücher des brasilianischen Schriftstellers Paulo Coelho »in« waren, traf man eine Vielzahl von Brasilianern an. Durch die Übersetzungen seiner Werke in andere Sprachen ist diese Motivation nicht nur auf Pilger aus diesem Land begrenzt. Nach der Veröffentlichung des Buches *Ich bin dann mal weg* von Hape Kerkeling nahm die Anzahl von deutschen Pilgern zu.

Auch wenn man Pilger aus anderen Ländern nach ihrer Motivation fragt, werden oft die gelesenen Bücher als Gründe genannt. Manche Menschen wählen den Camino aufgrund der hervorragenden Infrastruktur und wegen der überschaubaren Kosten für ihren »Urlaub« aus. So hat jeder

Pilger ganz individuell seine persönlichen, religiösen, kulturellen oder sportlichen Gründe. Es lässt sich schwer abschätzen, wie viele Pilger heutzutage aus religiösen Motiven auf dem Jakobsweg unterwegs sind. Es besteht ja auch die Möglichkeit, dass man aus einem anderen Grund heraus gestartet ist und dieser sich dann im Laufe des →Gehens verwandelt.

Sieht man sich die Motivation früherer Pilger an, kommen wir auf ähnliche Ergebnisse: Auch damals gab es die unterschiedlichsten Motivationen. Doch waren sie im Allgemeinen eher religiöser Natur – eine auferlegte Buße, das Erhalten des Ablasses, die Erfüllung eines Gelübdes oder ein anderes bestimmtes Anliegen oder die Pilgerfahrt als Ausdruck von Dank. Verbrecher wurden zur Sühne ihres Verbrechens auf den Jakobsweg geschickt. Und wenn sie heil zurückkamen, konnten sie ein neues Leben beginnen.

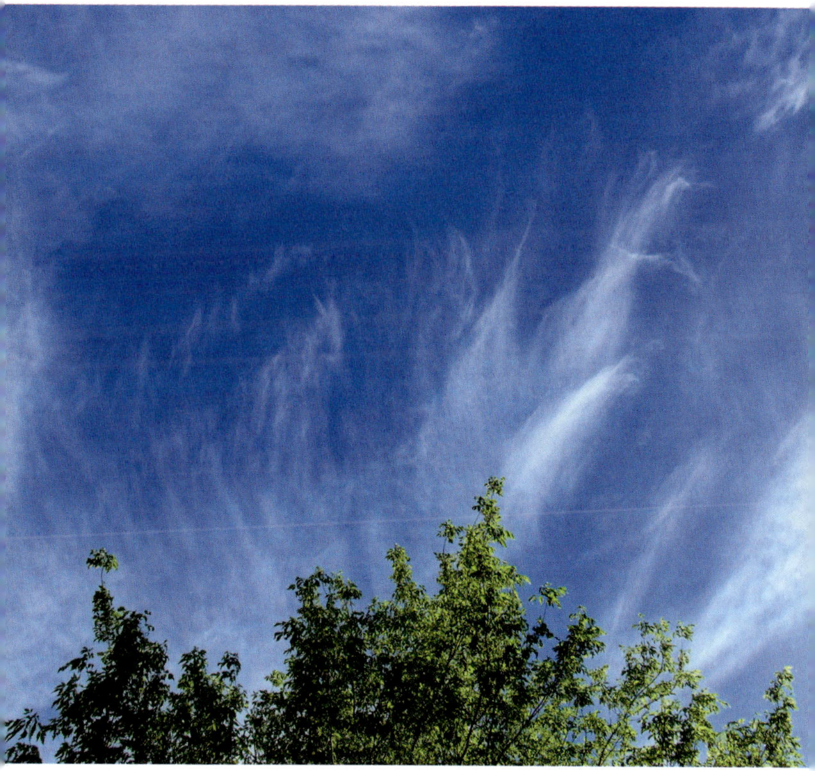

Jede Pilgerin und jeder Pilger hat seine persönliche Motivation.

Muschel

59

Das Erkennungszeichen der Jakobspilger

Wer auf dem Jakobsweg unterwegs ist, hat meist eine Jakobsmuschel als sichtbares Zeichen am Rucksack angebracht. Die Muschel ist schon seit Jahrhunderten das typische Erkennungszeichen der Pilger nach Santiago de Compostela. Zur Unterscheidung: Die Pilger nach Rom haben als →Symbol die Schlüssel des Petrus.

Die Jakobsmuscheln gehören zur Gattung der Kamm-Muscheln. Dabei gibt es zum einen die Mittelmeer-Pilgermuschel (Pecten jacobaeus) und zum anderen die Große Pilgermuschel (Pecten maximus). Die Schalen haben die markanten Rippen. Die eine Seite dieser Schalen ist dabei gewölbt, die andere, sozusagen der Deckel, ist flach und meist dunkler gefärbt.

Nach außen hin zeigen viele Pilger mit der Muschel am Rucksack, dass sie als Pilger unterwegs sind. Früher erhielt man die Muschel erst bei Erreichen des Zieles, heute stattet man sich meist zu Hause schon damit aus.

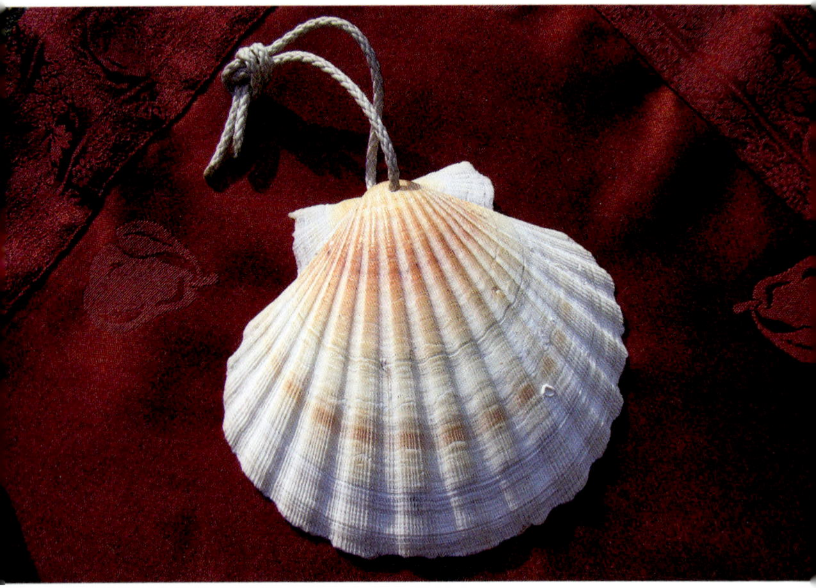

An der Muschel erkennt man die Jakobspilger.

Eine Muschel – viele Deutungen

Die Muschel als Symbol für die Pilgerschaft lässt Raum für zahlreiche Deutungsmöglichkeiten:

1. Die Muschel als Gefäß, in der verborgen das Wertvolle – die Perle – enthalten ist. Die Perle wächst in der Stille und Abgeschiedenheit heran, ist gegen Einflüsse von außen geschützt und in den harten Muschelschalen gut geborgen.

2. Die Muschel kann auch als →Symbol für das Element →Wasser stehen, welches wiederum als Symbol für die Zeit auf Erden angesehen werden kann.

3. Die Muschelform ergibt sich manchmal bei bestimmten Wolken- und Lichtverhältnissen. Ganz eindrücklich berührt es einen, wenn die Sonnenstrahlen bei einer bestimmten Wetterlage strahlenförmig durch die Wolken scheinen. Davon wird man beim →Gehen auf dem →Jakobsweg besonders berührt. Die normalerweise unsichtbare Verbundenheit von Himmel und Erde nimmt man dabei auf eine ganz andere Art und Weise wahr, man spürt sie förmlich.

4. Der Knoten der Muschel kann als Sinnbild und als Ausgangspunkt für die segnenden Strahlen (und damit im religiösen Sinn für Gott) stehen, die uns auf dem Weg beschützen und leiten.

5. Die Strahlen der Muschel können als Symbol für die vielen Wege angesehen werden, die alle auf das Ziel Santiago de Compostela – vergleichbar dem Knoten der Muschel – zustreben.

Geschichte der Muschel

Die stilisierte gelbe Muschel auf blauem Grund ist die typische Markierung der meisten Jakobswege in Europa. Was heute so selbstverständlich aussieht, war es allerdings längst nicht immer. Lokale Wandervereine haben da nämlich oft ihre eigenen Vorstellungen, wie die Markierung von Wanderwegen auszusehen hat. Und da passt die quadratische Form der Muschel eben nicht immer ins Konzept. So gingen auch dieser mittlerweile typischen Markierung manchmal lange Diskussionen mit Wandervereinen voraus. Doch schlussendlich konnte man diese dann von dem europäischen →Gedanken des Jakobswegs – und der damit einhergehenden einheitlichen Markierung – überzeugen.

Werfen wir nochmals einen Blick zurück in die Geschichte: Früher wurde denjenigen, die von ihrer Pilgerreise wohlbehalten zurückgekehrt waren, nach ihrem Tod die Muschel als Beigabe mit ins Grab gelegt. Die Archäologen finden daher heutzutage bei manchen Ausgrabungen diese jahrhundertealten Muschel-Beigaben. Aus diesen Funden lassen sich immer wieder

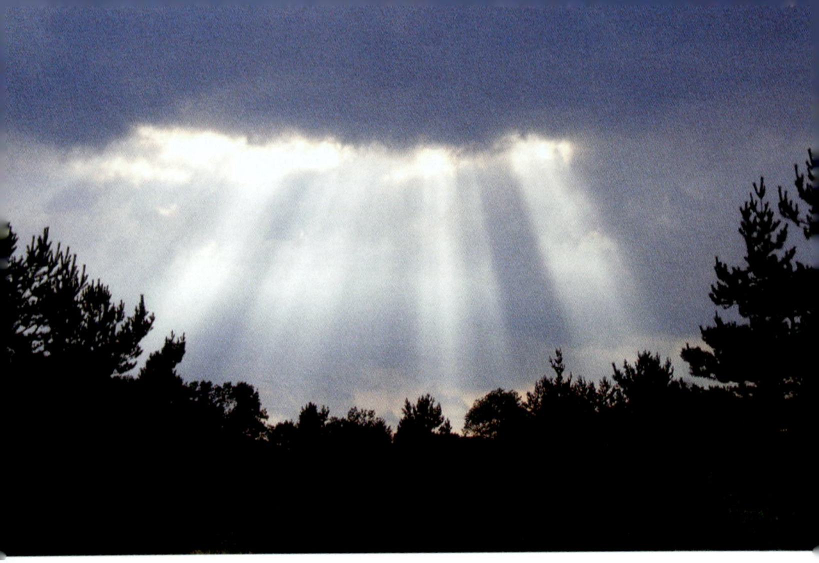

Berührend: die Muschel gebildet aus Wolken und Licht

Rückschlüsse auf die Ursprungsländer und weiten Reisen ziehen, die die Menschen für ihr Seelenheil unternommen haben.

Die Jakobsmuschel findet sich auch im Wappen vieler Orte und Städte in ganz Europa. Daran lässt sich die weitreichende Bedeutung des Jakobswegs und des heiligen Jakobus erkennen.

Muscheln und Perlen gehören ja zusammen. Eine kleine Geschichte dazu: Es war einmal ein Mädchen, das seine Großmutter fragte, woher denn die Perlen ihrer wunderschönen Perlenkette kämen. Da erzählte die Großmutter dem Mädchen die folgende Geschichte: »Stelle dir mal eine Muschel auf dem Meeresboden vor. Sie öffnet sich ab und zu, um Nahrung aufzunehmen und die Schönheit des Meeres zu genießen. Doch manchmal passiert es, dass dabei ein kleines Sandkorn in das Muschelgehäuse gespült wird. Das ist der Muschel mit ihrem weichen Innenleben recht unangenehm. Da sie das Sandkorn nicht wieder loswerden kann, umhüllt sie es Schicht um Schicht – und so entsteht im Laufe der Zeit eine wunderschöne Perle.« Und sie fügte hinzu: »So kann es auch uns Menschen gehen. Nicht immer erleben wir schöne Tage. Manchmal gibt es auch Erlebnisse, die uns zu schaffen machen. Doch wer diesen Vorkommnissen mit Vertrauen, Mut und Ausdauer begegnet, wird mit der Zeit spüren, dass sich etwas in einem verwandelt. Durch solche Erfahrungen können auch wir Menschen ›Lebensperlen‹ sammeln. Daher ist es nicht ausschlaggebend, was dir im Leben passiert, sondern vielmehr, wie du damit umgehst.«

Nachtruhe

60

In den Herbergen muss eine festgelegte Nachtruhe eingehalten werden

Die meisten der →Pilgerherbergen schließen pünktlich um 22 Uhr. In größeren Städten kann es etwas verlängerte Schließzeiten geben, doch darauf kann man sich nicht verlassen. Sich vorab über die Schließzeit zu informieren, ist unerlässlich. Die →Hospitaleras und Hospitaleros sind nämlich unerbittlich; zu spät heimkehrende Gäste werden nicht mehr hereingelassen. Wo würde man da auch anfangen und wo aufhören? Da hilft alles An-die-Tür-Klopfen, Schreien und Jammern nichts. Oft wird auch das Licht auf den Gängen ausgeschaltet, damit das Haus wirklich zur Ruhe kommt.

Und seien wir mal ehrlich: Wer seit morgens um 6 Uhr (oder früher) auf den Beinen war, der hat auch abends um diese Zeit die nötige Bettschwere. Nur manchmal würde man sich doch etwas mehr Großzügigkeit in dieser Handhabung wünschen: Wenn hohe Feiertage sind und es abends noch ein Konzert oder eine andere Veranstaltung gibt, dann wäre es wünschenswert, wenn es einmal eine Ausnahme geben könnte. Bisher hat man nur die Möglichkeit, sich eine andere Unterkunft zu suchen.

In den Pilgerherbergen ist ab 22 Uhr Nachtruhe.

Natur

61 Vielfalt statt Eintönigkeit, Reichtum in Hülle und Fülle

Die Schönheit der Natur geht mit keiner Mode und ist doch immer wieder aufs Neue bewundernswert. Sie strahlt eine Harmonie und Vollkommenheit aus, die mit nichts zu vergleichen sind. Solche Momente kann man wie kostbare Schätze in seiner Seele bewahren.

Und in der Natur kann man – vielleicht von Neuem – das Staunen lernen. Das Staunen über so viele Formen, über so viele Farben und über so viel Vielfalt, Genialität und »Können«.

Wenn Menschen etwas herstellen, dann gibt es doch immer Abfall, nicht wahr? Wo ist denn bitte der Müllhaufen hinter einem Apfel-, Kirschen-, Orangen- oder Nussbaum? Und doch werden vielfältige Dinge bei der »Produktion« dieser verschiedenen Früchte benötigt. Der Apfel hat manchmal sogar eine von Natur aus gewachste Schale, die Orangenschale lässt sich gut abpellen und die Schnitze der Frucht lassen sich sauber voneinander trennen. Es ist uns vieles dabei so vertraut, dass wir es oft gar nicht mehr als »kleine Wunder« wahrnehmen. Und wo, bitteschön, gehen die Bäume für ihre Zutaten einkaufen? Letztendlich müssen sie mit dem auskommen, was sie an ihren Standorten vorfinden: mit ihren Wurzeln in der Erde und mit etwas →Glück mit einer regelmäßigen →Wasserversorgung. Zum Thema Wurzeln lohnt sich eine weitere Betrachtung: Wo liegen meine Wurzeln?

Oder noch ein Beispiel: In der Natur gibt nicht nur eine Farbe »Grün«. Wenn wir uns aufmerksam umschauen: Wer könnte die Anzahl der fein nuancierten Grünschattierungen alle zählen?

Den ganzen Tag umgeben von Natur

Auf dem →Jakobsweg sind wir an den meisten Tagen auf allen Seiten von Natur umgeben. Wir können eintauchen in die Schönheit endloser Getreidefelder, uns beim →Gehen durch sanfte Flusstäler entspannen oder die Ruhe und Stille in den Wäldern genießen. In der Weite der Natur bietet sich Vielfalt statt Eintönigkeit. Denken wir auch an die sich hin und wieder ereignenden besonderen Naturschauspiele wie einen leuchtenden →Regenbogen oder auch besondere Wolken- und Lichtverhältnisse. Auch plätschernde Bäche, uralte Baumwurzeln und besonders geformte Steine

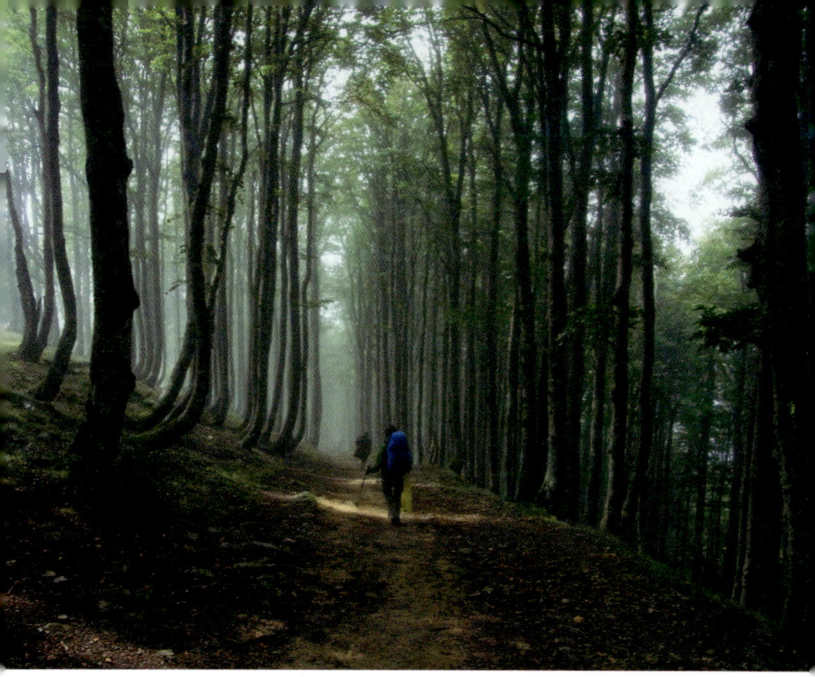

Wie eine Kathedrale – gebildet nur aus hohen Buchen

ziehen den Blick auf sich. Nicht zu vergessen die Vielzahl an herrlichen Blumen und Blüten in zahllosen Farben, Formen und Düften. Wie gerne schnuppern wir doch an einer Rose, die ihren Duft an alle Vorbeikommenden verströmt. Die Natur ist nie im Stillstand, sie ist immer in Bewegung. Ein Fluss fließt, die Erde und alles, was darauf wächst, verwandelt sich mit den Jahreszeiten und mit dem Alter. Hohe alte Bäume können in einem ein Gefühl der Ehrfurcht und Demut aufkommen lassen, das grüne junge Mailaub wirkt erfrischend, belebend und reinigend.

Manche Wegabschnitte in Wäldern erinnern fast an gotische Kathedralen: Die Bäume bilden die hohen Säulen des Kirchenschiffs und die Äste schließen sich zur gewölbten Decke. Ich empfinde eine Ergriffenheit in dieser Erhabenheit des Ortes. Man spürt auch: Schönheit ist überall da zu finden, wo ich mit Liebe hinschaue. Mit Faszination betrachte ich beispielsweise die von der Sonne beschienenen hellgrünen Blätter im Frühjahr oder das goldene Herbstlaub später im Herbst. Das Farbenspiel und die Transparenz sind faszinierende Anblicke. Der betäubende Duft der Eukalyptuswälder auf den letzten 100 Kilometern vor →Santiago de Compostela. Wunder der Natur müssen nicht immer spektakulär sein.

Ohrenstöpsel

62

Ein bisschen Abstand ist manchmal von Vorteil

Man hat auf dem →Camino, dem Jakobsweg in Spanien, eine große Auswahl an Unterkünften. Wer sich für eine öffentliche oder kirchliche Herberge entscheidet, hat den Vorteil, dass man für ein paar wenige →Euro oder gar gegen eine Spende übernachten kann. Doch womöglich landet man dann in einem Schlafsaal, der auch mal etwas größer ausfallen kann. Wo mehrere Menschen auf engem Raum zusammen sind, ist es unumgänglich, dass es die vielfältigsten Geräusche gibt. Da klappern Türen, da wird im Rucksack etwas gesucht und mit →Plastiktüten geknistert, es werden Schlafsäcke aus- und eingepackt, da wird lautstark geschlafen … Und das eben tagsüber, abends, nachts oder auch am frühen Morgen. Um nicht alles so ganz hautnah mitzubekommen, kann man auf Ohrenstöpsel zurückgreifen. Diese kleinen flexiblen Dinger gibt es in verschiedenen Ausführungen und aus verschiedenen Materialien. Man hat die Wahl zwischen welchen für den einmaligen und welchen für den mehrfachen Gebrauch. So lässt sich ein leichter Gehörschutz problemlos realisieren.

Eine andere Überlegung dazu: Man muss, um dazuzugehören, hören können …

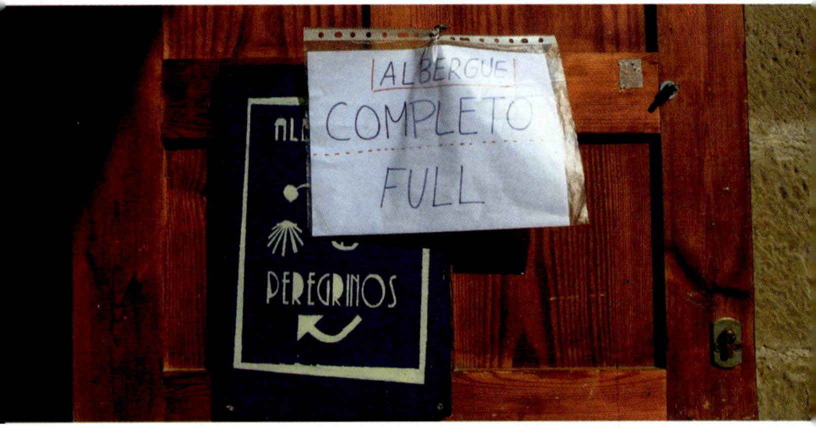

In dieser kleinen Herberge gibt es heute keinen Platz mehr.

Orte, Dörfer und Städte

63

Einige Highlights entlang der Route

Wollte man alle Orte und Städte an dieser Stelle aufführen, müsste das Buch dreimal so dick sein. So kann dieses nur eine sehr begrenzte Auswahl entlang des Camino Francés darstellen, die Ihnen Appetit machen soll, diese Sehenswürdigkeiten – und noch vieles mehr – selbst zu entdecken.

Roncesvalles

Dieser kleine Ort am Fuße der Pyrenäen atmet Geschichte. Haben doch in diesem alten Kloster schon Generationen von →Pilgern nach der mühevollen Überquerung der Berge Unterschlupf gefunden. Mittlerweile präsentiert sich die Pilgerherberge in einem modernen Gewand. Und am Morgen wird man ganz passend mit gregorianischen Gesängen geweckt …

Puente la Reina

Das kleine Städtchen mit der bekannten großen und mehrbogigen Steinbrücke über den Fluss Arga.

Pamplona

Viele Pilger wählen auch Pamplona als Startort aus. Diese Stadt ist für ihre alljährlich im Juli stattfindende Stierhatz quer durch die Stadt weltbekannt.

Logroño

Logroño liegt im Ebrotal und hat neben ihrer Santiagokirche, die oberhalb des Portals eine überlebensgroße Jakobus-Matamoros-Darstellung aufweist, zum einen ein besonderes Gänsespiel als Mosaik im Boden und zum anderen einen Pilgerbrunnen zu bieten.

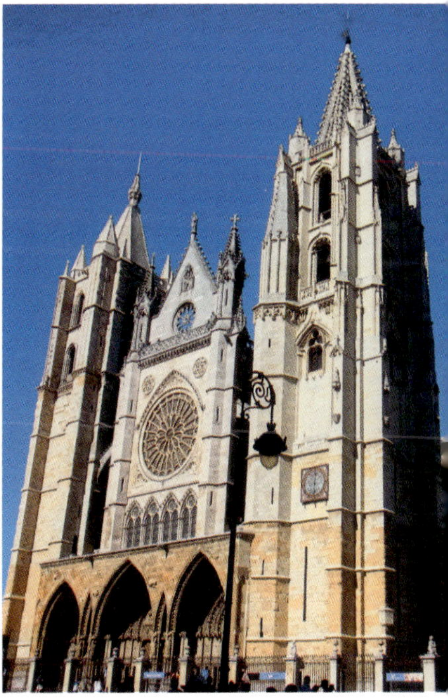

Kathedrale in León

Santo Domingo de la Calzada

Das ist die Stadt, in der der heilige Santo Domingo zum Segen der Pilger unter anderem durch den Brückenbau über den Fluss Rio Oja gewirkt hat und in der es in der Kathedrale die besonderen und weißen Hühner gibt. In dieser nordspanischen Kleinstadt soll sich das Galgen- und Hühnerwunder zugetragen haben.

San Juan de Ortega

Das ehemalige Kloster findet man nach der Durchquerung des einstmals gefährlichen Waldstücks durch die Oca-Berge. Es war die Wirkungsstätte des San Juan, der seine letzte Ruhestätte in der Kirche gefunden hat. Während der Tag- und Nachtgleiche kann man besondere Lichtverhältnisse in der Kirche beobachten.

Burgos

Die Stadt mit der überaus eindrucksvollen Kathedrale und den guten Verkehrsanbindungen ist ein beliebter Einstiegs- oder Zielort für Pilger. Auch hier gibt es – nur wenige Minuten von der Kathedrale entfernt – eine moderne Pilgerherberge.

Fromista

Die romanische Kirche San Martín ist ein besonderes Kleinod am Jakobsweg.

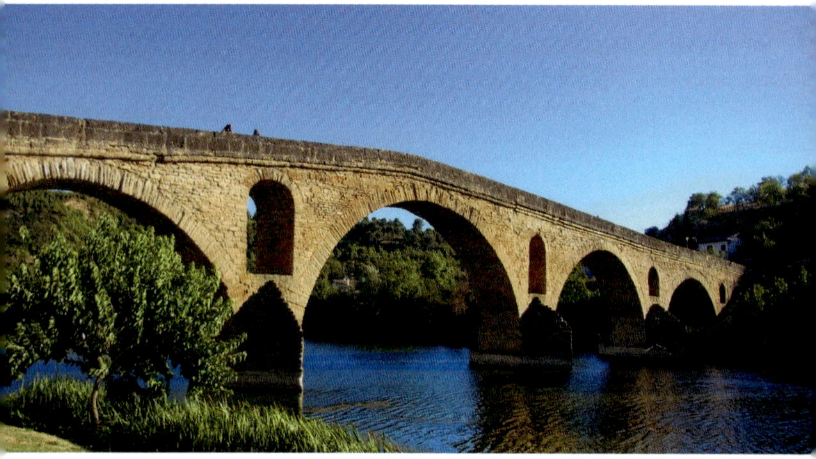

Die bekannte Steinbrücke in Puente la Reina

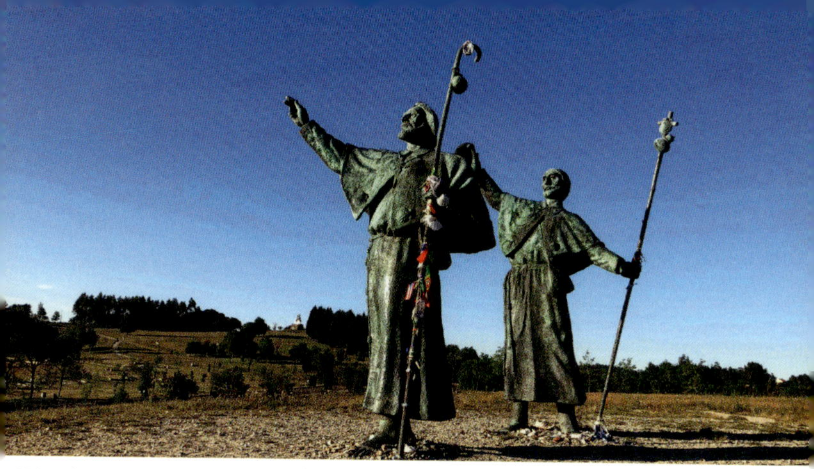

Wir stehen am Mirador und schauen zum Monte do Gozo hinüber.

Villalcázar de Sirga

Diesem kleinen Ort sieht man seine große Templer-Vergangenheit als Besitz der Ritter des Templerordens und später der Santiagoritter heutzutage nicht mehr an. Und doch: An einem Tisch sitzt jahrein und jahraus ein Pilger, der alle Vorbeiziehenden freundlich grüßt.

Sahagún

Freude kommt auf: Kurz vor der hübschen Stadt Sahagún – ganz genau an der Kapelle Ermita de la Virgen del Puente – hat man die Hälfte des Camino Francés zurückgelegt. Dafür gibt es bei Interesse eine →Urkunde! Diese bekommt man in der interessanten ehemaligen Klosterkirche Santuario de la Peregrina. In Sahagún biegt man dazu fast am Ortsende nach links von der markierten Route ab und sieht dann kurz darauf schon die etwas erhöht stehende Kirche, die heute als Museum dient. Dieser kurze Abstecher ist auch lohnend für alle diejenigen, die Liebhaber der mozarabischen Kunst sind.

León

Die zweite große Stadt entlang des →Camino Francés mit einer Vielzahl von Sehenswürdigkeiten wie der Kathedrale oder der Basilika San Isidoro. Wer das →Glück hat und an einem Samstag dort ist, kann in den Sommermonaten ein denkwürdiges Spektakel erleben: Die ganze Fassade der Basilika San Isidoro ist die Kulisse für einen virtuellen Spaziergang durch mehr als 2.000 Jahre Stadtgeschichte.

Hospital de Órbigo

Diese lange Steinbrücke erlangte durch den Paso Honroso des Ritters Suero de Quiñones im Jahr 1434 eine große Bekanntheit.

Astorga

Das Schokoladenmuseum, der Bischofspalast und die Kathedrale sind in dem hübschen Städtchen die bekanntesten Sehenswürdigkeiten.

Foncebadón

Dieser Ort hat seine Wiederauferstehung dem neu belebten Jakobsweg zu verdanken. Er war bereits verlassen und ausgestorben, die Häuser waren verfallen. Nun kommen einige Bewohner zurück, die beispielsweise dort aufgewachsen sind.

Ponferrada

Das ist die Stadt mit der einstigen Templerburg.

Villafranca del Bierzo

Nach dem Durchschreiten des Nordportals der Santiagokirche am Ortsanfang des Städtchens erhielten alle diejenigen Pilger in den →Heiligen Jahren den gleichen Ablass wie am Grab des Jakobus, denen es aus den verschiedensten Gründen nicht zuzumuten war, die nun folgende bergige Strecke bis Santiago de Compostela zurückzulegen.

O Cebreiro

Diesen ehrwürdigen kleinen Ort auf rund 1.300 Metern Höhe erreichen die →Pilger nach einem etwas längeren, jedoch auch sehr aussichtsreichen Anstieg über ebenfalls kleine Orte wie La Faba. O Cebreiro hat mit den uralten strohgedeckten wie auch fensterlosen Pallozas ein ganz eigenes Flair. Schon im 9. Jahrhundert gab es in O Cebreiro ein Pilgerhospital und ein Kloster. Heute ist die Iglesia Santa Maria die älteste Pilgerkirche am Camino. Wegen der oft auftretenden starken Winde und Stürme wurde die Kirche sehr tief in die Felsen hinein gebaut.

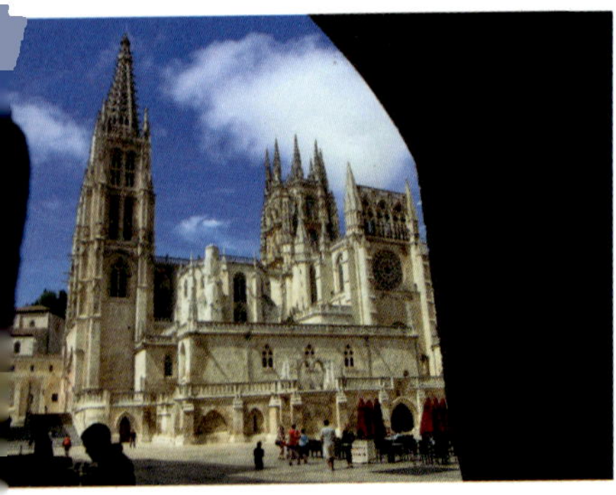

Kathedrale in Burgos

Das Hostienwunder von O Cebreiro

Ihre Berühmtheit hat sie durch das Hostienwunder im Jahr 1300 erlangt: Der Überlieferung nach kam trotz heftigen Sturms und Kälte ein sehr frommer Bauer den Berg hinauf zur heiligen Messe. Die Messe hielt ein an Gott zweifelnder Mönch. Er belächelte den Bauern wegen seiner außerordentlichen Frömmigkeit. Doch während der Eucharistiefeier wandelten sich Brot und Wein in Fleisch und Blut Christi. Danach konnte der Mönch seine Zweifel ablegen. Das »Hostienwunder von O Cebreiro« wurde durch die katholische Kirche offiziell anerkannt. Von hier, der Wirkungsstätte des Pfarrers Don Elías Valiña Sampedro (1929–1989), gingen wichtige Impulse für die Neubelebung des Jakobswegs aus, beispielsweise initiierte er die Markierung mit den gelben Pfeilen.

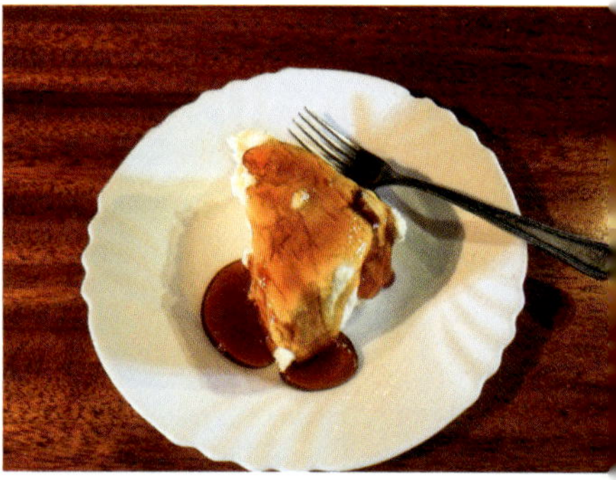

Spezialität Queso con Miel

Eine kulinarische Spezialität ist ein traditioneller Frischkäse, der mit lokalem Honig kombiniert wird. Das Gericht heißt auf Spanisch *Queso con Miel.*

Sarria

Sarria ist der Ausgangsort für die letzten gut 100 Kilometer auf dem Camino Francés.

Portomarín

Die Kirche des Ortes, der für die Anlage eines Stausees aufgegeben wurde, wurde Stein für Stein ab- und an der neuen Stelle wieder aufgebaut.

Monte do Gozo und Mirador

Diese beiden »Höhepunkte« im kleinen Ort San Marcos rund 5 Kilometer vor Santiago haben eine ganz besondere Bedeutung: Von diesen Aussichtspunkten, die nur durch wenige Minuten Fußweg getrennt sind, sieht man – bei entsprechender Wetterlage – zum ersten Mal das lang ersehnte Ziel, die Türme der Kathedrale von Santiago de Compostela. Man kann sich sicher sehr gut vorstellen, dass dies nach den vielen Tagen der Jakobswegwanderung daher wirklich ein »Berg der Freude« (so die Übersetzung von Monte do Gozo) ist.

Pilger

64

Pilger sind auf dem Weg zu heiligen Stätten

Das Wort »Pilger« leitet sich ursprünglich vom lateinischen Wort »peregrinus« ab, was »in der Fremde sein« bedeutet. Das früher verwendete Wort »Pilgrim« für Pilger heißt übersetzt »Fremdling«. Im modernen Sprachgebrauch werden diejenigen Menschen als Pilger bezeichnet, die zu Fuß, mit dem Fahrrad, mit Pferd oder Esel, jedoch auch mit dem Auto oder dem Bus (und vielem mehr!) auf dem Weg zu einem besonderen bedeutungsvollen heiligen Ort sind. Diese heiligen Stätten können, müssen jedoch nicht nur die drei großen christlichen Hauptorte Jerusalem, Rom oder →Santiago de Compo-

Jede Pilgerin geht ihren eigenen Weg. Jeder Pilger geht seinen eigenen Weg. Auch wenn alle dieselbe Strecke zurücklegen, hat jeder eigene Empfindungen, eigene Beobachtungen, eigene Gedanken, eine eigene Motivation, ein eigenes Tempo.

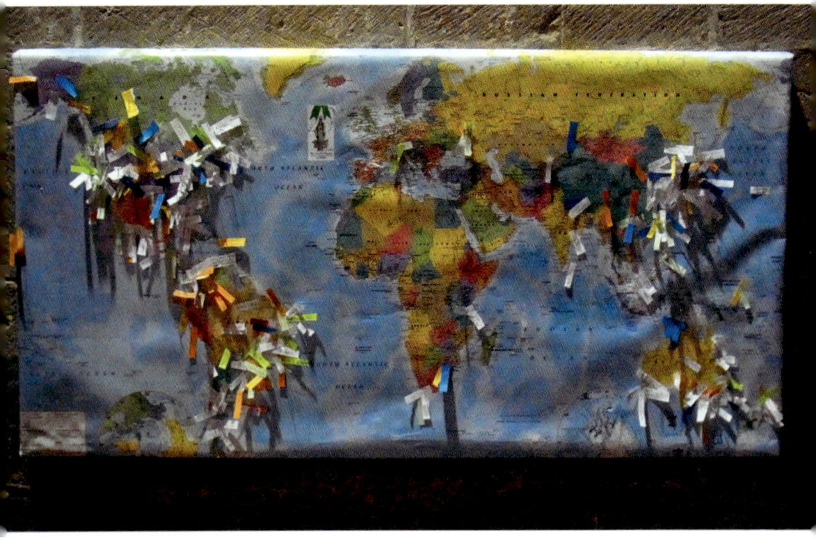

Auf dieser Weltkarte sieht man die Herkunft der Pilger.

stela sein. Das können auch Ziele wie beispielsweise Lourdes oder Chartres in Frankreich sein.

Die Bezeichnung »Pilger« wird also für Menschen verwendet, die – aus welchen Gründen und →Motivationen auch immer – in die Fremde ziehen oder in einer Gruppe eine Wallfahrt zu einem bestimmten →Ziel unternehmen.

Für die Pilger, die zu Fuß oder mit dem Rad auf dem Jakobsweg das Ziel →Santiago de Compostela ansteuern, bedeutet es: Man ist täglich unterwegs, meist viele Stunden in der →Natur, durch →Orte, Dörfer und Städte und das bei jedem →Wetter. Schon nach wenigen Tagen fühlt man sich herausgehoben und weit entfernt vom Alltag, oft verlieren auch die einzelnen Wochentage ihre Bedeutung. Ja, manchmal muss man sich wirklich überlegen, welcher Tag gerade ist. Andere Prioritäten rücken im Pilgerleben in den Vordergrund: Wo ist die nächste Herberge oder →Bar? Wie weit ist es bis zum nächsten →Ort? Komme ich vor dem Regen oder Gewitter noch ins Trockene?

Jeden Tag aufs Neue

Pilger wagen jeden Tag aufs Neue den →Aufbruch ins Ungewisse, gehen jeden Tag weiter, gönnen sich jedoch auch Ruhepausen und kommen jeden Tag an einem Ort an. Es bringt es mit sich, dass man sich auf das Wesentliche reduziert und auskommt mit dem, was man hat – und es wird einem dabei manches geschenkt, wovon man nie zu träumen gewagt hätte.

Die →Motivation für eine Pilgerschaft kann ganz unterschiedlich ausfallen: die Klärung persönlicher Verhältnisse nach einem Lebensabschnitt und vieles mehr.

Spannende Parallele: Das Wort »peregrinus« findet sich nicht nur im Zusammenhang mit Pilgern, nein, auch in der Tierwelt. Welches bekannte Tier versteckt sich wohl hinter dem lateinischen Namen »Falco peregrinus«? Vielleicht haben Sie es ja erraten: Damit ist der Wanderfalke gemeint ...

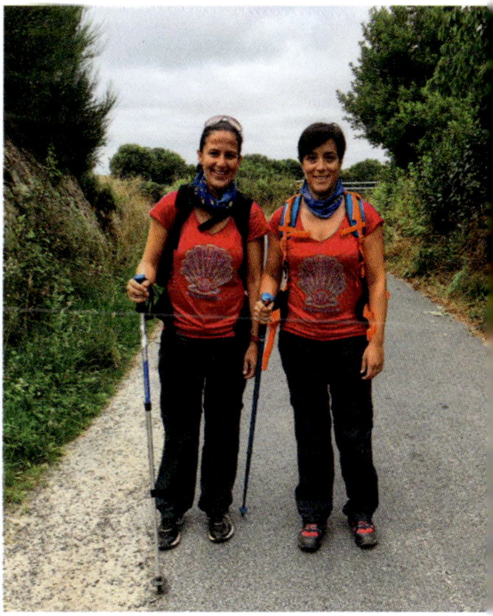

Jakobsweg-Freundinnen

Pilgerausweis

65

Dokumentation der zurückgelegten Route und Erinnerung

Der Pilgerausweis, auf spanisch »credencial«, ist für die Übernachtung in den →Pilgerherbergen obligatorisch. Die →Pilger können diesen entweder schon von zu Hause mitbringen oder unterwegs an vielen Stellen entlang des →Jakobswegs gegen eine geringe Gebühr erhalten. Verschiedene Jakobusvereinigungen und -gesellschaften in Europa sind autorisiert, diese speziellen Pilgerausweise auszustellen. Normalerweise bekommt man abends in den Quartieren einen →Stempel. Doch findet man auch tagsüber in den →Kirchen, Tourismus-Informationen oder →Bars oft sehr schöne Stempel. Die Motive dieser Stempel sind meist ganz besonders und einzigartig, sodass sie auch eine schöne Dokumentation des zurückgelegten Weges sind. Neben den Stempeln wird im Pilgerausweis auch das Datum der Ankunft eingetragen. Um in →Santiago de Compostela die →Compostela zu erhalten, braucht man jeden Tag mindestens einen Stempel, ab den letzten 100 Kilometern zu Fuß sind täglich sogar zwei dieser kleinen Kunstwerke vorgeschrieben.

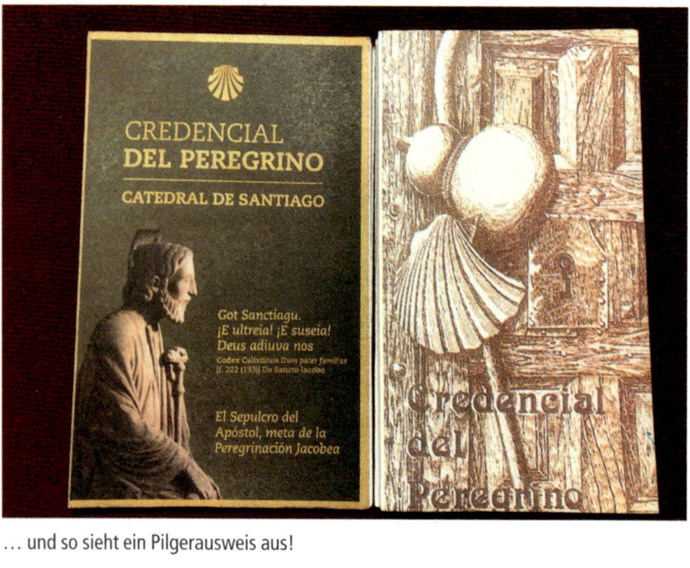

… und so sieht ein Pilgerausweis aus!

66

Pilgergottesdienst und Pilgermesse

Berührende Momente in internationaler Gemeinschaft

»Hier sind schon Generationen von Pilgern gesessen. Vielleicht müde nach einem langen Tagesmarsch, vielleicht dankbar, angekommen zu sein oder womöglich auch mit Schmerzen und Sorgen« – es können vielfältige Gedanken sein, die einem beim stillen Sitzen in einem Kirchenraum durch den Kopf gehen. »Was haben die Pilger wohl vor Tagen, vor Wochen, vor Jahren oder gar vor Jahrhunderten hier an dieser Stelle empfunden?« Es gibt Momente, da durchströmt den Körper ein warmes Gefühl. Wie ein lebendiger Strom, wie durch ein unsichtbares Band fühlt man sich verbunden mit allen Pilgern, die einmal hier gewesen sind. Man empfindet sich als Teil, als zugehörig zur Gemeinschaft der riesengroßen Pilgerfamilie. Bei einer Pilgermesse oder einem Pilgergottesdienst – diese werden entlang des Jakobswegs und speziell entlang des Camino in unzähligen Kirchen regelmäßig angeboten – kommt dieser Aspekt deutlich zum Tragen.

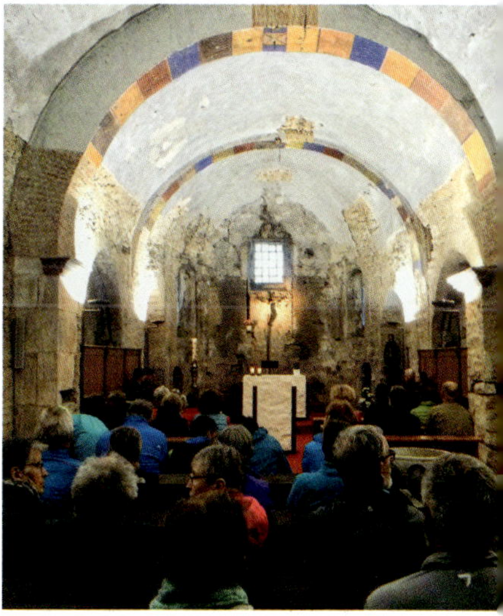
Sich verbunden fühlen

Und doch: So unterschiedlich wie jeder Kirchenraum aussieht und ausgestaltet ist, so unterschiedlich wird auch die Pilgermesse oder der Pilgergottesdienst gefeiert. Manchmal werden die Pilger in die Gestaltung des Gottesdienstes miteinbezogen. Und fast immer werden sie im Anschluss an die Messe nach vorne an den Altar gebeten. Sie werden nach ihren Herkunftsländern gefragt und es ist immer wieder erstaunlich, dass es auch in sehr kleinen Kirchen dann doch eine weltweite Mischung von Nationalitäten sein kann, wie beispielsweise Pilger aus Mexiko, Brasilien, Polynesien, Kanada, den Niederlanden, Italien und Deutschland … und natürlich in unendlich vielen anderen Kombinationen mehr. Der sich daran anschließende →Pilgersegen, der in manchen Fällen auch persönlich durch Handauflegen gespendet wird, ist sehr berührend.

In Carrión de los Condes werden beispielsweise das gemeinsame Gebet und das Salve Regina unter einer Madonnenfigur gesprochen und gesungen, zu der seit rund 800 Jahren die Pilger beten. Wir reihen uns ein in den Strom der unzähligen Pilger, die schon damals zum gleichen Ziel hingezogen sind. Gänsehaut-Feeling … und wir als Pilger mittendrin …

Es sind auch sehr berührende Momente, dass nicht nur für die Anwesenden, sondern für alle Pilger, die auf dem Weg sind, gebetet wird. Wenn man also mal einen →Durchhänger hat, kann es einem helfen – wenn man es sich vorstellen kann –, dass durch die unzähligen Gebete immer an einen gedacht ist und dass man täglich mehrfach gesegnet wird. Eine sehr schöne Vorstellung, aus der man viel Kraft schöpfen kann.

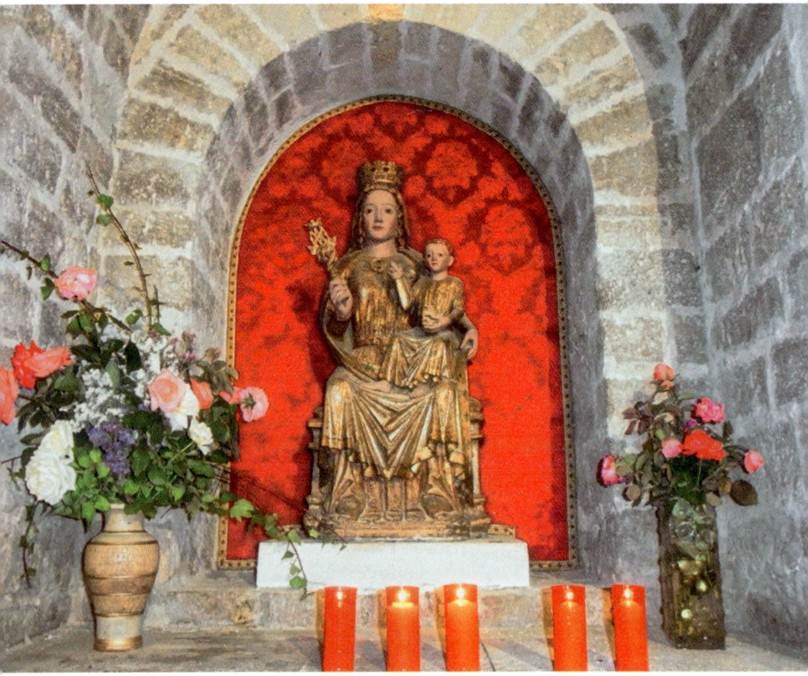

Carrión de los Condes: Schon seit 800 Jahren beten hier die Pilger.

Pilgerheilige

67

Neben Jakobus dem Älteren werden weitere Schutzheilige angerufen

Jakobus der Ältere ist bekanntermaßen der Namensgeber für den →Jakobsweg. Neben diesem »universellen« Pilgerheiligen, der oftmals mit seinen typischen Attributen in den Kirchen zu sehen ist, gibt es weitere, die in vielen Kirchen als Schutzheilige dargestellt werden. Diese können von den Pilgern in Sorgen und Nöten und für das Entgegennehmen von Dank angerufen werden. Ein überaus bekannter Volksheiliger, gerade in Spanien, ist Rochus.

Rochus

Rochus, auf Spanisch San Roque. Er lebte der Legende nach im 14. Jahrhundert, war der Sohn reicher Eltern und pilgerte nach deren Tod nach Rom. Mit dem Kreuzzeichen heilte er auf seinem Weg viele Pestkranke. Auf seinem Rückweg erkrankte er dann selbst daran. Er zog sich in die Einsamkeit zurück, wurde von einem Engel gepflegt sowie von einem Hund mit Nahrungsmitteln versorgt. Daher wird der heilige Rochus ebenfalls mit einem mit Muscheln geschmückten Pilgergewand sowie mit einem Stab dargestellt. Meist zeigt er auf seine Pestwunde am Oberschenkel, zu seinen Füßen steht oder liegt ein kleiner Hund, der auch mal ein Brötchen im Maul haben kann.

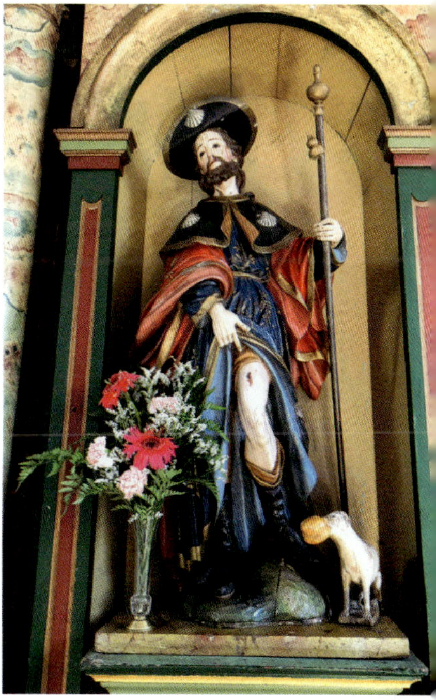

Pilgerheiliger Rochus

Wendelin

Wendelin war ein gebildeter schottischer Königssohn, der um das Jahr 600 lebte, nach Rom pilgerte und ein Leben im Dienste Gottes wählte. Er ist der Schutzheilige der Bauern, Hirten wie auch

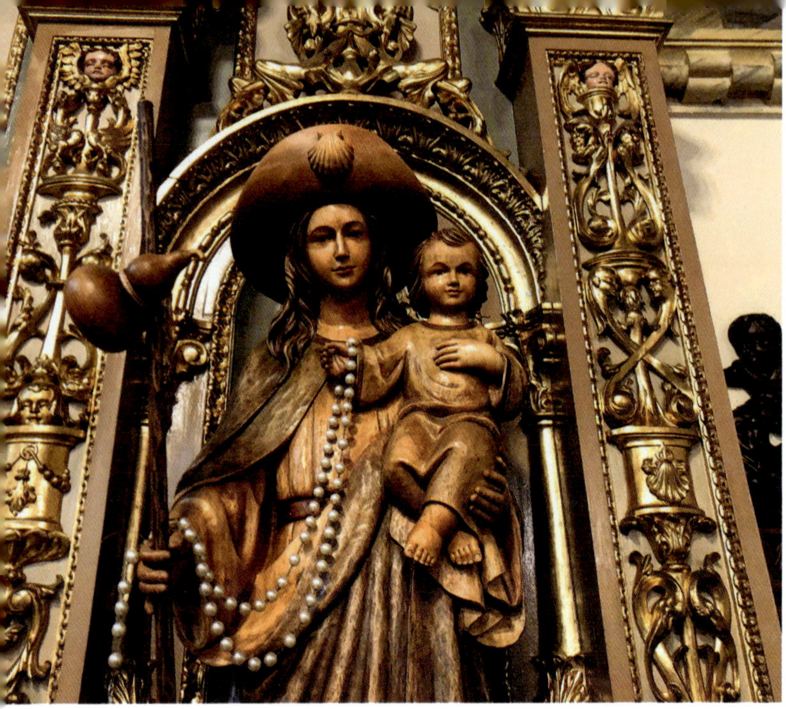

Maria als Pilgerin in der Kapelle des Pilgerbüros in Santiago de Compostela

der Viehzüchter und wird meist mit Umhängetasche, Hirtenstab und einem Schaf dargestellt.

Jodokus

Jodokus war ein bretonischer Königssohn. Schon seit dem Mittelalter galt er als Schutzheiliger nicht nur der Pilger, sondern auch der Bäcker, Bauern und Winzer. Man erkennt ihn am Pilgergewand sowie an der zu seinen Füßen abgelegten Krone.

Maria als Pilgerin

An einigen Stellen entlang des →Camino Francés sehen wir besondere Mariendarstellungen: Maria als Pilgerin. Beispiele dafür gibt es in Sahagún und in der Kapelle im Pilgerbüro in Santiago de Compostela. Marias Leben war ganz gewiss bewegt. Auch wenn wir auf das Leben Jesu schauen, ist es ein Leben wie auf dem Pilgerweg. In manchen Ländern und Regionen werden zusätzliche Pilgerheilige verehrt, wie beispielsweise Jodokus, Sebaldus von Nürnberg oder Koloman.

68

Pilgerherbergen

Unzählige gute Geister sorgen für die Ankommenden

Die zahlreichen Pilgerherbergen sind ein wichtiger Bestandteil des →Camino Francés. Freundlich von den ehrenamtlich tätigen →Hospitaleras und Hospitaleros willkommen geheißen zu werden, ist nach einem Wandertag wohltuend. An manchen Tagen bilden sich an den Pilgerherbergen regelrechte Schlangen bei der Anmeldung. Wer wochenlang unterwegs ist (und nicht so supergut bei Kasse ist), freut sich zusätzlich, wenn er jeden Tag ein einfaches und günstiges Nachtlager findet. Diese Herbergen werden je nach ihrer Trägerschaft unterschieden: zum einen kirchliche, zum anderen kommunale und natürlich auch private. Jeden Tag kommt man als Pilger auf dem Camino Francés ja in eine andere Herberge. Bei der Ankunft wird man mit dem Gebäude und seiner Organisation vertraut gemacht. Und ganz wichtig: Man darf auch nur eine Nacht dort bleiben.

Jede Herberge ein Unikat

Diese Pilgerherbergen unterscheiden sich alle voneinander. Jede ist sozusagen ein Unikat. Das betrifft natürlich zum einen den äußeren Rahmen, wie die Art und das Alter des Gebäudes, die Größe und Anordnung der Schlafräume sowie die zusätzliche Ausstattung wie Küche, sanitäre Anlagen, Waschmaschine oder Garten. Dabei kann man in jahrhundertealten Gebäuden schlafen oder in modernen Neubauten.

Die Übernachtungspreise sind moderat, manchmal fängt es bei einer Spende an, andere haben auch feste Tarife. Mit Beschreibungen der verschiedenen Herbergen und ihren Geschichten könnte man manche Bücher füllen. Da gibt es nicht nur große und kleine Häuser, nein, da gibt es auch originelle, spezielle und ganz besondere. Viele Herbergen sind auch aufgrund ihres Besitzers berühmt (berüchtigt), andere wegen ihrer besonderen Lage oder Ausstattung.

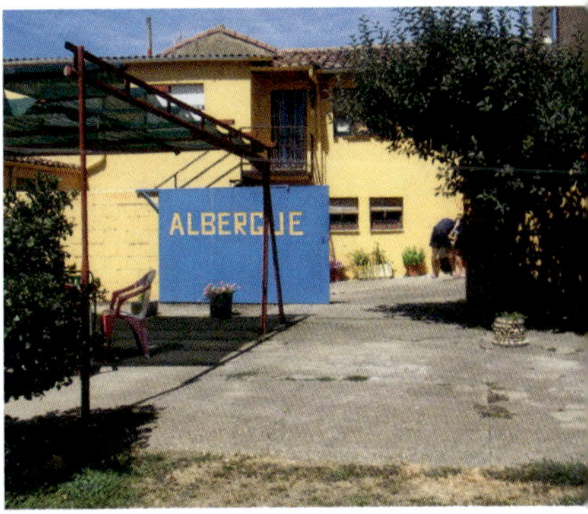

Es gibt kleinere …

Streng geregelt ist die Nachtruhe. Meist muss man Punkt 22 Uhr zu Hause sein, dann wird die Tür geschlossen.

Ganz wichtig zu wissen: Viele Herbergen werden für einen gewissen Zeitraum – der so bei zwei bis vier Wochen liegt – von ihren meist ehrenamtlich tätigen Hospitaleras oder Hospitaleros geprägt. In manchen, meist eher kleineren Unterkünften wird das abendliche →Pilgermenü mit allen zusammen am Tisch eingenommen, in anderen kocht man selbst oder geht in ein Lokal, um dieses spezielle →Pilgermenü zu genießen ...

Viele Menschen sind ja als Einzelpilger unterwegs. In den Pilgerherbergen findet man schnell Kontakt zu Gleichgesinnten. Ein Gespräch über das Woher und Wohin, das →Wetter oder über besondere Erlebnisse ergibt sich fast von selbst. Man lernt sich kennen, man kocht und isst vielleicht miteinander und man freut sich, wenn man sich dann in den nächsten Tagen wiedersieht – und nimmt die Mehrbettzimmer und die Stockbetten gelassen hin.

Schwäbisch in La Faba

In La Faba steht neben der Kirche eine Herberge, die – allerdings nur für einen kleinen Teil der Pilger – ein ganz besonderes Angebot hat: Wer aus Baden-Württemberg stammt und ein schwäbisches Gedicht oder Lied vortragen kann, darf kostenlos übernachten.

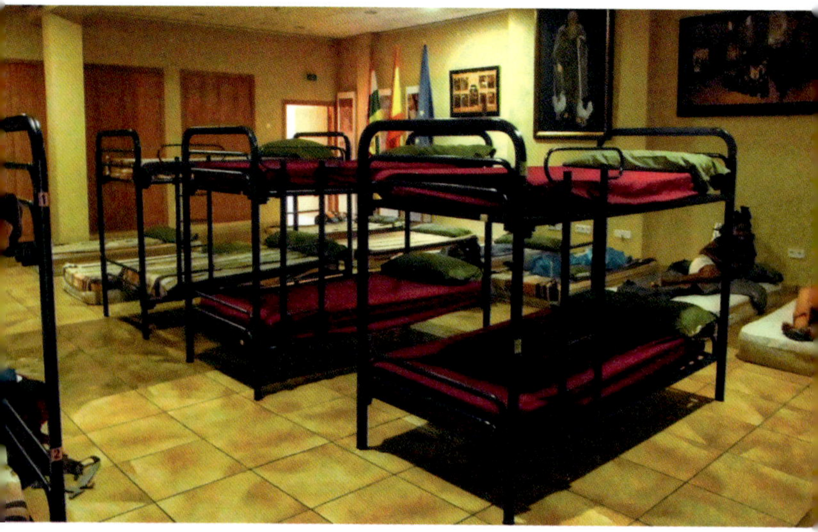

... und größere Pilgerherbergen entlang des Camino.

Auch das kann einmal passieren: Wer am späten Nachmittag oder Abend zu einer Herberge kommt, kann auch einmal das Schild »Completo« vorfinden, was übersetzt »voll« oder »besetzt« bedeutet.

Der Waschmaschinen-Efeu-Trick

Man glaubt gar nicht, wie viel Gepäck man einsparen kann, wenn man eine Seife oder ein Handwaschmittel mitnimmt. In den Herbergen entlang des Camino hat man sogar oft die Möglichkeit, seine Wäsche mit der Waschmaschine zu waschen. Ohne gekauftes Waschmittel geht es auch: Man sammelt unterwegs so zehn bis zwölf Efeublätter, schneidet sie etwas klein und wäscht seine Wäsche damit – das geht gerade in der Waschmaschine hervorragend. Doch dafür sollte man die etwas zerkleinerten Blätter in einen Socken tun und diesen fest verknoten. Das kann man übrigens auch zu Hause wunderbar praktizieren, selbst weiße Wäsche darf mit in die Waschtrommel.

Der Schlafsack – leicht muss er sein

Seinen Schlafsack bringt jeder selbst mit. Je nach Jahreszeit wird die Dicke des Schlafsacks anders aussehen. Im Allgemeinen reicht ein leichter Zimmerschlafsack, der sich auch klein zusammenpacken lässt und nicht viel Gewicht auf die Waage bringt.

Gesunder Pilger-Schlaf

Der Vorteil des frühen Zubettgehens ist einem oft gar nicht so bewusst. In den Herbergen ist zumeist um 22 Uhr Zapfenstreich. Viele Pilger liegen auch schon früher im Bett. Wer hat sich schon einmal Gedanken um die Wirkung des Schlafes gemacht? Was passiert denn alles im Schlaf? Sicher haben es auf dem Jakobsweg schon viele Pilger festgestellt: Man geht abends mit irgendwelchen Beschwerden am Knie, in der Hüfte und vielem mehr ins Bett und wacht am nächsten Morgen ohne diese auf. Herrlich!

Wer hat den Schlaf schon einmal als »Reparations- und Regenerationsprogramm« betrachtet? Im Alltag hat man diese spannenden Erlebnisse eher selten, nicht wahr? Doch auf dem →Jakobsweg spürt man, dass im Körper Nacht für Nacht eine ganze Menge gearbeitet wird und ganz von

> Ankommen. Ausruhen. Eine warme Dusche. Ein gutes Essen. So einfach und schön kann das Leben sein.

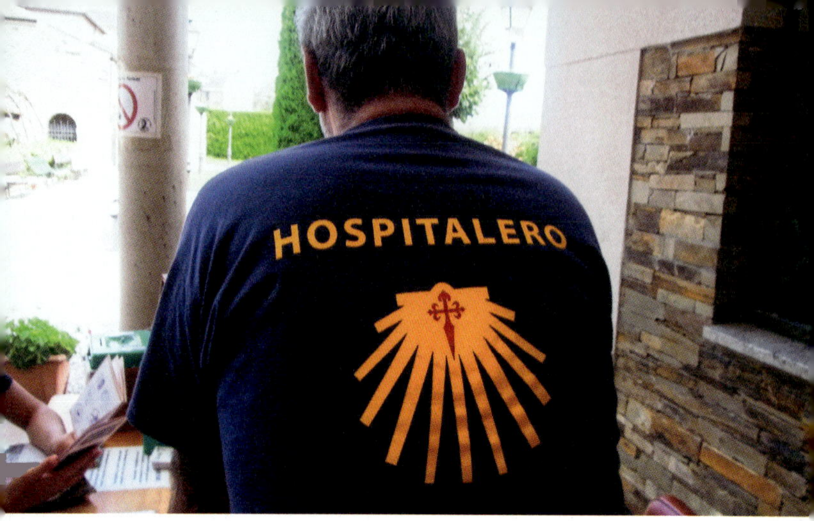

Viele freiwillige Helfer arbeiten in den unzähligen Herbergen.

selbst ohne unser Zutun geschieht. Der Körper regeneriert sich nicht nur, nein, er kräftigt sich auch. Ist Ihnen schon einmal aufgefallen, dass Sie nach einigen Wandertagen Strecken zurücklegen, die Sie vorher nicht für möglich gehalten hätten?

Lavendel

In einen wohligen Schlaf zu kommen und das in immer wechselnden →Betten, ist für viele Pilger eine tägliche Herausforderung.

Ein Tipp: Manchen hat es sehr gut geholfen, echtes ätherisches Lavendelöl zu verwenden. Nur ein bis zwei Tropfen auf ein Taschentuch geben und es in der Nähe des Kopfes platzieren. Lavendel ist ein angenehmer Duft für viele Lebenslagen.

Lost-and-found-Restekiste

In fast jeder Pilgerherberge steht eine Schachtel, in die man etwas hineinlegen oder aus der man etwas herausnehmen kann. Es sind dies Dinge, die andere Pilger für sich als überflüssig betrachtet haben. Oft lohnt sich ein Heimsenden mit der Post nicht. Und anstatt diese Dinge wegzuwerfen, werden sie an diesem Platz zurückgelassen. Es können Kleidungsstücke sein, andere Ausrüstungsgegenstände, eigentlich sieht man alles, was man so dabeihaben kann. Und falls ein Pilger unterwegs feststellt, dass ihm etwas fehlt, kann er gerne auf diese Lost-and-found-Restekiste zurückgreifen und nachschauen, ob etwas Geeignetes darunter zu finden ist.

Pilgermenü

69

Abendlicher Genuss in lockerer Runde

Das abendliche Pilgermenü ist ein ganz besonderes Ritual auf dem →Jakobsweg. Oft weitet es sich zu einem abendfüllenden Programm aus, vor allem wenn man in netter Runde zusammensitzt. Für das Pilgermenü gibt es nicht nur eine Version, nein, dieses kann ganz unterschiedlich ausfallen. Zum einen kann man in ein Restaurant gehen oder es gemeinsam in der Herberge mit den anderen Mitpilgern serviert bekommen. Wenn man in einer kirchlichen Herberge übernachtet, richten und kochen zumeist die →Hospitaleras und Hospitaleros das abendliche Menü. Auch in privaten Herbergen kann es sein, dass es ein gemeinsames Pilgermenü gibt. Wenn gewisse Kostformen vorab bekanntgegeben wurden, wird darauf so weit wie möglich Rücksicht genommen.

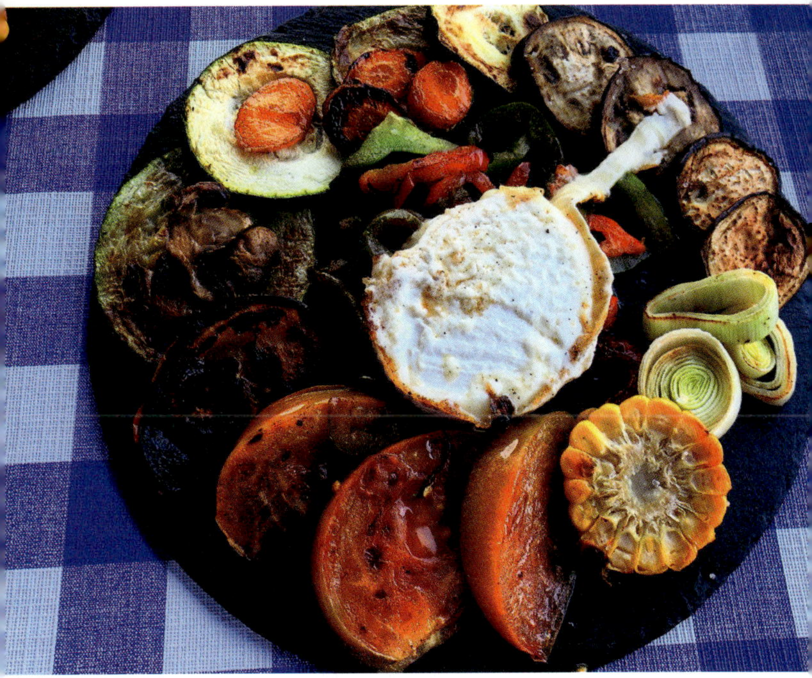

Wandern auf dem Jakobsweg macht Appetit.

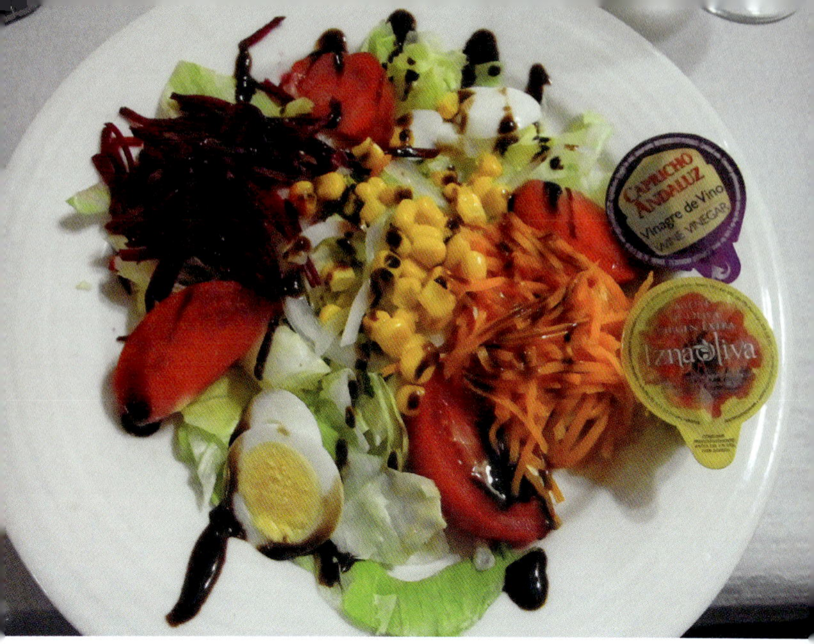

Bei den Vorspeisen kann man wählen, wie hier zum Beispiel einen Salat.

An lauen Sommerabenden ist es sehr genussvoll, wenn für das abendliche Menü die Tische in langer Reihe im Garten aufgestellt werden. Ein gemeinsames →Gebet oder ein Spruch steht am Beginn der Mahlzeit, manchmal auch die Fragen nach dem Heimatland oder der gewanderten Route. In vielen Sprachen wird sich rund um den Tisch vorgestellt, gesprochen und erzählt. Da kommt man mit Pilgern ins Gespräch, die man vielleicht vorher schon einmal tagsüber gesehen hat – oder auch nicht. Doch ab jetzt wird man sich grüßen …

Brot, Wasser und Wein stehen immer auf dem Tisch. Zunächst gibt es eine Vorspeise – bunten Salat, Suppe oder vieles mehr –, dann folgt der Hauptgang. Man schöpft aus großen Schüsseln, hungrige Esser können beliebig Nachschlag bekommen. Der letzte Gang ist dann ein guter Nachtisch.

In Spanien öffnen die Restaurants später, als wir Mitteleuropäer es im Allgemeinen gewohnt sind. Doch entlang des Jakobswegs kann man das preislich attraktive Pilgermenü meist bereits ab 19 Uhr bestellen. Man hat dabei die Möglichkeit, aus mehreren Vor- und Hauptspeisen für sich eine Auswahl zu treffen. Auch hier sind Wasser oder Wein sowie ein Dessert inklusive. Aber auf eines muss man achten: Man muss rechtzeitig aufbrechen, damit man vor der Schließzeit der Herberge zu Hause ist!

70

Pilgersegen

Berührende Morgen- oder Abendgebete entlang des Jakobswegs

Entlang des Jakobswegs werden an vielen Orten Abendmessen oder Morgengebete mit einem Pilgersegen angeboten. Das ist für alle Teilnehmenden meist eine berührende und eindrückliche Erfahrung. Dabei kann es auch vorkommen, dass Pilger in die Liturgie miteinbezogen werden. An anderen Orten versammeln sich die Pilger am Ende der Abendmesse am Altar und man wird vom Pfarrer nach seiner Herkunft gefragt. Beziehungsweise der Pfarrer nennt die Länder und die Anwesenden melden sich daraufhin. Jedes Mal ist es aufs Neue erstaunlich, aus wie vielen Teilen der Welt die anwesenden 20 oder 30 Pilger kommen! Da treffen sich Menschen aus Papua-Neuguinea, Mexiko, Südkorea, Kanada, Argentinien und verschiedenen europäischen Ländern. Das sich daran anschließende (und meist in mehreren Sprachen gesprochene) Segensgebet geht tief ins Herz hinein. Ganz besonders berührend ist eine persönliche Segnung. Manchmal kommt noch ein nettes kleines →Symbol dazu – wie beispielsweise der kleine Papierstern in Carrión de los Condes. Und zum Abschluss wird (nicht nur dort) gemeinsam das Salve Regina vor der Marienstatue gesungen, zu der schon seit acht Jahrhunderten die Pilger beten. Das ist Gänsehaut-Feeling pur …

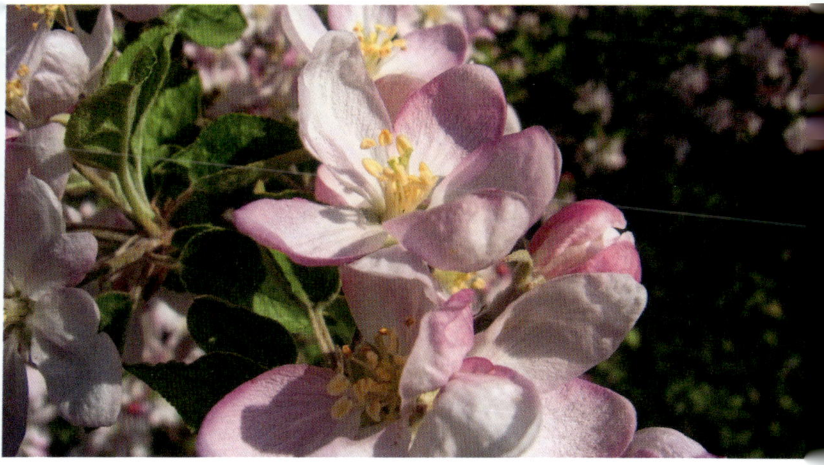

Sich absichtlich Zeit nehmen – für ein Gebet oder eine zart duftende Blüte

Pilgerwanderung

71

»Laufend« etwas erleben, seelisch und geistig auftanken

Eine Pilgerwanderung zu machen, bedeutet, »laufend« etwas zu erleben und dabei einen Fuß vor den anderen zu setzen, viele tausend Mal an einem Tag.

Die Scherzfrage »Was kann man nicht mit Worten ausdrücken?« (Antwort: einen Schwamm) ist weithin bekannt. Viele Dinge entfalten ihre volle Wirkung erst, wenn man sie tut. Dies ist gerade bei einer Pilgerwanderung der Fall. Man kann vieles darüber lesen, sehen oder hören. Erst wenn man selbst aufbricht und sich auf den Jakobsweg begibt, spürt man das, was man nicht mit Worten ausdrücken kann: die Wirkung des Gehens im Schritt-Tempo, der kleinen und großen Überraschungen am Weg, das Gefühl der Zufriedenheit über das erreichte →Ziel.

Warum das alles? Darum!

Pilgerwanderungen und Pilgerfahrten kennen wir als jahrhundertealte Praxis in verschiedenen Religionen und Zivilisationen auf der gan-

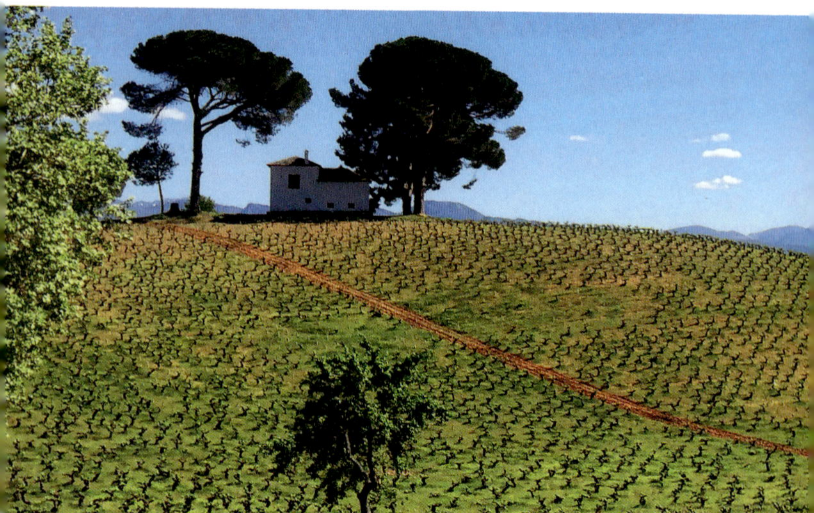

Wie spektakuläre Kulissen in einem Theater begleiten uns wunderbare Landschaften.

zen Welt. Das hat seinen guten Grund: Auf einer Pilgerwanderung kann man ganz besondere persönliche Erfahrungen machen. Wie kaum bei einer anderen Form des Reisens verknüpfen sich hierbei so eng »Himmel und Erde«, also Weltliches mit Sakralem. Oder man könnte es auch so formulieren: Vielleicht blinzelt hinter dem Sichtbaren manchmal auch etwas von dem Unsichtbaren hervor.

Die zweite Strophe des Pilgerliedes »Tous les matins« (→Ultreia) drückt dies eindrucksvoll aus: »Chemin de terre, chemin de fois« – also in etwa: Weg auf der Erde und Weg des Glaubens. Mit den Beinen wandern wir tagtäglich auf der Erde und doch ist das Ziel auch ein spirituelles. Welche geistigen Fortschritte oder Fortschritte im Glauben machen wir? Wie man diese Ziele für sich selbst definiert, ist von der individuellen Vorstellung oder vom individuellen Glauben abhängig. Früher war der Ablass das große Ziel. Heute verwenden wir eher andere Begriffe. Doch jeder, der schon einmal unterwegs war, spürt es: Man kommt anders zurück, als man gegangen ist. Ist es auf dieses seelische und geistige Auftanken zurückzuführen, das mehr oder weniger »automatisch«, also ohne unser aktives Dazutun, passiert? Und das im Alltag meist zu kurz kommt? Jeder, der schon einmal unterwegs war, wird von bereichernden Erfahrungen sprechen. Das äußerliche Unterwegssein bringt innere Prozesse in Gang, die sich noch lange nach der Jakobswegtour auswirken können.

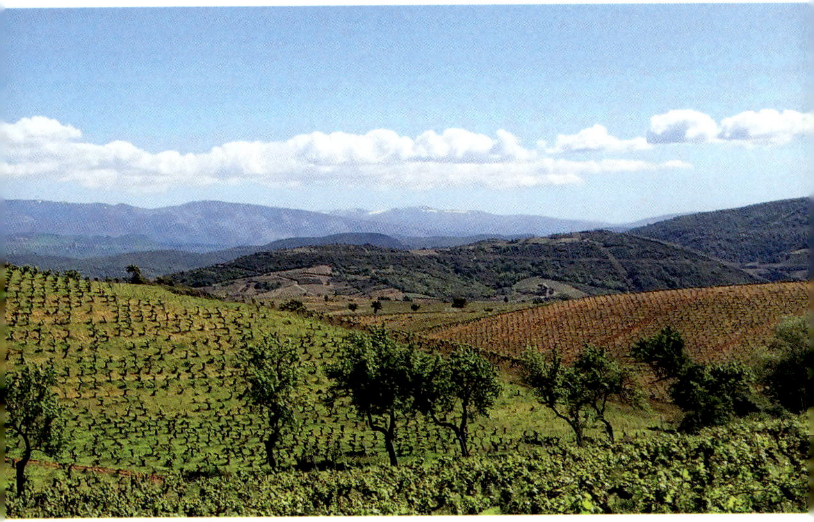

Pilgerweg und Lebensweg

Spannende Parallelen entdecken

72

Wer auf dem Jakobsweg unterwegs ist, ist aus seinem Alltag herausgehoben. Auf dem Weg bieten sich vielfältige Gelegenheiten, sich über sein Leben, sein »Woher« und »Wohin« →Gedanken zu machen, zu reflektieren. Oft werden erst nach der Rückkehr in den Alltag vielfältige Parallelen zwischen dem Pilgerweg und dem Lebensweg erkennbar. Nicht, weil es die nicht schon vorher gegeben hätte. Nein, meist haben hierfür »in der täglichen Routine des Lebens« einfach nur die Aufmerksamkeit und Wahrnehmung gefehlt.

Auf dem Jakobsweg wie auch auf dem Lebensweg

- schreiten wir ständig vorwärts,
- erleben wir →Hoch- und Tiefpunkte,
- gibt es Licht und Schatten,
- freuen wir uns über offene Türen und Gastfreundlichkeit,
- erleben wir Abschnitte, die uns leichterfallen, und Wegstrecken, die mühsamer sind oder uns gar die Luft zum Atmen nehmen,

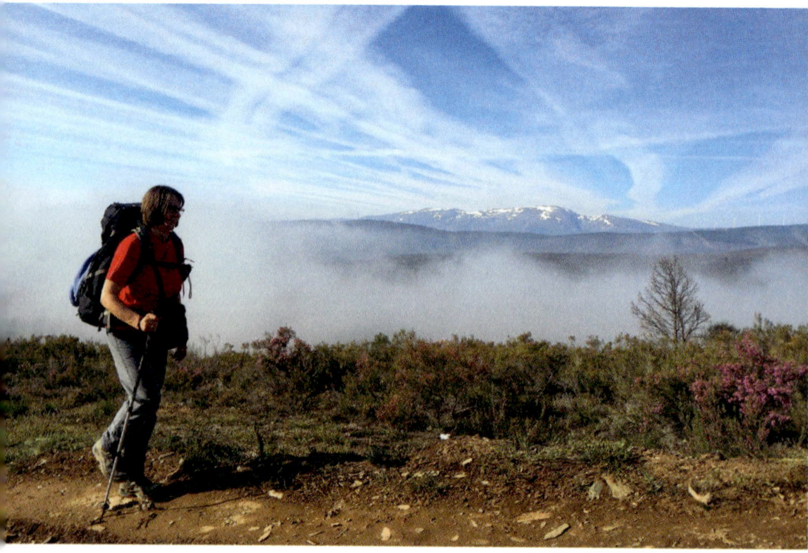

Was haben Jakobsweg und Lebensweg gemeinsam?

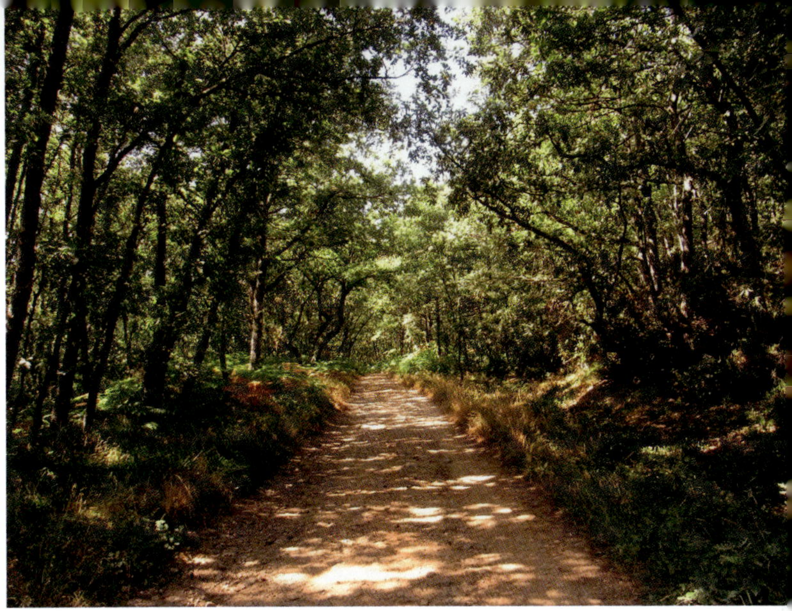

Im Sommer ist das Wandern auf den schattigen Wegen ein großer Genuss.

- gibt es Abkürzungen und Umwege,
- sehen wir manchmal unseren Weg ganz deutlich und manchmal kaum den nächsten Schritt,
- geht es bergauf und bergab,
- erleben wir Hoffnung und Zuversicht, jedoch auch Enttäuschung und Schmerzen,
- brauchen wir ein →Ziel und Orientierung,
- kommen wir an →Grenzen,
- erleben wir →Zufälle und kleine Wunder,
- durchwandern wir lichtvolle Ebenen und dunkle Täler,
- unterstützen wir andere Menschen und andere Menschen uns,
- sind wir froh und erleichtert, wenn wir ein Ziel erreichen.

Wir sehen, Pilgerweg und Lebensweg beeinflussen sich gegenseitig. Ich habe schon oft gehört, dass man nach der Rückkehr vom Jakobsweg seine Gewohnheiten geändert hat. Manche Pilger berichten davon, dass sie seither ihren Fernsehkonsum deutlich eingeschränkt haben. Andere erzählen, dass sie sich nie hätten vorstellen können, das pure Wasser zu trinken. Doch auf dem Jakobsweg hätten sie sich daran gewöhnt und sie führen es zu Hause weiter.

Plastiktüten

73

Das Rascheln lässt sich kaum vermeiden

Plastiktüten werden nach wie vor beim Packen des Rucksacks verwendet. Schließlich möchte man ja eine gewisse Ordnung haben: In der weißen Tüte ist die Abendgarderobe, in der grünen die Unterwäsche und so weiter … Diese Plastiktüten können klein zusammengelegt werden, wiegen nichts und halten die Dinge, die in ihnen verwahrt sind, zuverlässig trocken. Was man leider nicht von allen Rucksäcken sagen kann, vor allem wenn sie nicht mehr ganz neu sind.

In den diversen Outdoorgeschäften gibt es schon seit einiger Zeit vergleichbare Beutel, die ebenfalls nichts wiegen, doch in der Anschaffung recht kostspielig sind.

Jeder, der selbst raschelt, empfindet es überhaupt nicht als Lärm. Doch diejenigen, die schlafen wollen, würden eine ganz andere Antwort geben und es eher als Belästigung bezeichnen.

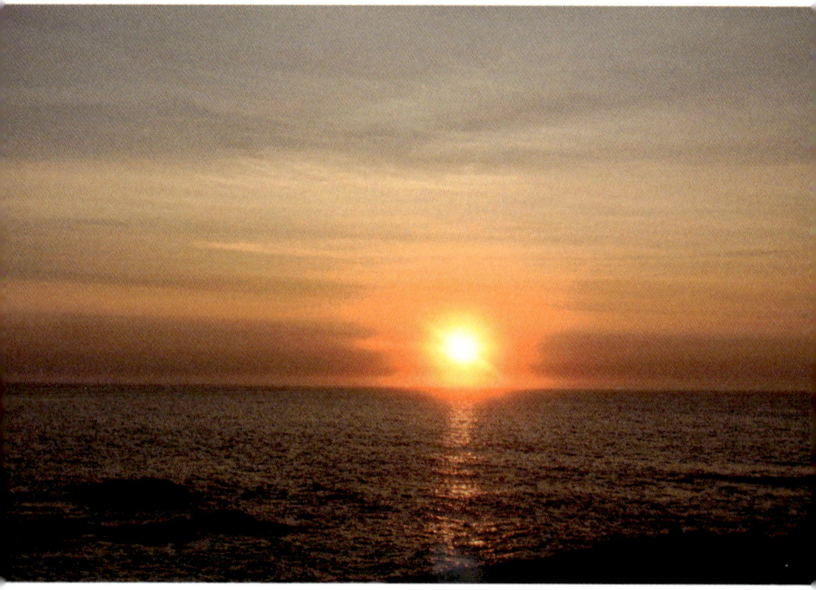

Das Ziel ist erreicht – brechen wir zu neuen Zielen auf!

Quellen

74

Aus welchen Quellen schöpfe ich?

Quellen und Brunnen sind wichtige Anlaufstellen für Pilger. Tagtäglich hat man Bedarf an dem kühlen Nass. Wir wissen ja, dass der menschliche Körper normalerweise zu rund zwei Drittel aus Wasser besteht. Im Unterschied zu dem Wasser aus vielen Wasserhähnen, das nicht überall entlang des →Camino angenehm schmeckt, hat das Quellwasser einen frischen und angenehmen Geschmack. Hat man im Allgemeinen einen Bedarf von ein bis zwei Litern am Tag, so kann er sich an heißen Sommertagen auf dem Jakobsweg auch mal drastisch erhöhen. Es gibt viele Pilger, die das »Wassertrinken« auf dem Camino kennengelernt haben und die das dann zu Hause weiterführen – und kaum noch welches mit Kohlensäure verwenden.

Denn: Wenn man richtig durstig ist, ist das kohlensäurehaltige Wasser nämlich nicht der beste Durstlöscher.

Wasser ist eine ganz besondere Flüssigkeit. Es verhält sich in vielen Dingen anders, als man es erwarten würde: Bei Frost werden in der Regel alle Dinge kleiner, Wasser dagegen dehnt sich aus. Das ist sinnvoll und notwendig, denn sonst würde das Eis der Seen im Winter auf den Grund sinken und es wäre kein Überleben der Tiere möglich. Der Japaner Masaru Emoto hat weitere faszinierende Eigenschaften des Wassers festgestellt. Er hat unter anderem entdeckt, dass →Segen oder →Dankbarkeit nachgewiesenermaßen positiv auf die Eigenschaften von Wasser wirken. Eine der bekanntesten Anlaufstellen auf dem Camino befindet sich beim Kloster Irache: der Wein- und Wasserbrunnen.

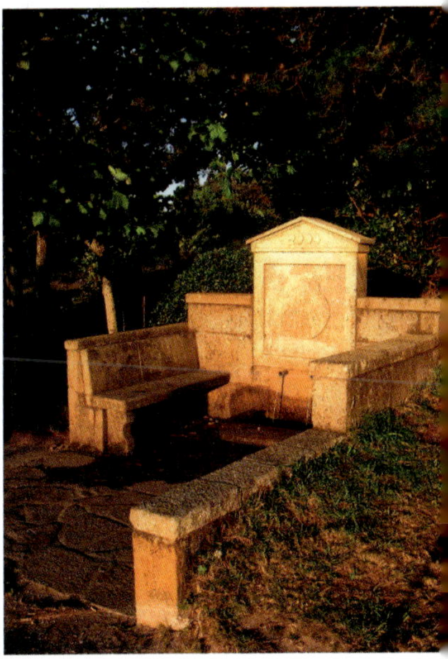

Quelle am Camino Fisterra

Zum Thema Quellen könnte man sich auch im übertragenen Sinne die Fragen stellen: Aus welchen Quellen schöpfe ich? Aus welcher Quelle beziehe ich meine Energie? Was sind meine Quellen der Kraft?

Radpilger

75

Mit dem Rad auf dem Jakobsweg unterwegs

Im Sommer sieht man auf dem Jakobsweg jeden Tag Radpilger. In der Regel starten diese Pilger mit ihren Drahteseln später am Morgen und legen größere Entfernungen als die Fußpilger zurück. Welche Wegstrecken die Radpilger wählen, liegt jeweils im eigenen Ermessen. Manche nehmen mit dem Rad selbst noch den schmalsten Jakobsweg-Fußweg, andere rollen auch bequem parallel auf der Straße dahin. Das liegt zum einen am Können der Radfahrer, jedoch auch an der Ausstattung des Fahrrads. Mit einem Pedelec ist man gut beraten, eher auf befestigten Wegen zu bleiben.

Ein Zusammentreffen mit zwei deutschen Radpilgern ist mir dabei besonders in Erinnerung geblieben: Wir beiden Fußpilger kamen am späten Vormittag ans Ende der tagelangen Meseta und entschlossen uns, in der Bar einzukehren. Zwei Radpilger kamen ebenfalls gerade an und freuten sich, endlich mal »Deutsche« zu treffen. So setzten sie sich zu uns. Im Gespräch erfuhren wir von dem Leid der Radfahrer. Es stellte sich heraus, dass die beiden sehr darunter litten, nie jemanden Deutschsprachiges zu treffen, mit dem sie sich unterhalten könnten. Wir kamen gemeinsam darauf, dass dies wohl auf verschiedene Gründe zurückzuführen war. Zum einen legen die Radfahrer, wie schon erwähnt, größere Strecken als Fußpilger zurück. Die Etappen liegen dabei zwischen 40, 80 oder gar noch mehr Kilometern. Sie sind also innerhalb der Gruppe der Radpilger individuell sehr unterschiedlich. Als Fußpilger bewegt man sich pro Tag in einem deutlich engeren Rahmen und trifft daher viel eher immer wieder die gleichen Menschen. Als Radfahrer wird man auch nicht in jeder Herberge aufgenommen, daher suchen sie sich oft gleich andere Unterkünfte. Die Chance, immer mal wieder Bekannte zu treffen, sinkt damit rapide. So hat alles seine Vor- und Nachteile …

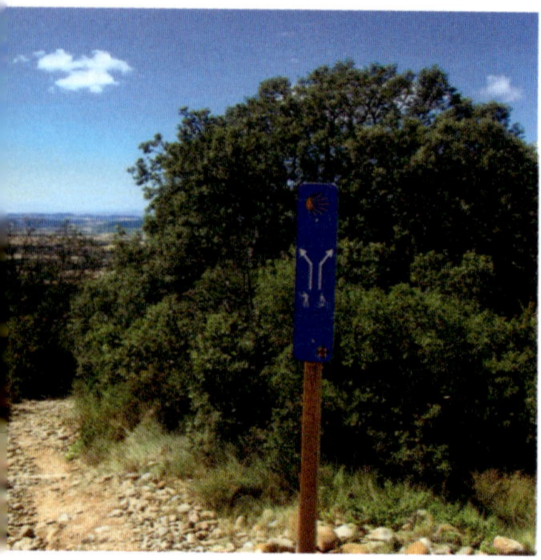

Durchweg perfekte Markierung

Rast

76

Quelle der Erfrischung für Körper, Geist und Seele

Zumeist legt man auf dem Jakobsweg eine Rast ein, um sich körperlich zu stärken. Dazu steuert man auf dem Camino eine Bar an oder einen mobilen Verkaufsstand. Man möchte den Rucksack absetzen, etwas bestellen, sich hinsetzen, gemütlich trinken und essen – das sind oft die Hauptanliegen. Eines darf man nicht vergessen: Auch ein gewisses Örtchen wird gerne aufgesucht. Doch neben den rein körperlichen Bedürfnissen hat eine Rast weitere Aspekte. Befindet sich die →Bar – in vielen Bars kann man bei schönem →Wetter draußen sitzen – in einer schönen Landschaft mit weiten Ausblicken, dann ist das auch eine willkommene »Rast« und »Speise« für die Seele. Solch eine Erfrischung hält bei einem bewusst aufgenommenen und abgespeicherten Ausblick sogar sehr viel länger an als die rein körperliche Stärkung. Solche Momente der »Seelennahrung« kann es natürlich auch beim →Gehen geben, doch wirken sie bei einer Pause durch die längere Dauer der Aufnahme ungleich stärker.

Unterwegs gut versorgt

Die mobilen Verkaufsstände entlang des →Camino Francés kommen oft unerwartet und werden meist von Privatpersonen bewirtschaftet. Da kann es sein, dass ein Rentner seine spärliche Rente durch den Verkauf von Kleinigkeiten etwas aufbessert oder auch mal Kinder Obst oder Getränke anbieten. Da gibt es Wohnwagen, die eine ganze Palette an Waren anbieten, und dann wieder auch nur kleine Tische, auf denen Obst liegt.

Ein ganz spezielles »Pilgerparadies« erwartet einen auf der Hochfläche zwischen Hospital de Órbigo und Astorga. Dort wohnt der Aussteiger David, der es seinen Gästen an nichts, wirklich an gar nichts, fehlen lässt.

Tipp

Legen wir doch auch einmal ganz ohne körperliche Bedürfnisse eine Rast mitten in der Landschaft ein, einfach nur, um sie tief in uns aufzunehmen. Ich persönlich liebe solche Momente sehr. Auch ist es mal spannend, den Jakobsweg für eine Rast ein paar Schritte zur Seite hin zu verlassen und sozusagen von außen auf die dahinziehenden Pilger zu schauen …

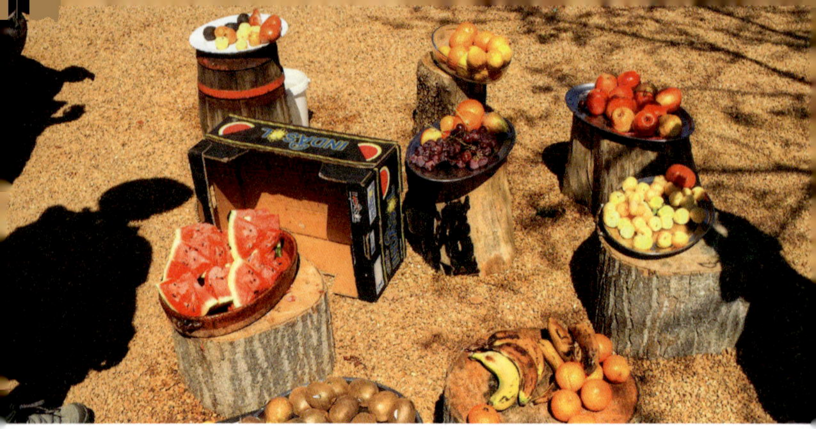

Ein ganz besonderer Rastplatz: das Pilgerparadies bei David (vor Astorga)

Getränke, Früchte und Gemüse aller Art, Brotaufstriche, viele Sitzgelegenheiten und Hängematten laden ein, es sich bequem zu machen. Ein wirkliches Highlight!

Gute Gespräche im Gepäck

Nicht fehlen dürfen bei einer Rast auch überraschende und interessante Begegnungen und Gespräche mit Mitpilgern. Diese können uns, wenn wir offen dafür sind, spannende neue Impulse oder Informationen geben – auf den vielfältigsten Gebieten.

Ich erinnere mich dabei an ein nettes Gespräch mit einem →Pilger in einem kleinen →Ort. Wir saßen draußen, als ein Transporter einer bekannten Automarke mit einem mobilen Verkaufsstand für die Bewohner laut hupend durch den Ort fuhr, um auf seine Anwesenheit aufmerksam zu machen. Der Pilger neben mir sagte: »Dafür sind die Hupen aber nicht ausgelegt.« Wir kamen miteinander ins Gespräch und er führte weiter aus: »Die Kosten für die Entwicklung solch einer Hupe liegen im niedrigen einstelligen Bereich.« Ich staunte und er ergänzte: »Und das Schlimme dabei ist, dass die Chefs bei diesem Detail alle meinen, mitreden zu können. Nach dem Motto: Das klingt aber nicht so, wie man es von einer Hupe dieser Firma erwarten würde.« Man hörte es förmlich heraus, dass dies nicht wirklich ein begehrenswerter Job war …

> Wenn du reich werden möchtest, dann öffne dein Herz und deine Seele für all die kleinen und großen Wunder, die dich umgeben.

Regenbogen

77

Ein farbenprächtiges Naturschauspiel der besonderen Art

Wenn ich einen Regenbogen sehe, bleibe ich meistens fasziniert stehen und beobachte ihn. Dieses farbenprächtige Naturschauspiel ist für mich jedes Mal von Neuem spannend und interessant. Man erlebt dabei eine Ahnung von der Verbindung der geistigen mit der irdischen Welt.

Wann kann man einen Regenbogen beobachten? Nur wenn man die Sonne im Rücken hat und sich die Wassertropfen vor einem befinden. Einen Regenbogen kann man physikalisch erklären mit der Brechung des Lichts in den Wassertropfen. Je nach Wellenlänge des Lichts wird es im Tropfen anders abgelenkt und es erscheint – beispielsweise am bewölkten Himmel – eine andere Farbe. Doch diese leuchtenden Farben haben eine ganz andere Brillanz und Strahlkraft als unsere irdischen Farben. Kein

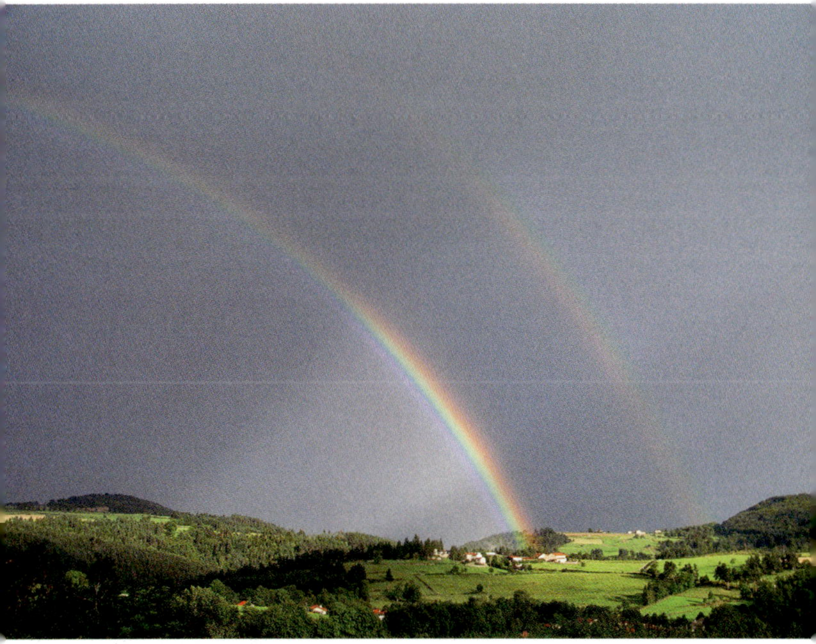

Ein doppelter Regenbogen ist ein besonderes Naturschauspiel.

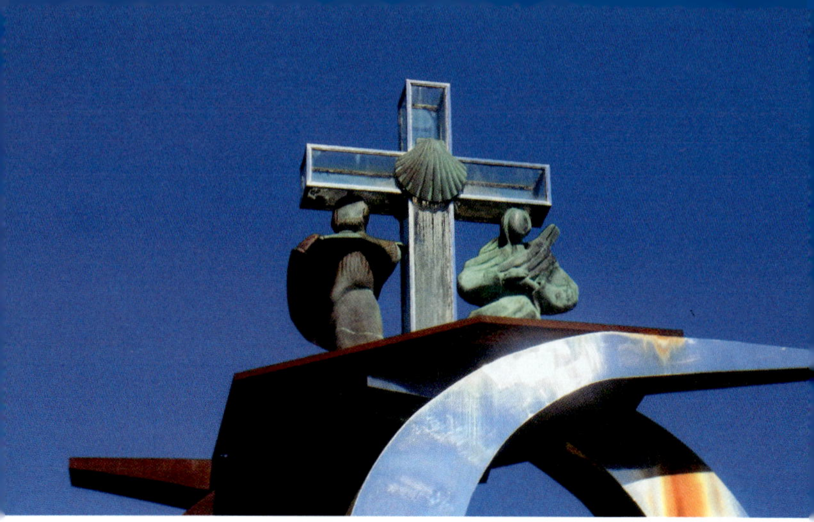

Kenner des Camino erkennen es: Detail des Kunstwerks auf dem Monte do Gozo.

Wunder, wird der Regenbogen auch als Verbindung von Himmel und Erde angesehen – was er ja in seinem Halbkreis auch eindrucksvoll darstellt. Besonders berührend ist es, wenn unter guten Bedingungen ein zweiter, ein doppelter Regenbogen zu sehen ist. Auch an plätschernden Brunnen oder an Wasserfällen lässt sich dieses spezielle Phänomen der Lichtbrechung und damit ein kleiner Regenbogen beobachten. Ehe ein Einwand kommt: Doch nur, wenn die Sonne scheint. Da man einen Regenbogen nur von Ferne sehen kann, wenn man also nicht direkt unter ihm steht, rankt sich so manche Sage darum. Eine Legende erzählt zum Beispiel, dass früher Goldstücke vom Regenbogen herabtropften und sich am Fuß des Regenbogens sammelten. Die Sage wurde dann später von den Brüdern Grimm als das bekannte Märchen »Sterntaler« in ihre Sammlung aufgenommen. Die heutige Erklärung der Goldstücke ist weitaus weniger malerisch: Die Kelten prägten und verwendeten in vorchristlicher Zeit kleine Goldmünzen in einer charakteristischen Schüsselform. Nach dem Umpflügen der Felder und einem stärkeren Regen konnte man Jahrhunderte später die aus dem Erdboden frei gespülten keltischen Gold- und Silbermünzen finden. Sie werden noch heute als Regenbogenschüsselchen bezeichnet.

Himmel und Erde berühren sich genau an der Stelle, an der wir sind und an der wir tätig sind.

78

Santiago de Compostela

Großes Pilgerziel aller Jakobswege in Europa

Santiago de Compostela, Jerusalem und Rom sind die drei großen christlichen Pilgerziele. Doch nur Santiago de Compostela ist DAS große Pilgerziel aller →Jakobswege. Die Stadt, in der der Schutzpatron Spaniens hochverehrt wird, hat rund 100.000 Einwohner, liegt in Galicien und somit im äußersten Nordwesten von Spanien. Das →Grab Jakobus des Älteren in der Kathedrale in Santiago de Compostela ist das große Ziel der Jakobspilger, die aus aller Welt kommen, um diesen besonderen Ort zu besuchen. Der Name der Stadt weist in ihrem ersten Teil auf den heiligen Jakobus (Sant Jago) hin. Dieser erste Stadtname leitet sich vom lateinischen »Sanctus Iacobus« (heiliger Jakobus) ab. Der zweite Namensteil, Compostela, wird unterschiedlich ausgelegt. Zum einen soll er sich, in Zusammenhang mit einer Lichterscheinung über dem Jakobusgrab, vom lateinischen »campus stellae« (Sternenfeld) herleiten. Auch im Wappen der Stadt spiegelt sich dies mit dem Stern und dem Reliquienschrein wider. Zum anderen vermutet man einen römischen Friedhof an dieser Stelle, lateinisch »compostum« genannt. Dazu gibt es andere Stimmen, die sagen, dass sich in Santiago de Compostela ein noch älteres vorchristliches Heiligtum befunden haben soll, dem dann nachfolgend eine christliche Bestimmung zuteil wurde. Santiago de Compostela lebte früher und lebt heute mit und von dem Jakobsweg. Jährlich kommen alleine mehr als 300.000 Pilger zu Fuß oder mit dem Rad in die Stadt, dabei sind die weiteren Besucher noch nicht mitgezählt. Bei einem Besuch des Kathedralenmuseums kann man sich die Entwicklung der Stadt in einem kurzen Filmbeitrag lebendig vor Augen führen lassen. Ein spezielles Pilgermuseum gibt mit vielen eindrucksvollen Exponaten einen wunderbaren Überblick über die jahrhundertealte Tradition des Pilgerwesens. Auf jeden Fall ist Santiago de Compostela der →Höhepunkt des Jakobswegs.

Übrigens: Kaum jemand bringt vom großen Pilgerziel kein →Souvenir mit.

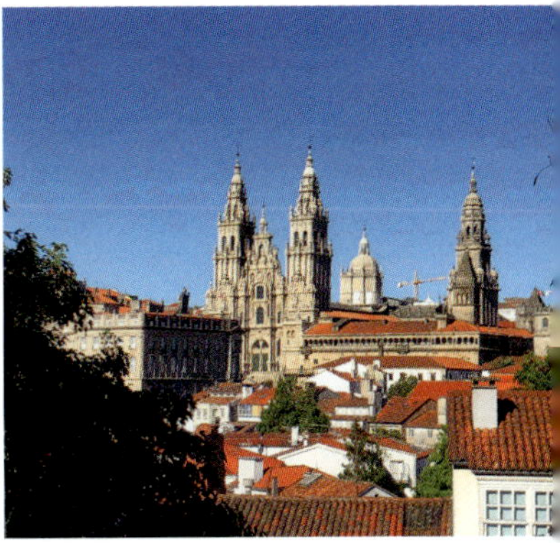

Majestätischer Blick aus der Ferne auf die dominierende Kathedrale

Schritt für Schritt

79

Im persönlichen Schritt-Tempo unterwegs

Es ist und bleibt eins der großen →Geheimnisse des Jakobswegs: Ich gehe in meinem eigenen Schritt-Tempo Tag für Tag vorwärts. Mit Ausdauer und Beharrlichkeit wandere ich Kilometer für Kilometer. Ich starte am Morgen, setze einen Fuß vor den anderen und komme so →Schritt für Schritt weiter. Tag für Tag, Woche für Woche gehe ich auf (m)ein →Ziel zu. Ich weiß, dass ich weder heute noch morgen ankommen werde. Doch ich weiß, dass ich ankommen werde, wenn ich stetig und unverzagt – auch in kleinen Schritten – weitergehe. Übernehme ich das Tempo eines anderen, tut mir das auf Dauer nicht gut, es kann mich über- oder unterfordern. So gehe ich ganz bewusst in meinem persönlichen Wohlfühl-Tempo.

Es ist immer wieder aufs Neue erstaunlich, welche Wegstrecken man dabei zurücklegen kann. Schaut man dabei auf eine Karte, so werden einem die Entfernungen ganz deutlich vor Augen geführt.

Und ich erfahre so ganz nebenbei: Das stetige »Schritt-für-Schritt«-Weitergehen bringt mich tatsächlich Stück für Stück weiter. Ich verstehe es: Das trifft genauso auf meine Ziele im Leben und im Alltag zu.

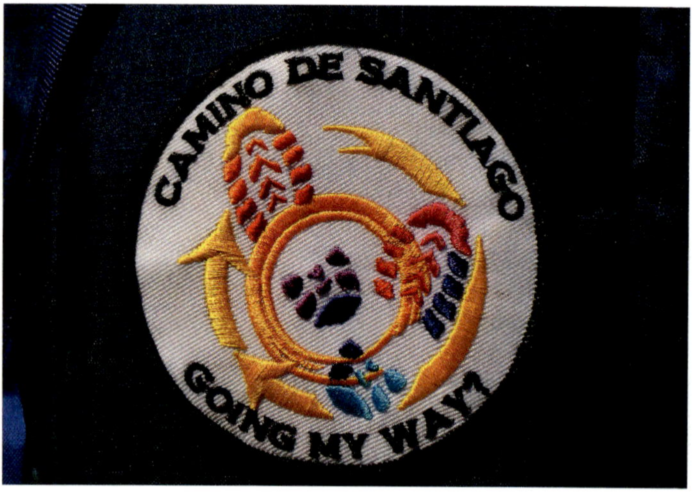

Ich gehe meinen Weg – in meinem persönlichen Schritt-Tempo.

Schweißtropfen

80

Ohne Transpiration keine Inspiration?

Es bleibt nicht aus, dass man beim Pilgern – vor allem in der wärmeren Jahreszeit – den einen oder anderen Schweißtropfen verliert. Bei wem sich Schweißperlen bilden, der strengt sich an. Im Sommer reichen auch schon kleinere Anstrengungen, um das »Wasser zum Fließen zu bringen«. Mit der ausgeschiedenen Flüssigkeit kann der Körper seine Temperatur regeln. Dabei kann es eine längere Treppe hochgehen oder einen Berg hinauf. Schweißtropfen bedeuten also Lebendigkeit, bei jedem Schritt, bei jedem Atemzug. Doch oftmals fühlt man sich in diesem Moment nicht so frisch und lebendig, sondern man sehnt eher das Ende oder eine Abkühlung herbei. Und wenn man dann »oben« ist, das →Ziel erreicht hat – oder auch nur die nächste →Bar –, stellt sich ein großes Zufriedenheits- oder gar ein Glücksgefühl ein: Ich habe es geschafft!

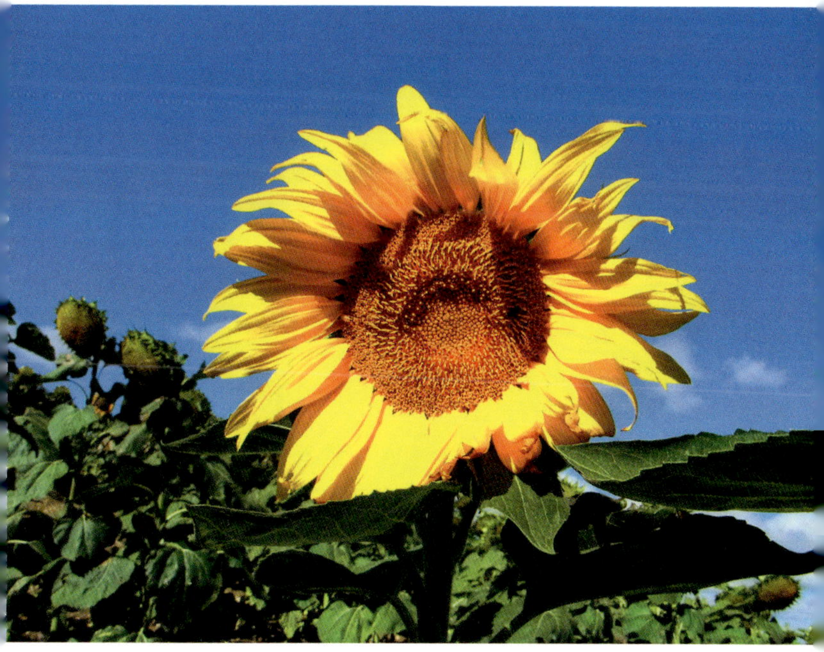

Sonnenblumen strahlen eine ungeheure Energie und Lebendigkeit aus.

Segen

81 Segnen bringt Segen – am Morgen, tagsüber und am Abend

Ein persönlich gegebener Segen mit Handauflegen am Ende einer Pilgermesse kann sehr berührend sein und auch tief auf Menschen wirken, die ansonsten der Kirche nicht sehr nahestehen. Da spürt man überaus deutlich die Wirkung eines Segens als gewünschtes Glück, als stärkende Kraft und als Schutz vor Gefahren.

Jeder Mensch kann für einen anderen Menschen zum Segen werden – mit einer Auskunft, mit einer Handreichung und vielem mehr.

Segnen kann man auch sein Essen und Trinken. Es ist spannend, selbst zu erleben, wie sich durch einen Segen etwas verändert.

Vielleicht kennen Sie die irischen Segenswünsche? Diese Worte des Segens sind sehr ansprechend und tun der Seele gut. Ein Beispiel: »Mögest du unterwegs die Fußstapfen des Schutzengels an deiner Seite spüren.«
An vielen Orten entlang des Jakobswegs gibt es spezielle Pilgersegen, die dort entstanden sind und regelmäßig, ja manchmal sogar täglich, gesprochen werden. Ihnen allen ist meist gemeinsam: die Bitte um einen guten Weg, um Begleitschutz und eine gesunde Rückkehr.

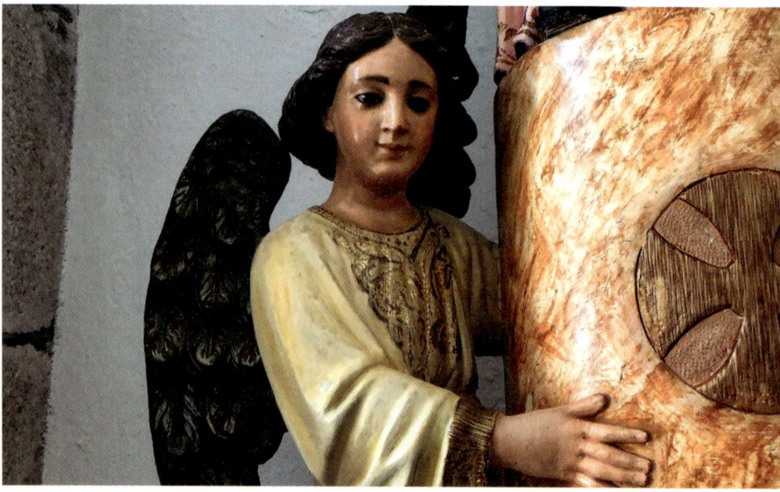

Wir können uns auch gegenseitig zu einem Engel werden.

Siebensachen

82

Pilger tragen ihre Sachen auf dem Rücken – wie eine Schnecke ihr Haus

Das Motto für die →Ausrüstung beim Pilgern ist so einfach wie auch einleuchtend: Je leichter die →»Siebensachen« im Rucksack sind, desto leichter kommt man vorwärts. Schon ein altes Lied im evangelischen Gesangbuch mit einem Text von Gerhard Tersteegen (1697–1769) weist auf diesen Zusammenhang ganz drastisch hin: »Man muss wie Pilger wandeln, frei, bloß und wahrlich leer, viel sammeln, halten, handeln, macht unsern Gang nur schwer. Wer will, der trag sich tot …«

Wenn man es sich am Anfang auch noch nicht so ganz vorstellen kann: Man trägt ja jeden Tag sein Gepäck auf dem Rücken – wie eine Schnecke ihr Haus – und da kommt es wirklich auf jedes Gramm an. Zu Beginn der Pilgerschaft ist man oft noch großzügig und packt den 50-Liter-Rucksack voll. Da noch ein T-Shirt mehr, dort noch eine Hose und vielleicht doch zur Sicherheit ein Paar Socken extra? Das wiegt ja nicht viel … Und doch: Die einzelnen Teile summieren sich schneller, als man gedacht hat. Ruckzuck hat man deutlich mehr als 10 Kilogramm beisammen. Manche Pilger können das Gewicht klaglos tragen, für andere ist das schon deutlich zu viel. Zumal man ja auch noch etwas an Vesper und Getränken dabeihaben möchte.

Beim Packen der Pilgerausrüstung ist es gut, wenn man sich den folgenden Spruch immer mal wieder vor Augen hält: »Fünf Sachen, die nichts wiegen – und schon ist es wieder ein Kilo mehr.« Da hilft im konkreten Fall tatsächlich auch einmal eine Waage, um ein Gespür dafür zu bekommen, welche Teile wie viel Gewicht haben – und ob man Alternativen dafür hätte. Und für die nächste Wanderung auf dem Jakobsweg reicht dann vielleicht auch ein 30-Liter-Rucksack …

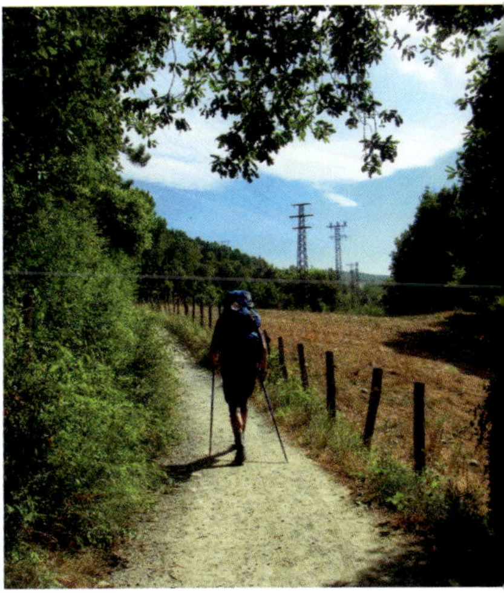

Was nehme ich mit? Was brauche ich wirklich?

Souvenir

83

Kaum jemand kommt ohne ein Andenken vom Jakobsweg nach Hause zurück …

Entlang des →Camino haben wir fast unendlich viele Möglichkeiten, ein Souvenir für uns selbst beziehungsweise Geschenke und Mitbringsel für unsere Lieben daheim zu erstehen. Der Wert eines Souvenirs für einen selbst bemisst sich zumeist nicht nach dessen Kosten. Es zählt vielmehr, in welcher Stimmung man es erworben hat. Wer aus Freude über das erreichte Ziel etwas für sich mit nach Hause nimmt, wird im Allgemeinen auch lange Freude daran haben – weil mit dem Souvenir diese »Information«, also in diesem Falle diese Freude, abgespeichert ist.

Wer sich in den Läden umschaut, sieht vielerlei: Da gibt es zum einen praktische Dinge wie →Muscheln, T-Shirts, Pullis, Hüte, Hals- beziehungsweise Schlauchtücher sowie vieles mehr mit für den →Jakobsweg typischen Druckmotiven. Das sieht oft sehr schön aus und wer in dieser Art etwas sucht, ist gut beraten, entlang des Camino etwas mitzunehmen. An anderen →Orten findet man solche speziellen Dinge eher selten. Natürlich bekommt man in den Geschäften auch viel Schnickschnack, bei dem man sich fragt, wer das alles braucht. Und dann gibt es eine Vielzahl von Artikeln, die irgendwo zwischen diesen Polen angesiedelt sind – und die je nach Interesse und Geschmack einen potenziellen Käufer anlachen. Man kann die Souvenireinkäufer belächeln, doch man muss sich auch vor Augen halten: Die Wanderung auf dem Jakobsweg ist zeitlich begrenzt, die Erinnerung daran kann jedoch ein Vielfaches davon – sozusagen »ewig« – währen. Und manchmal sind es gerade diejenigen Kleinigkeiten, die man von einer Reise mit nach Hause bringt, die einen an die Gefühle und Empfindungen der dort verbrachten Tage erinnern – und die damit diese besonderen Eindrücke bewahren helfen. Das hat oft für niemand anderen eine Bedeutung, nur für einen selbst.

Schmuck

Die Auswahl an Schmuckartikeln mit Bezug zum Jakobsweg ist enorm. Von einfachen – jedoch oft bemerkenswert schönen und geschmackvollen – Muschelanhängern reicht die Palette bis hin zu hochwertigen Schmuckstücken, Ketten und Ohrringen. Das Material kann dabei ganz unterschiedlich sein, von versilbert über Silber bis Gold oder auch

Perlmutt. Auch die Größe ist dabei sehr variabel. In →Santiago de Compostela kommt dann noch als Material, aus dem Schmuckstücke gefertigt werden, der besondere Gagat, der dort Azabache genannt wird, hinzu. Da fällt die Auswahl nicht immer leicht …

Postkarten

Früher waren es die obligatorischen Postkarten, die man an Freunde und Bekannte versendete oder auch für sich selbst zur Erinnerung mitnahm. Dieser Brauch erfährt durch die zunehmende digitale Kommunikation einen deutlichen Wandel: Man versendet nun meist per Mobiltelefon aktuelle Bilder, auf denen man selbst mit den Sehenswürdigkeiten oder den Freunden und Mitpilgern – oder in vielen anderen Situationen mehr – zu sehen ist.

Pins und Armbänder

Die ganz kleinen Dinge, wie die ansteckbaren Pins, gibt es in vielen Ausführungen: Pins mit Muscheln, mit gelben Pfeilen oder den roten Jakobusritterkreuzen sowie vielen anderen Darstellungen mehr. Der große Vorteil dabei ist, dass sie »nichts« wiegen. Sie zieren manch einen Rucksack, einen Hut oder andere Kleidungsstücke. Beliebt sind auch die diversen Armbänder, die es in verschiedenen Materialien gibt.

Tassen und Teller

Wer seinen Rucksack jeden Tag auf dem Rücken hat, wird sich sehr wohl überlegen, ob es das Richtige ist, Tassen oder Teller kilometerweit mitzutragen. Doch bei »Lieblingsartikeln« kommt das schon auch einmal vor … Wenn dann das gewünschte Ziel erreicht ist und die Heimreise ansteht, sieht die Sachlage schon wieder ganz anders aus. Da darf das Souvenir dann schon mal etwas größer und schwerer sein. Und es hat ja schon seinen Reiz, wenn man zu Hause aus einer Tasse mit Jakobswegmotiven trinken kann.

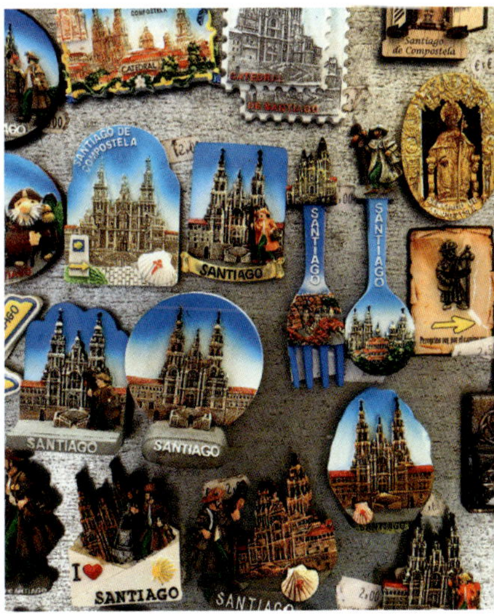

Beliebte Souvenirs

Kugelschreiber, Bleistifte, Magnete

Solche kleinen Dinge sind auch bei leichtem und sparsam gepacktem Rucksack nette Mitbringsel für einen selbst sowie für Familie und Freunde. Auch hierbei gilt das oben Gesagte: Alles, was in einem speziellen, freudigen Gefühl erworben wurde, behält diese »Information«. Zu Hause angekommen können wir noch lange Zeit später diese Freude und dieses Hochgefühl empfinden, wenn wir diesen Gegenstand betrachten oder in die Hand nehmen.

Kleidungsstücke

Es muss als Souvenir ja nicht das mit einem Jakobsweg-Motiv bedruckte T-Shirt sein. Es kann auch ein beliebiges Kleidungsstück sein, das einen beispielsweise auf einem Krämermarkt entlang des Camino quasi »im Vorbeigehen« angelacht hat. Solche öffentlichen Märkte gibt es in Spanien zahlreich und regelmäßig.

Jakobusfiguren

Wer sich zu Hause eine kleine »Jakobsweg-Ecke« einrichten möchte, liebäugelt vielleicht mit einer größeren oder kleineren Jakobusfigur. Auch hierfür bietet sich in den Geschäften eine große Auswahl. Eine persönlichere Alternative zu einer gekauften Standard-Figur ist folgende Idee: Wer sich von einer (oder auch mehreren) Jakobusdarstellungen entlang des Jakobswegs besonders angesprochen fühlt, macht ein Foto davon. Dieses Bild kann man dann zu Hause rahmen und als »Figurersatz« in die Jakobsweg-Ecke stellen. Mit diesem Bild wird die eigene Erinnerung bewahrt.

Muscheln, Kalebassen und Wanderstäbe

Heutzutage statten sich die meisten Jakobsweg-Wanderer schon zu Hause mit einer Pilgermuschel aus. Man möchte sich damit als Pilger auf dem Jakobsweg zu erkennen geben. Früher sammelte man diese Muscheln erst am Ende des Weges und höchstpersönlich, beispielsweise am schönen Sandstrand in →Finisterre. Doch auch unterwegs sieht man ganz wundervolle →Muscheln. Manche sind raffiniert bemalt oder inspirierend beschriftet, sodass der Trend bei den Pilger-Rucksäcken schon allmählich hin zur Zweitmuschel geht …

Die Kalebassen gibt es in verschiedenen Größen. Sie sind äußerst leicht und man sieht sie an manchem Rucksack baumeln. Mal sind sie naturfarben, mal dezent bemalt.

Am Wegesrand des →Camino sieht man viele Verkäufer, die hölzerne Wanderstäbe anbieten. Hierbei verwendet man beim Gehen nur einen

Stab. Früher war dieser Stab deutlich länger als die Person, die ihn benutzte. Doch die meisten Pilger sind in der heutigen Zeit mit ihren in der Größe variablen Wanderstöcken unterwegs. Hierbei kommen auch meist zwei Stöcke zum Einsatz.

Kulinarische Spezialitäten

Wer sich den Kopf über Mitbringsel zerbricht, die zu Hause weder herumstehen noch verstauben, landet früher oder später bei regionalen kulinarischen Spezialitäten. Auch hiermit kann der Camino reichlich aufwarten. Je nachdem, ob es mehr herzhaft oder eher süß sein soll, hat man die Auswahl zwischen allerlei leckeren Speisen und Getränken. Ob man diese dann im Handel oder in Spezialgeschäften erwirbt, bleibt dem Einzelnen überlassen. Nur zwei dieser überaus vielfältigen lokalen Spezialitäten sollen erwähnt werden, weil sie im direkten Zusammenhang mit dem großen Ziel →Santiago de Compostela stehen: der Queso Tetilla und die Tarta de Santiago.

Der Queso Tetilla hat seinen Ursprung sogar direkt in der Kathedrale, und zwar im Portico de la Gloria. Man erzählt sich von diesem Käse, der wirklich eine besondere Form aufweist, folgende Begebenheit: Früher sah man im Portico de la Gloria gegenüber dem lächelnden Propheten Daniel die Königin von Saba mit reichlich Oberweite. So kam die Meinung auf, sein Lächeln gelte ihrem Dekolleté. Das durfte auf keinen Fall so bleiben. Der Erzbischof gab den Steinmetzen den Befehl, die Oberweite zu verkleinern. Der abgeflachte Busen missfiel daraufhin den Bewohnern von Santiago. Sie überlegten eine Weile und kamen dann auf die Idee, diesen ehemals üppigen Busen in Form eines besonderen Käselaibes nachzubilden. Diesen typischen und aus Kuhmilch gefertigten Queso Tetilla gibt es bis heute.

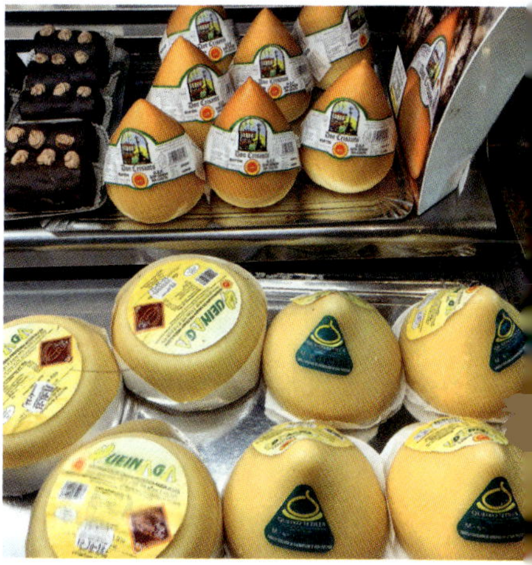

… und so sieht Tetilla-Käse aus!

Die Tarta de Santiago, die Santiago-Torte, fällt von Weitem schon durch das markante Jakobusritterkreuz auf, das sich von dem mit Zucker überpuderten Mandelkuchen deutlich abhebt. Die Fertigung dieses Kuchens hat in Santiago de Compostela eine lange Tradi-

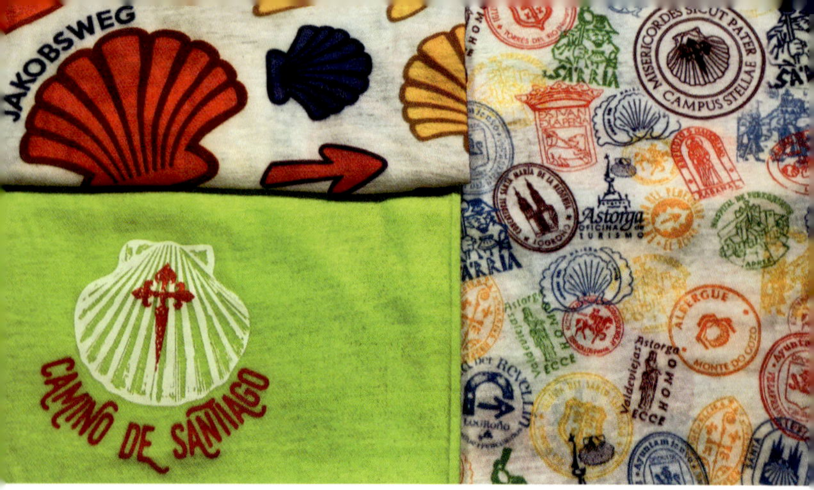

Überkopftücher mit Pilgermustern

tion. Manche Stimmen sagen, dass dieser flache Kuchen schon im 16. Jahrhundert zubereitet und gegessen wurde. Die Hauptzutaten sind Mandeln, Zucker und Eier. Es gibt diese Santiago-Torte in verschiedenen Größen und Durchmessern. Sie kann auf Wunsch auch reisefest verpackt werden.

Selbst gesammelte Fundstücke

Wer mehr zu den »Sammlern« als zu den »Jägern« gehört, der wandert bei den vielen Kilometern des Unterwegsseins durch eine reiche Fundgrube. Da hat jeder so seine Vorlieben, nicht wahr? Ich selbst komme selten ohne einen oder mehrere Steine in Herzform zurück. Manchmal werden diese wunderbaren Herzen aus Gewichtsgründen auch nur als Foto »mitgenommen«. Auf den Jakobswegen in Deutschland, Frankreich und der Schweiz lachen mich manchmal auch vierblättrige Kleeblätter an. Dabei stellt sich dann die Gewichtsfrage nicht wirklich …

Fotos und Bilder

Fotos und Bilder sind ebenfalls wunderbare Erinnerungen, die wir vom Jakobsweg mit nach Hause bringen können. Da gibt es →Pilger, die ihren Weg mit vielen hundert Bildern exakt dokumentieren und andere, die sich vornehmen, sich pro Tag auf zehn Fotos zu beschränken. Auch hier kommt die Individualität wieder sehr gut zum Vorschein: Auf dem Jakobsweg ist vieles möglich. Und dabei ist nichts besser oder schlechter, sondern einfach nur anders.

Spiritualität

84

Sie zeigt sich in vielen Formen

Viele Menschen haben mit dem allgemeinen und umfassenden Begriff »Spiritualität« so ihre Schwierigkeiten. Der Wortstamm »spiritus« stammt aus dem Lateinischen und bedeutet übersetzt: »Geist« oder auch »Hauch«.

Doch wenn man etwas konkreter wird, wird es meist viel verständlicher. Unter Spiritualität kann man vieles verstehen, da sich ihre Ausdrucksformen ganz unterschiedlich zeigen können. Spiritualität befasst sich zum Beispiel mit Fragen wie: Was gibt mir Orientierung im Leben? Wie gehe ich mit mir und meinen Mitmenschen um? Wie sieht meine Verbindung zu der geistigen Welt aus? Worauf gründe ich mein →Vertrauen? Welche Werte sind mir wichtig? Oder auch: Welches Weltbild habe ich? Was ist der Sinn des Lebens? Sind wir in unserem Leben im Gleichgewicht? Haben wir ein Augenmerk auf das »gleiche Gewicht«, auf die Ausgewogenheit? Dies kann sich auf viele Bereiche unseres Pilger- wie auch Lebensweges beziehen. Arbeiten und Ruhen, Anspannung und Entspannung, →Gehen und →Rasten – die richtige Balance zu finden, ist nicht immer einfach. Es gilt, immer beide Seiten »einer Medaille« zu berücksichtigen.

Spiritualität ist also das, was über das rein Materielle hinausgeht. Das bedeutet auch, dass das Spannende daran ist, dass Spiritualität für jeden Menschen anders aussieht und anders gelebt wird. Jeder hat seine eigenen persönlichen Lebenserfahrungen, die sein Weltbild und seine Werte prägen. Wie ist mein Verhältnis beispielsweise zu Gebet und zu Gott? Lebe ich im Mitgefühl und in Liebe, in Dankbarkeit, im Vertrauen, in Toleranz? Spüre ich Geborgenheit? Praktiziere ich Zeiten der Stille oder Meditation? Habe ich schon einmal erfahren, dass es »mehr zwischen Himmel und Erde« gibt, als unsere Augen sehen oder unsere Ohren hören können? Man erkennt ohne Zweifel, dass dieses Verständnis dann wiederum das Leben mit seinen vielfältigen Erfahrungen prägt. Man könnte sich auch die Frage stellen: Ist hinter dem, was mir im Leben passiert, ein Sinn verborgen – auch wenn er im ersten Moment nicht sofort sichtbar für mich ist? Wie gehe ich mit Situationen um, wenn es nicht so läuft, wie ich es mir vorstelle? Habe oder finde ich dann Rückhalt in der Stille, in →Gebeten, in Gesprächen, in kleinen Ritualen oder dem Aufenthalt in der →Natur? Wie sieht so eine Situation eine Woche, ein Jahr oder gar ein Jahrzehnt später aus? Hat sich da die Einschätzung gewandelt?

Was würde Jesus an meiner Stelle tun?

Man kann auch von einer christlichen Spiritualität sprechen. Was bedeutet es für einen persönlich, »aus dem Geist Jesu Christi zu leben«? Man könnte sich bei seinen Handlungen auch die Frage vor Augen führen: Was würde Jesus jetzt an meiner Stelle tun?

Auf dem Jakobsweg bieten sich den Menschen viele Möglichkeiten, oft mehr als im Alltag, sich mit diesen Dingen und Fragen zu beschäftigen. Im →Schritt-für-Schritt-Weitergehen verändern wir uns ebenfalls »Schritt für Schritt«, also ganz allmählich und für uns selbst unmerklich, Tag für Tag.

Man könnte es auch so formulieren: »Wahrnehmen, was alles nicht fehlt. Erleben, was an Bedeutung verliert. Sich reich und beschenkt fühlen durch ganz andere Dinge. Sobald man die ersten Schritte auf dem uralten Pilgerweg getan hat, geht alles wie von selbst. Man erfährt und sieht Dinge, die man vorher nicht wahrgenommen hat. Man verändert sich und kann ein anderer Mensch werden. Ganz einfach so. Beim Gehen – auf dem Jakobsweg.«

Stille

Es sind besondere Momente, die man sich für Ruhe und Andacht nimmt. Ein wesentliches Element beim Pilgern ist ja die Beschäftigung mit Themen, die über das reine Wandern hinausgehen. Dies kann zum einen ganz zufällig und unabsichtlich geschehen, wenn ein Wort eines Gespräches noch nachhallt, wenn mich ein →Liedvers berührt, eine hübsche Blüte mich erfreut, ein besonderer Geruch an eine längst vergangene Situation erinnert oder mich eine Melodie auf eine neue Art und Weise anspricht. Zum anderen kann ich mir willentlich Zeit nehmen für Stille, eine Andacht, einen Gottesdienst oder ein Konzert. Die Stille, Ruhe und Einkehr ist für viele Menschen ein wesentliches Element bei einer Pilgerwanderung. In der Stille kommt das äußere Leben für einige Momente zur Ruhe.

Die Stille. Die Ruhe. Die Luft. Ich komme bei mir selbst an.
Ich lasse mir Zeit, ich muss nicht schon 10 Kilometer weiter sein.
Ich genieße die Zeit, die ich habe.
Ich bin dankbar – für viele Aussichten und Einsichten.
Ich bringe einen ganzen Rucksack voller Erinnerungen mit nach Hause.

Den Dingen auf den Grund gehen

Dazu eine kleine Geschichte: Zu einer Frau in einem kleinen Weiler kommen →Pilger. Die Pilger sind neugierig und fragen die Frau: »Was für einen Sinn siehst du in deinem Leben hier so abseits, so ganz in der Stille und Meditation?« Die Frau schöpft gerade Wasser aus einem Brunnen. Sie ruft ihnen zu: »Kommt her und schaut in den Brunnen. Sagt mir, was seht ihr?« Die Leute blicken in den Brunnen und antworten etwas irritiert: »Wir sehen nichts!«

Es vergeht eine Weile. Dann fordert die Frau die Pilger wiederum auf: »Schaut nochmals in den Brunnen! Was seht ihr jetzt?« Interessiert blicken die Leute wieder hinunter: »Ja, jetzt können wir uns selbst sehen!« Die Frau erläutert: »Als ich vorhin Wasser schöpfte, war das Wasser unruhig. Man konnte nichts erkennen. Jetzt ist das Wasser ruhig. Das ist die Erfahrung der Stille und der Meditation: Man sieht sich selbst!« Nachdenklich geworden setzen sich die Pilger eine Weile schweigend zu der Frau.

Dann fordert sie die Besucher überraschend wiederum auf: »Schaut jetzt nochmals in den Brunnen. Was seht ihr jetzt?« Die Pilger schauen hinunter und geben zur Antwort: »Nun können wir auch die Steine auf dem Grund des Brunnens erkennen.« Da spricht die Frau: »Das ist die Erfahrung der Stille und der Meditation. Wenn man Geduld hat und lange genug wartet, sieht man den Grund der Dinge.« Um eine bedeutsame Erfahrung reicher, setzen die Pilger ihren Weg fort.

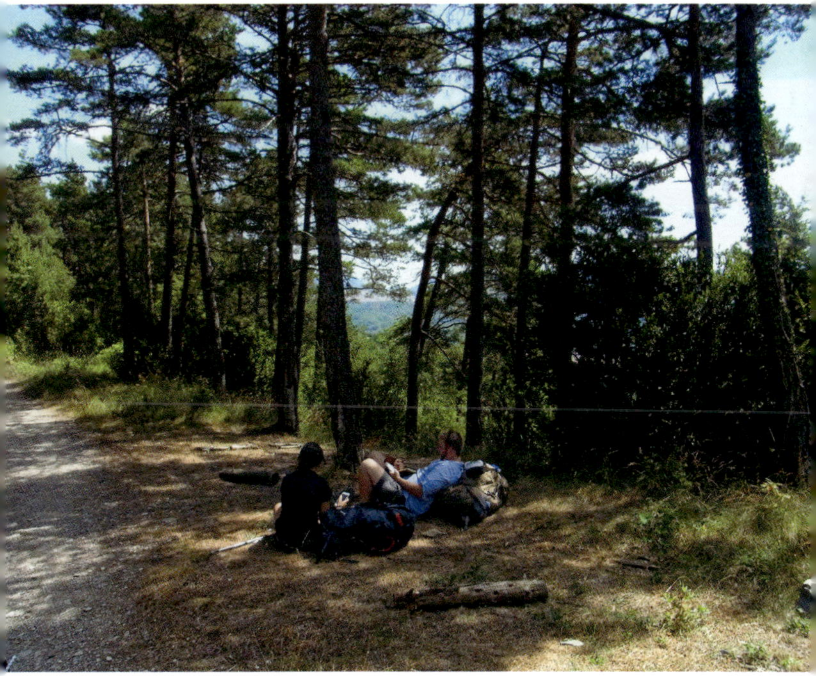

Gibt es mehr zwischen Himmel und Erde, als unsere Augen sehen?

Spuren

85

Sichtbares und Unsichtbares

Wir hinterlassen Spuren auf dem Jakobsweg und der Jakobsweg hinterlässt Spuren bei uns. →Schritt für Schritt sind wir viele Kilometer auf dem →Jakobsweg unterwegs, auf den unterschiedlichsten Bodenarten. Es gibt Abschnitte, auf deren Untergrund hinterlassen wir deutlich sichtbare Spuren. Anderen Wegen sieht man es gar nicht an, dass jeden Tag mehrere hundert Pilger darübergehen. Wir hinterlassen jedoch nicht nur diese »natürlichen« und sichtbaren Spuren – so wie wir auch von anderen, den weniger sichtbaren Spuren beeindruckt werden. Wir hinterlassen Spuren in den Herzen der Menschen, denen wir begegnen. Auch diese Menschen hinterlassen ihre Spuren bei uns. Wir hinterlassen Spuren an jedem Ort, an dem wir übernachten – und dieser Ort bei uns. Oft denken wir noch lange an besondere Menschen und Orte zurück, nicht wahr? Wir hinterlassen Spuren als Gruß in den Pilger-Gästebüchern, mit unserer Dankbarkeit, mit unserer Freundlichkeit, mit unserem →Vertrauen. Und nicht zuletzt hinterlassen wir auch ab und an Spuren an den Wegesrändern … Doch es gibt Spuren, die bemerken wir vielleicht auch erst, wenn wir wieder zu Hause sind.

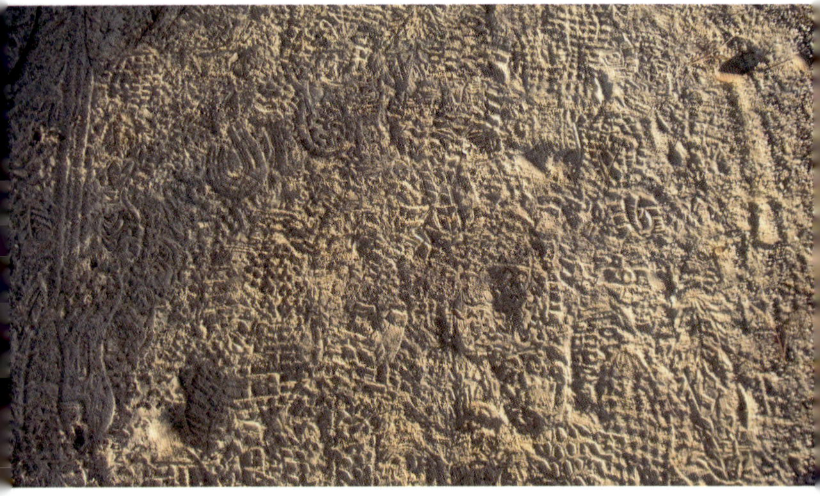

Auf dem Jakobsweg hinterlassen wir sichtbare und unsichtbare Spuren.

Stempel

86

Ein Pilgerausweis ist eine Sammlung von kleinen Kunstwerken

Auf dem Jakobsweg unterwegs zu sein, einen →Pilgerausweis zu besitzen und Stempel zu sammeln gehört unweigerlich zusammen. Die Stempel gleichen oft kleinen Kunstwerken und wurden von ihren Besitzern meist liebevoll ausgestaltet. Dazuhin gibt es Stempelkissen in verschiedenen Farben, sodass es eigentlich immer Spaß macht, den eigenen Pilgerausweis oder den der Mitpilger zu betrachten. Wer eine ganze Reihe von schönen Stempeln vorweisen kann, hat bereits die Aufmerksamkeit der Umstehenden gewonnen. Je mehr man sich jedoch →Santiago de Compostela nähert, desto größer werden die Anforderungen an die Anzahl der Stempel. Hat es vorher gereicht, pro Tag einen Stempel nachzuweisen – meistens nimmt man denjenigen der Übernachtung – muss man auf den letzten 100 Kilometern zwei Stempel pro Tag nachweisen. Das liegt daran, dass es auch Menschen gibt, die versuchen, die Compostela zu bekommen – ohne tatsächlich gewandert zu sein. Diese Stempel unterwegs zu erhalten ist kein Problem. Fast jede Unterkunft, zahlreiche →Kirchen und viele →Bars haben welche. Es macht auch Spaß, die vielen verschiedenen und fantasievollen Motive und Farben im Pilgerausweis zu haben. Leider ist der Pilgerausweis recht knapp bemessen, sodass das kleine Faltblatt viel zu schnell voll wird. Doch die Abhilfe ist auf den letzten Kilometern auf dem Camino überall präsent: Es gibt viele Möglichkeiten, einen neuen Pilgerausweis zu erwerben.

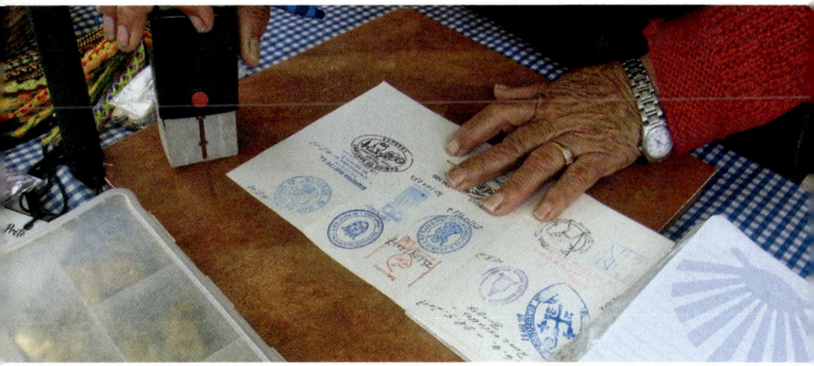

Der Pilgerausweis entwickelt sich zu einem kleinen Kunstwerk.

Symbole

87 Auch ein kleines Bild sagt mehr als tausend Worte

Oft sind wir im Alltag und auch auf dem Camino von Symbolen und symbolträchtigen Dingen umgeben – merken wir es eigentlich immer? Nach dem Motto »Ein Bild sagt mehr als tausend Worte« versteht man die meisten Symbole und Zeichen im Alltag auf Anhieb, ohne dass man die jeweilige Landessprache beherrscht: Beispielsweise erkennen wir in fremden Städten, ganz banal, die Beschilderung ins Zentrum (Kreis mit Punkt), zum Bahnhof, zum Flughafen, zur S- oder U-Bahn an einfachen Symbolen. Die →Jakobsmuschel ist ebenso ein Symbol. In diesem Sinne ein Symbol als ein Zeichen, dem man auch einen tieferen Sinn geben kann. Und über das man wunderbar reflektieren und philosophieren kann. Wer Tag für Tag auf dem →Jakobsweg unterwegs ist, dem fallen möglicherweise viele zusätzliche Bedeutungen für eigentlich ganz triviale Dinge auf. Da bekommt vielleicht ein →Regenbogen eine ganz neue Dimension, das Gleiche kann bei Blumen,

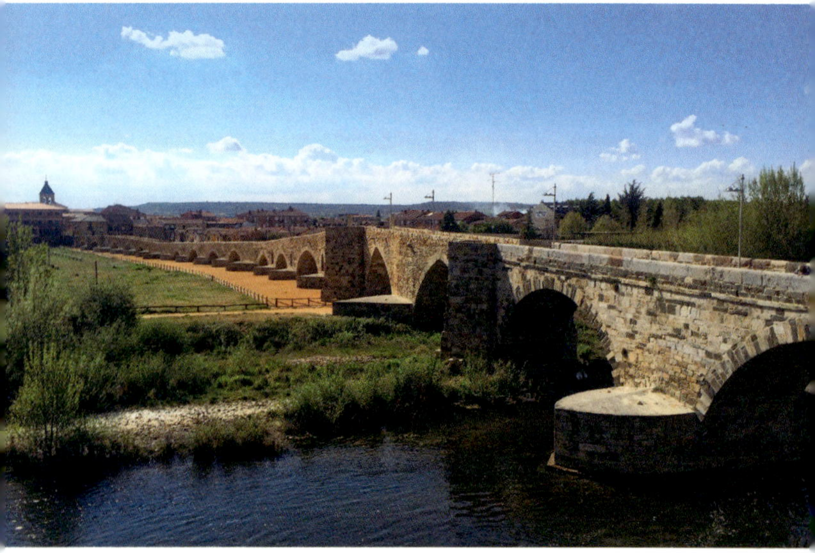

Brücken verbinden – wie hier die bekannte Steinbrücke bei Hospital de Órbigo.

Blättern und Blüten, bei Bäumen, bei einer offenen Tür, bei einem Stein, einer Brücke und natürlich bei unzähligen Sachen mehr geschehen. Man entdeckt dabei vielleicht Zusammenhänge, auf die man vorher noch nicht gekommen ist. Spannend! Nicht zu vergessen auch die verschiedenartigen →Kreuze, die wir unterwegs entdecken. Auch diese vermitteln jeweils eine gewisse Botschaft.

Brücken schlagen

Brücken sind wunderbare Symbole, gerade auf dem Jakobsweg. Sie verbinden, sie überbrücken, sie führen zusammen. Brücken erleben wir unterwegs als kleine Stege oder eindrucksvolle und symbolträchtige Bauwerke.

Brücken haben im realen wie auch im übertragenen Sinne eine wichtige Bedeutung. Man kann zwischen zwei Ufern eine Brücke schlagen genauso wie zwischen Menschen beziehungsweise Menschengruppen oder Ländern. Auf dem Camino Francés überqueren wir mehrere dieser alten, ehrwürdigen und eindrucksvollen Bauwerke aus Stein.

Da gibt es das Städtchen Puente la Reina, wo sich der Stadtname sogar von der Brücke ableitet. Oder Santo Domingo de la Calzada, wo der Stadtgründer, der Heilige Santo Domingo, die Brücke über den Rio Oja erbaute. Eine weitere Steinbrücke wurde bei der kleinen Kapelle San Nicolas über den Rio Pisuerga errichtet. Und dann natürlich nicht zu vergessen zwischen Empalme und Hospital de Órbigo die Puente de Órbigo. Die Brücke von Órbigo ging durch ein bedeutendes Ereignis im Heiligen Jahr 1434 in die Geschichte ein. Es war ein besonderes Ereignis, Paso Honroso genannt. Dabei hatte der leonesische Ritter Suero de Quiñones zwischen dem 10. Juli und dem 9. August 1434 alle nach Santiago pilgernden Ritter zu einem ritterlichen Zweikampf auf gerade dieser Brücke herausgefordert. Es heißt, Don Suero habe 300 dieser Wettkämpfe geritten und keinen Zweikampf verloren. In Erinnerung an diese Tage werden heute noch Ritterspiele veranstaltet …

Wasser

Ohne Wasser geht es im Leben und auf dem Jakobsweg nicht. Wasser ist selten in Ruhe, es ist meist in Bewegung. In Bächen, Flüssen, im Meer, als Regen und Schnee und vielen Formen mehr kennen wir das flüssige Nass. Zum anderen ist Wasser das Grundlebensmittel schlechthin. Wir brauchen es zum Trinken, zum Essen, zum Duschen, zum Wäschewaschen, zum Zähneputzen und zu vielem mehr. Unterwegs finden wir entlang der Wanderroute erfreulicherweise eine Vielzahl von Brunnen und

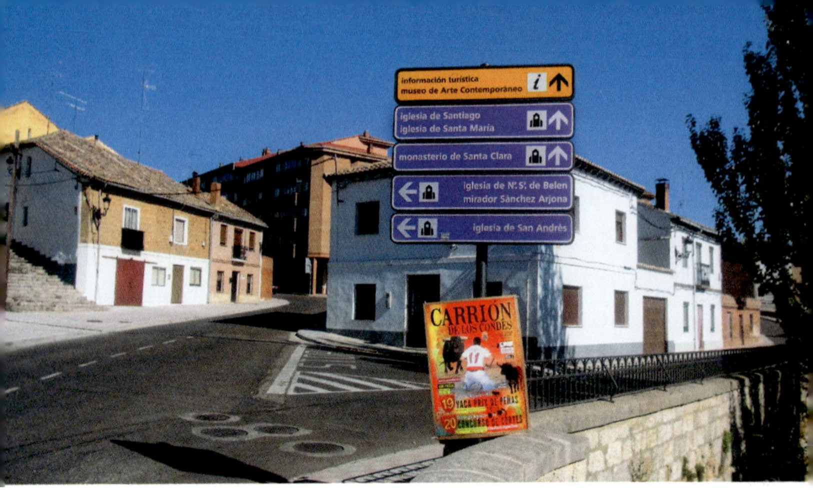

Symbole versteht man ohne Kenntnis der Landessprache.

→Quellen, aus denen das köstliche Nass strömt. In vielen →Orten wird von den Einheimischen zudem die Qualität des Wassers besonders gerühmt und als heilkräftig gepriesen wie beispielsweise in Hontanas oder in Santibáñez de Valdeiglesias.

Es gibt gar nicht wenige Menschen, die erst auf dem Jakobsweg entdeckt haben, welche Köstlichkeit frisches Wasser darstellt. Und damit ist nicht das »Agua con gas« gemeint, sondern das ganz normale Wasser aus den Brunnen entlang des Camino.

Wie bekommt man Wasser aus dem Brunnen?

Ein einprägsames Erlebnis ist mir im Gedächtnis geblieben. Wir kommen an einem warmen Tag einige Kilometer vor Burgos durstig an einen Brunnen neben einer kleinen Kapelle. Gerade noch haben wir die Störche hoch oben auf dem Dach in ihrem Nest bewundert und sie ausgiebig fotografiert. Wir holen die leeren Wasserflaschen aus den Seitentaschen des Rucksacks und wollen sie nachfüllen. Doch wo ist an dem Brunnen ein Wasserhahn oder ein Knopf zum Drehen, Drücken oder Ziehen? Nichts ist zu sehen, rein gar nichts. Und somit lassen sich dem Brunnen auch keine erfrischenden Wassertropfen entlocken. Es dauert eine ganze Weile, bis wir feststellen, dass wir eigentlich einen ganz geschickten Brunnen vor uns haben: Er hat eine ganz unscheinbare, doch wenn man es herausgefunden hat eine sehr bequeme Einrichtung: Eine Bedienung ganz ohne Hände, der Wasserhahn reagiert auf einen Knopfdruck mit dem Fuß auf dem Boden!

88

Tagebuch

Die vielfältigen Eindrücke schriftlich festhalten

Viele →Pilger haben es sich zur Gewohnheit gemacht, regelmäßig Tagebuch zu führen. Manche notieren dabei ihre exakten Aufsteh- und Pause-Zeiten, die zurückgelegte Strecke und vieles mehr. Wer auf dem →Jakobsweg unterwegs ist, kann Tag für Tag so vieles erleben, dass es Sinn macht, manche der Ereignisse und Eindrücke schriftlich festzuhalten. Im Nachhinein lassen sich anhand der Tagebuchaufzeichnungen auch sehr schön manche Entwicklungsschritte feststellen. Wenn man es später zu Hause dann wieder in die Hand nimmt und liest, erinnert man sich an das Gefühl und die Begebenheit, die damit im Zusammenhang steht.

Eine andere Form des Tagebuchs sind die unterwegs gemachten Bilder und Fotos. Auch anhand dieser kann man zu Hause in Gedanken den Weg nochmals nachverfolgen und sich an die gemachten Begegnungen und Erlebnisse zurückerinnern.

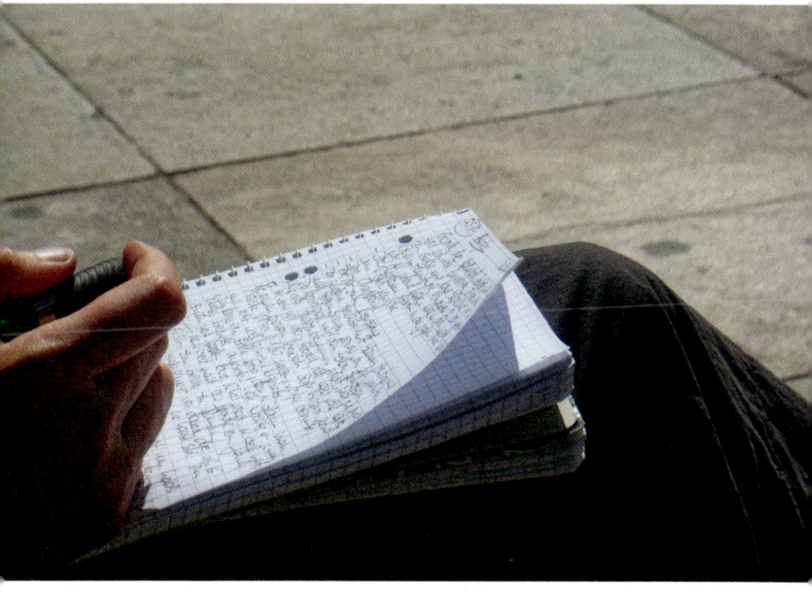

Ereignisse und Erlebnisse im Tagebuch festhalten

Tiefpunkte

89

Warum Durchhänger zwischendurch ganz normal sind

Tiefpunkte und Durchhänger bei einer wochenlangen Wanderung auf dem Jakobsweg zu bekommen, gehört wohl eher zur Regel als zur Ausnahme. Irgendwann fragt sich jeder einmal, warum er sich so etwas antut. Wer nachts schlecht geschlafen hat, Knieschmerzen oder Blasen hat (oder viele weitere Dinge mehr), kennt dieses Gefühl. Das Leben besteht nicht nur aus Höhepunkten, so gibt es auch keine Wanderung auf dem →Jakobsweg, bei der man nur immer »oben bleiben« kann. Es ist ganz normal, dass es dabei gewisse (Stimmungs-) Schwankungen gibt. Auf dem Jakobsweg haben wir es akzeptiert, dass es die unterschiedlichsten Abschnitte – mal eben, mal bergauf, mal bergab, mal steiler bergauf, mal steiler bergab, mal Sonne, mal Schatten – gibt. Warum sollte das auf dem Pilgerweg anders als auf dem Lebensweg sein?

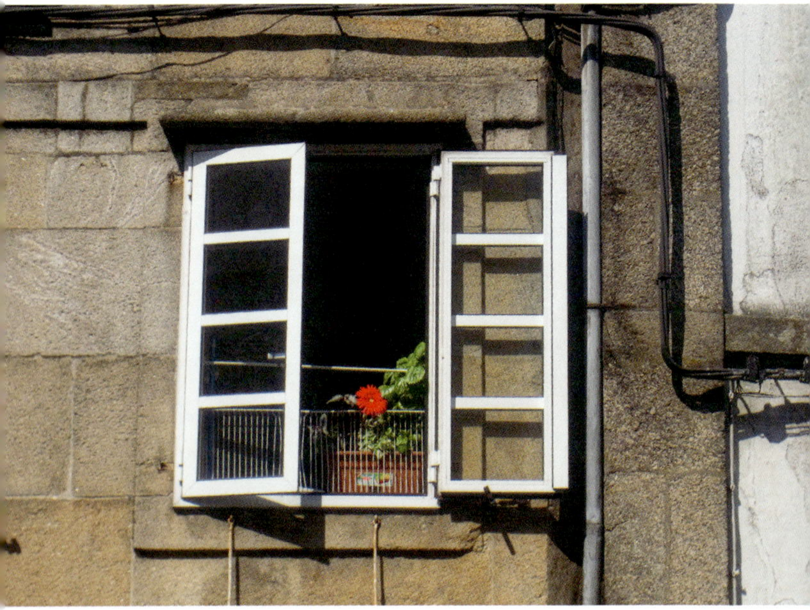

Der Jakobsweg gewährt neue Aussichten – und interessante Einblicke.

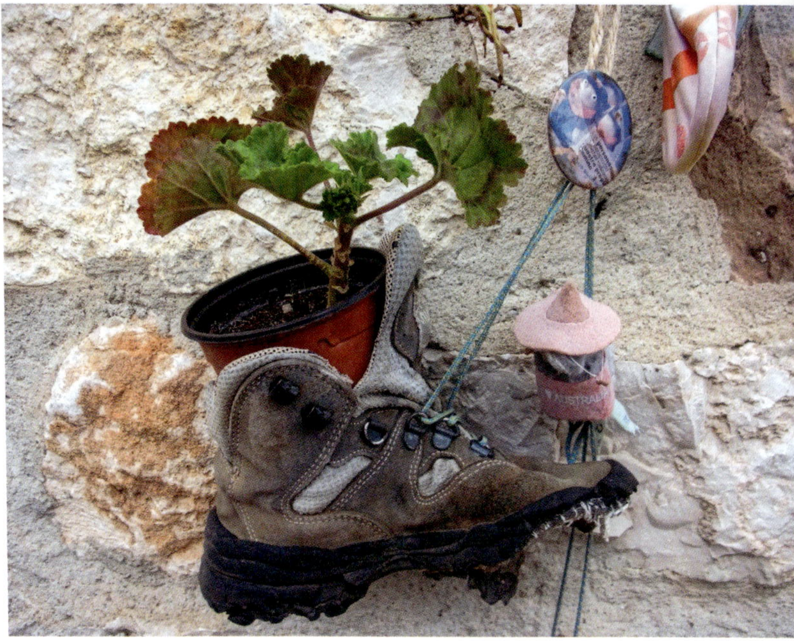

Das zweite Leben eines Wanderschuhes als Blumenübertopf

Wenn wir uns das klarmachen, haben wir schon einmal viel mehr Mitgefühl mit uns selbst oder auch mit anderen. Bei einer schlechten Wegstrecke stehen zu bleiben, würde uns auf dem Jakobsweg nicht einfallen. Denn dadurch wird diese erstens nicht besser und zweitens ändert sich dadurch auch nichts. Erst wenn wir den nächsten →Schritt wagen und dann noch einen und noch einen, können wir uns dem Ende eines solchen Abschnitts nähern. Denn eines ist ganz gewiss: Diese schlechte Wegstrecke endet irgendwann einmal und wir haben wieder festen Boden unter den Füßen. Das hört sich ganz logisch und selbstverständlich an.

Doch was bedeutet dies, wenn wir solch eine Situation vom Jakobsweg auf den Lebensweg übertragen? Auch auf dem Lebensweg gibt es Abschnitte, die uns nicht leichtfallen. Das kann eine Kündigung sein, das können Krankheiten, das können eine Trennung, ein Todesfall und weitere Dinge mehr sein. Wie gehen wir damit um? Hier können uns die Erfahrungen, die wir auf dem Jakobsweg gemacht haben, zur praktischen Lebenshilfe werden: Wir machen einen nächsten Schritt, dann noch einen und noch einen und schauen, wo wir rauskommen. Wir sehen das Ziel oder das Ende zwar noch nicht, doch setzen wir tapfer einen Fuß vor den nächsten.

Toiletten

90

Ein gewisses Bedürfnis verspürt jeder Pilger am Tag, meist sogar mehrmals

Wenn dann gerade ein Ort mit einer →Bar in der Nähe ist – hervorragend. Falls nicht, sieht die Sache schon anders aus. Hat man Gebüsch und Wald um sich herum, ergeben sich auch gewisse Möglichkeiten. Obwohl man an den »geschickten Plätzen« genau sieht, dass man nicht die oder der Erste ist. Noch weniger angenehm ist es in den Weiten der Meseta (und an vielen anderen Stellen), wo man hinter jedem noch so kleinen Strauch die Hinterlassenschaften mehrerer Vorgänger erkennt.

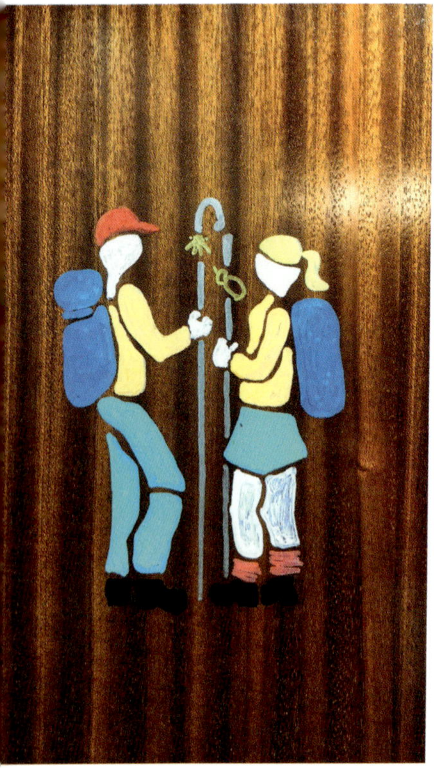

Wichtige Anlaufstation

In diesem Bereich gibt es in Spanien eindeutig noch infrastrukturelle Entwicklungsmöglichkeiten. Vor allem, da man erstens ja weiß, dass dieses natürliche Bedürfnis bei vielen gut eine Stunde nach dem letzten Ort auftritt, und zweitens jeden Tag aufs Neue – und das bei den regelmäßig und doch recht zahlreich durchziehenden Pilgern. Frankreich ist dabei ein lobenswertes Vorbild: An vielen Stellen findet man als Pilger »mitten in der Landschaft« diese willkommenen Örtlichkeiten. Das wäre auch in Spanien eine überaus sinnvolle Investition. Doch bis es so weit ist, kann jeder Pilger eine kleine und einfache Regel selbst umsetzen: Klopapier zu benutzen statt Tempos, die heutzutage auch eine Waschmaschinenwäsche unbeschadet überstehen! Und dadurch in der Landschaft den nächsten Pilgern noch lange entgegenleuchten …

Ultreia!

91

Und immer weiter …

Wer schon auf dem →Jakobsweg durch Frankreich gewandert ist, hat garantiert das nachfolgende bekannte Pilgerlied gehört. Es wird in den Herbergen gerne abends – manchmal sogar mit Gitarrenbegleitung – angestimmt. In dessen Refrain kommt der alte freundliche Pilgergruß »Ultreia« vor.

»Tous les matins nous prenons le chemin, tous les matins nous allons plus loin. Jour après jour la route nous appelle, c'est la voix de Compostelle.

Refrain: Ultreia, Ultreia, et Suseia, Deus, adjuva nos!

Chemin de terre et chemin de foi, voie millénaire de l'Europe, la voi lactée de Charlemagne, c'est le chemin de tous les jacquets.

Ultreia, Ultreia, et Suseia, Deus, adjuva nos!

Et tout là-bas au bout du continent, messire Jacques nous attend, depuis toujours son sourire fixe, le soleil qui meurt au Finistère.

Ultreia, Ultreia, et Suseia, Deus, adjuva nos!«

Die Übersetzung lautet in etwa so:

»Jeden Morgen machen wir uns auf den Weg, an jedem Morgen gehen wir weiter. Tag für Tag vernehmen wir den Ruf des Weges: Das ist die Stimme von Compostell'.

Ultreia, Ultreia, et Suseia, Deus, adjuva nos!

Weg auf der Erde und Weg des Glaubens. Tausendjährige Route durch Europa, die Milchstraße Karls des Großen, das ist der Weg aller Jakobspilger.

Ultreia, Ultreia, et Suseia, Deus, adjuva nos!

Und ganz dahinten, am Ende der Welt, wartet Jakobus auf uns. Seit ew'ger Zeit sein Lächeln ganz fest hält die Sonne, wie sie sinkt in Finisterre.

Ultreia, Ultreia, et Suseia, Deus, adjuva nos!«

Was bedeutet nun das Wort »Ultreia«? Es gibt Stimmen, die sagen, dass sich das »ultra« aus dem lateinischen Wort für »jenseits« im Sinne von »darüber hinaus« ableitet und das Suseia das noch verstärkt. Dann könnte man es auch formulieren: »Pilger, geh weiter, geh über dich hinaus, geh bis an deine →Grenzen.« Im zweiten Teil des Refrains bittet man im »Deus, adjuva nos« um Gottes Unterstützung und →Segen.

Apropos Singen: Wir waren einmal als Gruppe im Frühjahr in einer französischen Herberge. Der musikalische Herbergsvater merkte schnell,

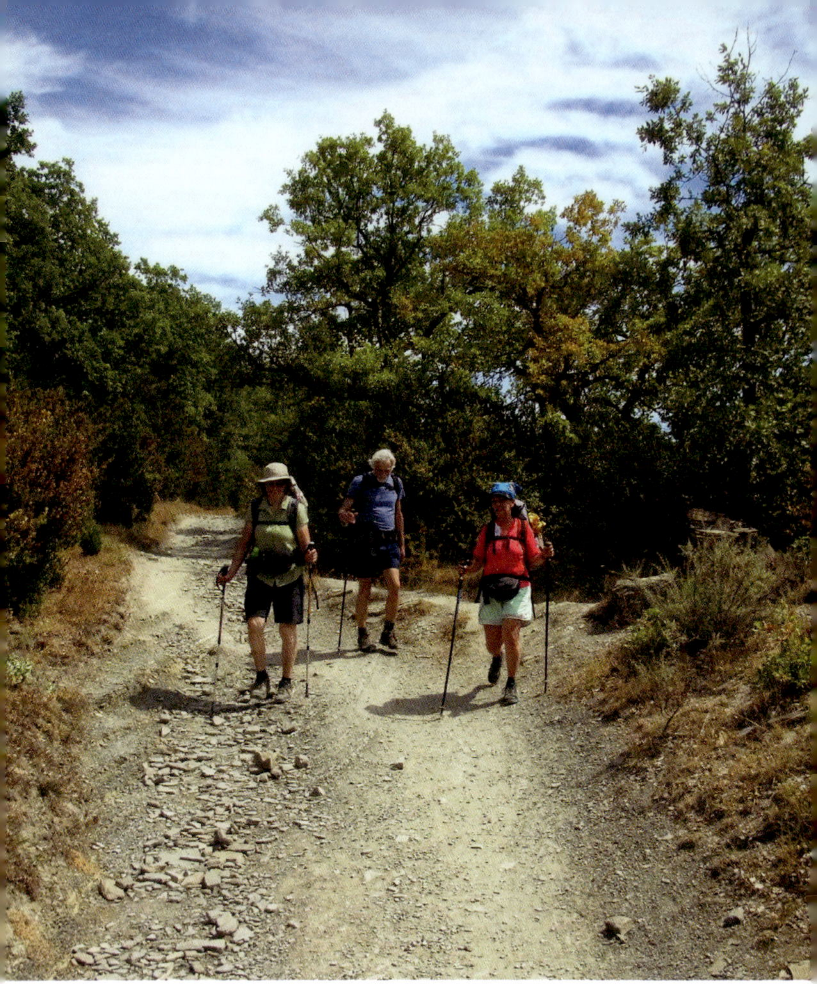

Tous les matins nous prenons le chemin – jeden Morgen machen wir uns auf den Weg …

dass wir gerne sangen. Natürlich kam dann gerade auch dieses Pilgerlied an die Reihe. Wir stimmten weitere Gesänge an, dann äußerte er einen Wunsch: »Bitte singt doch deutsche Weihnachtslieder!« Wir waren zuerst ein wenig erstaunt, doch dann erfüllten wir ihm seine Bitte und sangen an diesem auf dieser Höhe recht frischen Frühjahrsabend diverse Weihnachtslieder. Ob es wohl daran lag, dass es dann in der Nacht überraschend kalt wurde, am nächsten Morgen sogar überall Raureif zu sehen war und die ganze Landschaft von einer leichten Schneedecke überzuckert war?

Verständigung

92

Warum auch »Guten Morgen«, »Grüß Gott« und »Guten Tag« wichtig sind

Das mit der Verständigung ist oft so eine Sache. Englisch klappt ja soweit für den Hausgebrauch ganz gut, ein bisschen Spanisch, Französisch und Italienisch geht ja oft auch noch. Doch eine »richtige« Unterhaltung kommt auf dem Jakobsweg doch auf Deutsch am leichtesten zustande. Die →Pilger kommen ja aus allen Teilen der Welt und man grüßt sich gegenseitig mit dem freundlichen und aufmunternden »→Buen Camino« (oder »Bon Camino«). Doch wenn jeder Pilger dieses gut gemeinte Grußwort verwendet, hört man nicht mehr unbedingt heraus, welche Nationalität sich hinter der Person verbirgt.

So kam es, dass sich eines Tages eine neu hinzugekommene Pilgerin bitterlich beschwerte, dass sie nie deutsche Pilger treffen würde. Wie solle man denn auch unterwegs herausfinden, dass jemand Deutsch spreche? Die Abhilfe war einfach: doch nur, wenn man zeigt, dass man diese Sprache selbst auch spricht. Also wünschte sie nicht nur das übliche »Buen Camino«, sondern stellte – je nach Tageszeit – ein »Guten Morgen«, »Grüß Gott« oder »Guten Tag« voran. Das Ergebnis war verblüffend. Beim nächsten Treffen war sie ganz glücklich, dass sie nun auch viele deutsche Pilger kennengelernt hatte.

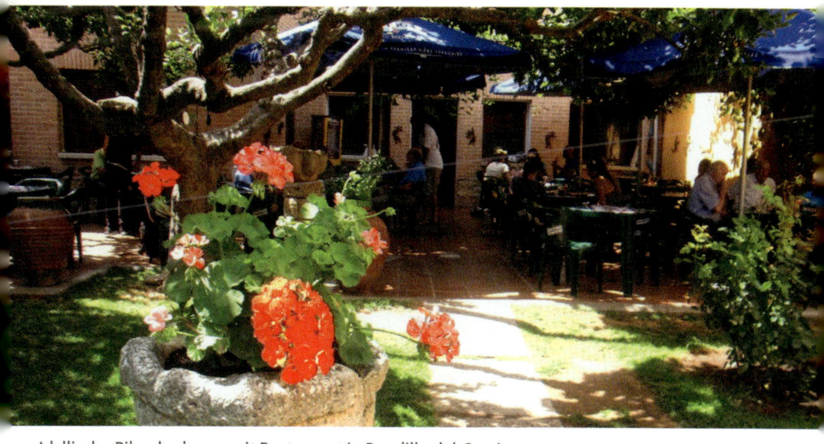

Idyllische Pilgerherberge mit Restaurant in Boadilla del Camino

Vertrauen

93 Manchmal ist es gut, nicht auf alles zu hören …

Vertrauen zu können, ist eine wichtige Lebensgrundlage. Das Vertrauen hat viele Facetten: Es gibt Gottvertrauen, das Vertrauen in das Schicksal, das Vertrauen zu anderen, das Vertrauen zu sich selbst und auch das Vertrauen in seine eigenen Fähigkeiten. Wie lernt man Vertrauen oder wie baut man es auf? Auf dem →Jakobsweg lässt sich das sehr schön erleben: Habe ich wirklich ganz von innen heraus das Vertrauen, dass ich rechtzeitig etwas zu essen, zu trinken oder zum Übernachten finde? Oder schwingt da doch etwas Angst mit oder eine Sorge? Auch dieses sollte man dann ernst nehmen und sein Tun danach ausrichten … denn eines funktioniert nicht: Das Vertrauen lässt sich nicht von heute auf morgen »verordnen«, nein, es braucht Zeit zum Wachsen.

Mit seinen Aufgaben wachsen

Eine eindrückliche Geschichte dazu: Es war einmal bei den Fröschen am See. Diese beschlossen, einen Wettlauf zu veranstalten. Um etwas Besonderes zu machen, legten sie fest, dass das Ziel der höchste Punkt eines großen Turms sein sollte. Am Tag des Wettlaufs versammelten sie sich und viele andere Frösche kamen herbei, um zuzuschauen. Dann endlich begann

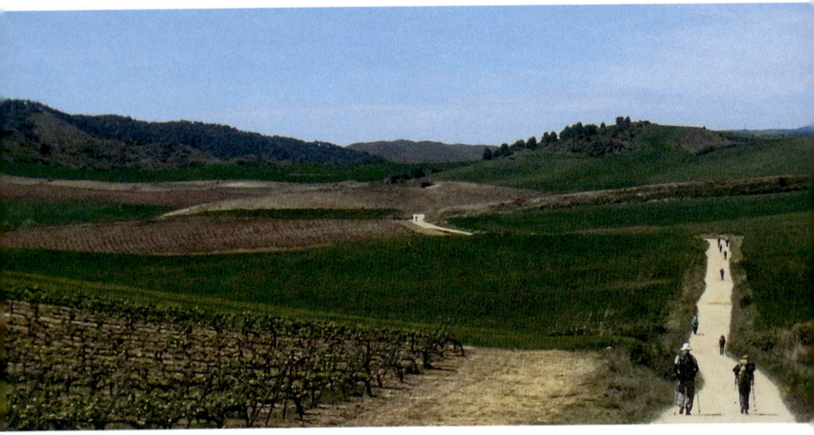

Mit Vertrauen, Hoffnung und Zuversicht weitergehen – jeden Tag!

der Wettlauf. Keiner der zuschauenden Frösche konnte sich bei diesem schwierigen Ziel vorstellen, dass es tatsächlich einer der teilnehmenden Kletter-Frösche schaffen würde. Anstatt die Läufer anzufeuern, riefen sie »Oje, die Armen! Sie werden es nie schaffen!« oder auch »Das ist unmöglich, da hochzukommen!« oder »Kehrt um, das schafft ihr nie!«. Und wirklich schien es, als sollte das Publikum Recht behalten. Nach und nach gaben immer mehr Frösche auf. Die unten gebliebenen Frösche schrien weiter: »Ihr werdet es nie schaffen! Kehrt um, ehe ihr herunterpurzelt.« Und wirklich gaben bald fast alle Frösche auf, bis auf einen einzigen, der unverdrossen an dem steilen Turm weiter hinaufkletterte – und als Einziger das Ziel erreichte. Als er wieder heil zur Erde zurückgekehrt war, war der Jubel groß. Die Zuschauerfrösche waren wirklich überrascht und der Journalisten-Frosch wollte von ihm wissen, wie er das geschafft hatte. Er bekam jedoch keine Antwort. Daraufhin stellte er ihm die Frage nochmals und dann merkten die Umstehenden erst, dass der Sieger-Frosch taub war! Er hatte die vielen Bedenken und Rufe der besorgten Frösche gar nicht hören können …

Sich voller Vertrauen jeden Tag auf den Weg zu machen, ist immer wieder aufs Neue eine Herausforderung. Doch wie sagt man so schön: Man wächst mit seinen Aufgaben …

Du kannst im Vertrauen vorwärtsgehen, dass in jeder Situation für dich gesorgt wird.

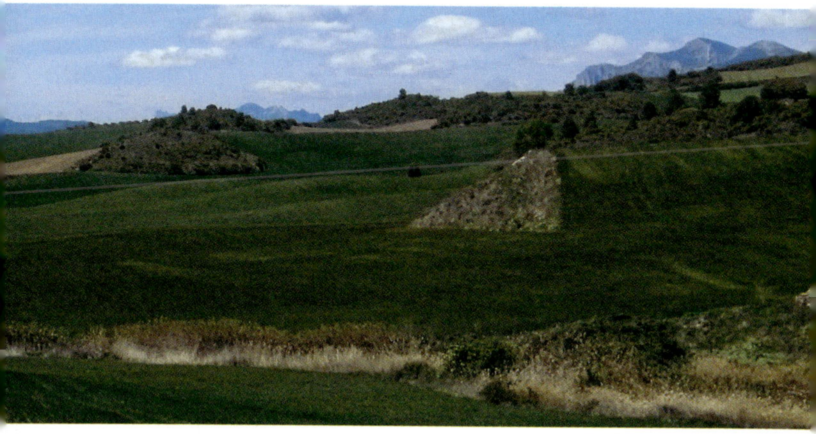

Vorbereitung

94

Was brauche ich alles? Was brauche ich wirklich?

Wer etwas Neues plant oder unternimmt, zieht in der Regel Erkundigungen ein und besorgt sich Informationen. So ist es auch beim Jakobsweg. Wer eine mehrtägige oder mehrwöchige →Pilgerwanderung unternimmt, bereitet sich vor. Das können ganz praktische und konkrete Dinge sein, wie: Wo starte ich? Wie viel →Zeit habe ich beziehungsweise nehme ich mir? Wie komme ich dorthin oder auch wieder zurück? Wann ist es ein günstiger Zeitpunkt, um diese Fahrten oder Flüge zu buchen? Welche Unterlagen brauche ich? Was fehlt noch an →Ausrüstung? Übernachte ich im Zelt, in Herbergen oder in Hotels? Welche persönlichen Dinge brauche ich unbedingt? Oder es können auch persönlichere Fragen sein, wie: Habe ich ein Anliegen? Was ist meine →Motivation? Möchte ich alleine gehen, zu zweit, in einer Gruppe?

Diese Vorbereitungen – die persönliche →Kondition betreffend oder das weitläufige Thema der →Ausrüstung, sei es die Auswahl des →Jakobsweges oder des Landes, in das es gehen soll – können individuell ganz unterschiedlich lange und mehr oder weniger intensiv ausfallen. Oder jemand möchte sich vor der Reise sogar eine neue Sprache aneignen. Man erkennt schon an dieser ersten Auflistung, dass dies alles nicht an einem Tag zu bewerkstelligen ist. Doch die Vorfreude und die Beschäftigung mit der Pilgerwanderung sind ja auch schon ein Teil der Reise und ein wichtiger Bestandteil davon.

Wahl des Jakobswegs

Heutzutage bietet sich für eine Wanderung eine Vielzahl von Jakobswegen an. Da stellen sich Fragen wie: Bleibe ich in Deutschland, um erste Erfahrungen zu sammeln? Starte ich wie früher an meiner Haustür? Oder möchte ich lieber den »Geist des Camino« in Spanien kennenlernen?

Ein Testament ist nicht mehr nötig …

Selbst wer sich im Mittelalter auf den Jakobsweg begeben wollte, musste einige Vorbereitungen getroffen haben. Unter anderem gehörte es auch dazu, dass man vorher sein Testament gemacht haben musste. Sein Testament? Was uns heutigen Menschen vielleicht auf den ersten Blick etwas verwunderlich erscheint, macht dann doch Sinn, wenn man sich eingehen-

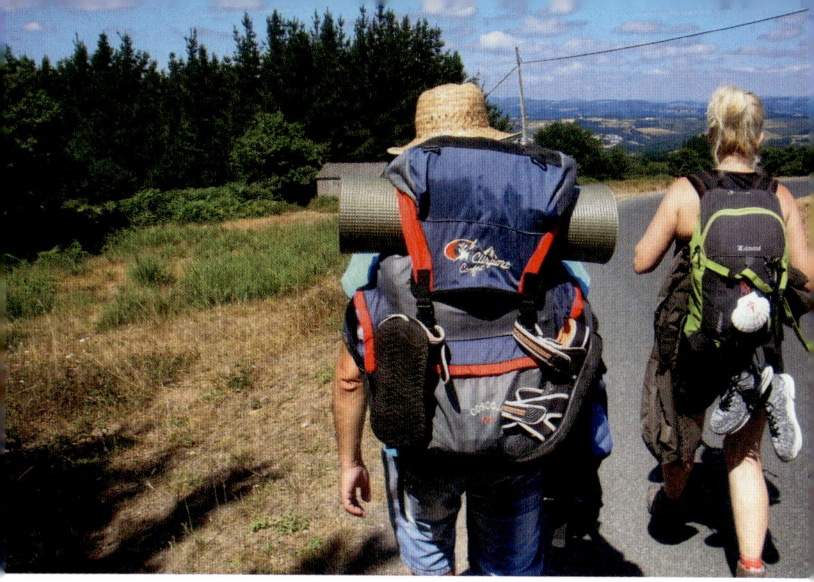
Wo starte ich? Wie viel Zeit habe ich? Was packe ich ein?

der damit beschäftigt. Der Weg von Mitteleuropa bis zum Ziel in Nordwestspanien misst gut und gerne 2.500 Kilometer. Wenn man sich dann noch vor Augen hält, dass man damals ja auch vom erreichten Ziel wieder zu Fuß nach Hause zurückkehren musste, dann summierten sich die Kilometer doch ganz ordentlich. Unter Umständen war man insgesamt recht lange unterwegs. Dazuhin gab es unterwegs manche Gefahren zu bestehen. Jetzt bringt man dafür doch schon mehr Verständnis auf, nicht wahr?

Es kehrten im Übrigen längst nicht alle →Pilger wieder nach Hause zurück, die einst losgezogen waren. Das war damals so und geschieht heute immer noch. Unglücke und Unfälle haben sich schon zu allen Zeiten ereignet, leider. Doch können es auch andere Umstände sein, dass jemand nicht mehr zurückkommt. Lesen Sie doch die nachfolgende Geschichte:

In Leinstetten – auf dem Jakobsweg durch den Schwarzwald – erinnert in der Kirche ein Gedenkstein an Hans Marx von Bubenhofen. Von ihm erzählt man sich eine ganz besondere Geschichte: Seine Frau war nach sechs Ehejahren im Jahre 1550 kinderlos gestorben. In seiner Trauer hielt ihn zu Hause nichts mehr. So beschloss er, die Pilgerfahrt nach Santiago de Compostela zu unternehmen. Von dieser Reise kehrte er nicht wieder in seinen Heimatort zurück. Mit einem Augenzwinkern kommt dann bei einer Kirchenführung die Erläuterung: »Wahrscheinlich hat er in der Fremde eine nette Spanierin getroffen …«

Wege und Straßen

95 Uralte Verkehrswege, angenehme Pfade und moderne Autobahnen

Wir wandern auf dem Jakobsweg immer wieder auf den Trassen von uralten Verkehrswegen, die sich in ihrem Verlauf über die Jahrhunderte hinweg kaum verändert haben. Diese Verkehrswege wurden früher von allen durchziehenden →Pilgern, Händlern und Reisenden benutzt: zu Fuß, mit dem Esel, mit Pferden oder mit Kutschen. Sie verliefen direkt von Ort zu Ort, von Kloster zu Kloster. Erst mit dem Aufkommen der motorisierten Fahrzeuge wurden diese Routen als Landes- oder Bundesstraßen oder gar zu Autobahnen breiter und größer ausgebaut. Und erst zu dieser Zeit entstand dann der Bedarf, ja die Notwendigkeit, für die Wanderer spezielle Fußwege einzurichten – und die überregionalen Durchfahrtsstraßen aus den Ortskernen zu verbannen. So geht der Trend der Jakobswegroute wieder mehr hin zu Fußwegen durch attraktives Wandergelände – oder teilweise auch hin zu breiten Seitenstreifen oder separaten Wanderrouten parallel zu den Straßen.

Durch die immer größer werdende Schar der durchziehenden Pilger wurden diese Fußwege, speziell auch diejenigen über die Bergregionen, mittlerweile immerhin doch soweit befestigt und instand gesetzt, dass sie für die Wanderer ohne größere Schwierigkeit gut zu begehen sind. Denn: Die ärztliche Versorgung entlang der Route ist gut, doch auch Ärzte wollen mal durchschnaufen! Die Ärzteschaft in Spanien hat sogar ein Faltblatt herausgegeben, worin sie auf richtiges und umsichtiges Verhalten beim Wandern auf dem Pilgerweg hinweist. Und das sicher nicht ohne Grund!

Doch →Wege haben noch einen anderen Aspekt: Manchmal kommen wir gut voran, manchmal vielleicht auch etwas langsamer und schleppender. Das kann mit äußeren oder auch inneren Begebenheiten zusammenhängen. Doch gehen Sie trotzdem →Schritt für Schritt weiter und behalten Sie Ihren Mut, wenn es mal nicht wie gewünscht vorwärtsgeht. Bedenken Sie, dass auch weniger angenehme Wegstrecken ein Ende haben. Je weniger Widerstand wir solchen Dingen entgegensetzen, desto leichter kann es weitergehen. Nicht nur auf dem Jakobsweg müssen wir beharrlich, ausdauernd und geduldig sein, wenn wir →Ziele erreichen möchten. Erinnern Sie sich daran, was Ihr persönliches Ziel ist, und gehen Sie dann in Ihrem für Sie passenden Tempo weiter.

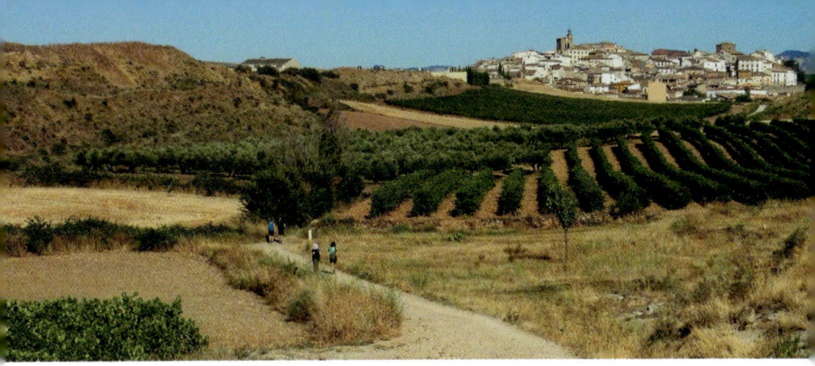

Der Jakobsweg führt auf die uralte Stadt Cirauqui zu.

Sprüche und Redewendungen zum Thema Weg

Ganz bekannt ist der folgende Spruch: »Der Weg ist das Ziel.« Wobei man auf dem Jakobsweg eher sagen müsste: »Der Weg hat ein Ziel« – nämlich →Santiago de Compostela.

Dazu gibt es eine ganze Reihe von Redewendungen, die das Thema »Weg« aufgreifen und die doch in einem übertragenen Sinne verwendet werden. Wenn wir zum Beispiel »etwas auf den Weg bringen« oder »auf einem guten Wege sind«. Auch mit dem »goldenen Mittelweg« meint man im Allgemeinen etwas anderes. Diese Redewendungen kennen wir aus anderen Zusammenhängen, nicht wahr? Ein schöner Spruch ist auch: »Wer einen Weg gehen möchte, muss weggehen.« Darüber lässt sich trefflich nachdenken …

Wegqualitäten

Ein Weg kann einem kurz oder lang vorkommen, kurzweilig oder langweilig sein – liegt dieses Empfinden wirklich an der Beschaffenheit der Wegstrecke oder auch an der persönlichen Einstellung dazu?

Ein Weg kann phänomenale Aussichten bieten und er kann auf der anderen Seite genauso tiefe und eindrucksvolle Einsichten für einen bereithalten. Auf dem Weg kann ich manchmal kilometerweit sehen, was vor mir liegt, und manchmal sehe ich nicht weiter als bis zur nächsten Kurve.

Auf dem Weg kann ich eine enorme Weite erleben und mich aufgehoben fühlen zwischen Himmel und Erde.

Auf dem Weg kann ich dem →Wetter und den Gewalten der →Natur ungeschützt ausgesetzt sein. Unter-weg-s kann ich mich am Sonnenschein erfreuen und den Schatten genießen. Ich rieche den Duft der Blumen und höre den Gesang der Vögel.

Wetter

96

Kräht der Hahn auf dem Mist, ändert sich das Wetter … oder es bleibt, wie es ist

Als Pilger ist man jeden Tag mehrere Stunden zwischen Himmel und Erde unterwegs. So ist es kein Wunder, dass das Wetter jeden Tag Gesprächsthema ist. Ob die Sonne scheint, ob es regnet, ob es graupelt, schneit, windet oder gewittert – hautnah erleben wir die wechselnden Bedingungen.

Es gibt Wegabschnitte, an die erinnert man sich noch später jahrelang zurück, weil es besonders heiß, besonders windig, besonders nass, besonders kalt oder irgendwie anders »besonders« vom Wetter her war.

Auch ich kann von einigen Beispielen berichten, die mir auf meinem Pilgerweg ganz eindrücklich in Erinnerung geblieben sind: Ein gutes Stück vor Estella beziehungsweise Villatuerta führt der Jakobsweg unter einer Autobahn hindurch. Eigentlich ist dies eine wenig romantische Unterführung. Das erste Mal waren wir im Hochsommer unterwegs. Und wir freuten uns, in der etwas kühleren Unterführung ein wenig Schutz vor der recht starken Sommersonne zu haben. Nach einer Rast im Schatten setzten wir dann den Weg erfrischt fort. Das andere Mal war es wieder an genau der gleichen Stelle. Doch knapp einen Kilometer vor dieser Autobahn hatte uns ein Ausläufer eines Gewitters erwischt. Schnell den Regenponcho übergeworfen und weiter. In der trockenen Unterführung warteten wir dann das Ende des absehbaren Regengusses ab – so war diese wiederum hilfreich!

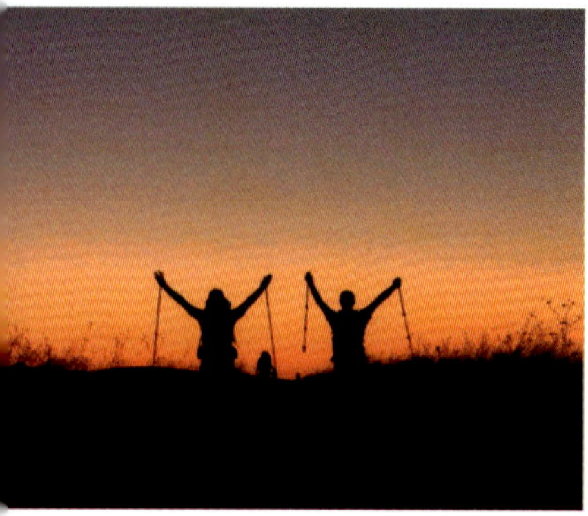

Am Morgen – wunderschön!

Selbst wenn →Pilger am gleichen Tag die gleiche Strecke zurücklegen, können die äußeren Bedingungen einen an unterschiedlichen Stellen treffen.

Einmal hatten wir eine →Kirche etwas ausführlicher besichtigt und gar nicht bemerkt, dass es draußen derweil einen kurzen, heftigen Regenschauer gegeben hatte. Wir sahen hinterher nur noch den wunderschönen Regenbogen. Abends berichteten andere davon, wie nass sie unterwegs geworden waren …

Wo fängt der Jakobsweg an?

97

Überall in Europa gibt es Jakobswege …

Diese Frage wird oft gestellt. Denn mittlerweile gibt es überall in →Europa markierte und beschilderte →Jakobswege. Schaut man auf eine Karte, erkennt man, wie sich ein ganzes Netz von Jakobswegen von den östlichen Ländern und weiter nach Deutschland, Österreich, in die Schweiz, nach Italien und Frankreich bis nach Spanien zieht. Doch: Wo fängt man nun an? Fahre ich nach Frankreich oder fliege ich nach Spanien?

Die Frage nach dem Beginn war früher ganz einfach. Schauen wir einfach mal ein paar Jahrhunderte zurück: Damals hatte man noch nicht die breite Auswahl der (öffentlichen) Verkehrsmittel, die uns heutigen →Pilgern zur Verfügung stehen. Wer sich auf den Jakobsweg begeben wollte, hatte nur eine Möglichkeit: zu →Fuß von zu Hause loszugehen. Wollte man andere Pilger treffen, steuerte man das nächstgelegene Kloster an und machte sich dann gemeinsam auf den langen und manchmal auch gefahrvollen →Weg. Übrigens: Nicht ohne zuvor sein Testament gemacht zu haben!

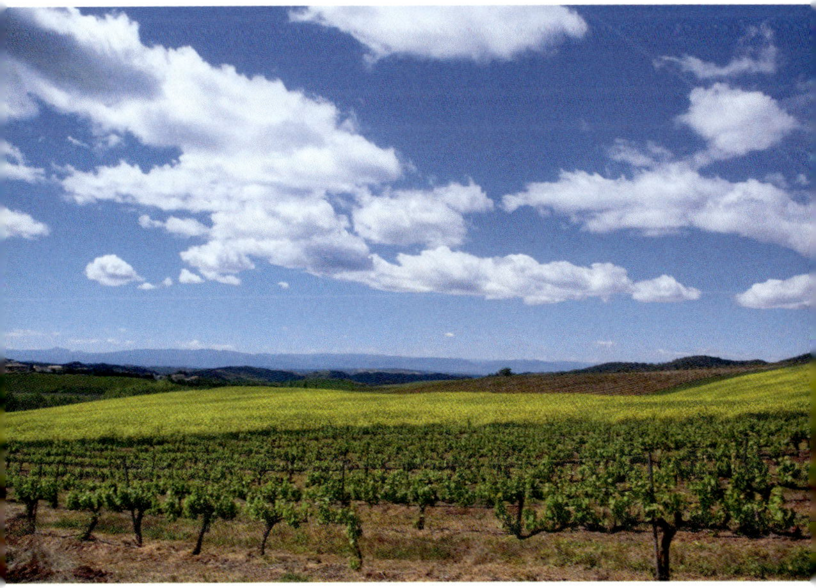

Stehen bleiben und die Natur mit ihren harmonischen Farben tief in sich aufnehmen

X- und Y-Kreuz

98

Besondere Formen von Kreuzen in den Kirchen und unterwegs

Wer in den →Kirchen und Klöstern seine Aufmerksamkeit einmal auf die Form der Kreuze legt, wird feststellen, dass es eine ganze Reihe verschiedener Formen gibt. Das lateinische Kreuz ist wohl die bekannteste Kreuzform, mit längerem Längsbalken und etwas oberhalb der Mitte sitzendem kürzerem Querbalken. Wenn die Längs- und Querbalken gleich lang sind, spricht man vom griechischen Kreuz. Ähneln die Balken dabei eher einer vierblättrigen Blütenform, dann hat man ein Malteser- oder Johanniterkreuz vor sich. Das Kreuz in X-Form wird dem Apostel Andreas zugeordnet. Da die Reihe der Apostel in vielen Kirchen zu finden ist, können wir es immer wieder entdecken. Das Kreuz in Y-Form nennt man Ast- oder Gabelkreuz. Man sagt, dass dieses Kreuz seine Ursprünge in vorchristlicher Zeit hat und den Lebensbaum symbolisieren soll. Ein sehr bekanntes Kreuz in dieser Form sehen wir in der von den Templern gegründeten Iglesia del Crucifijo, der Kruzifix-Kirche in Puente la Reina. In der Klosterruine von San Anton kurz vor Castrojeriz treffen wir auf das Tau-Kreuz, das auch Antoniuskreuz genannt wird. Die Mönche dieses Antoniterordens kümmerten sich um die Pflege der →Pilger. Auch vom Franziskanerorden wurde diese Kreuzform als Segenskreuz verwendet.

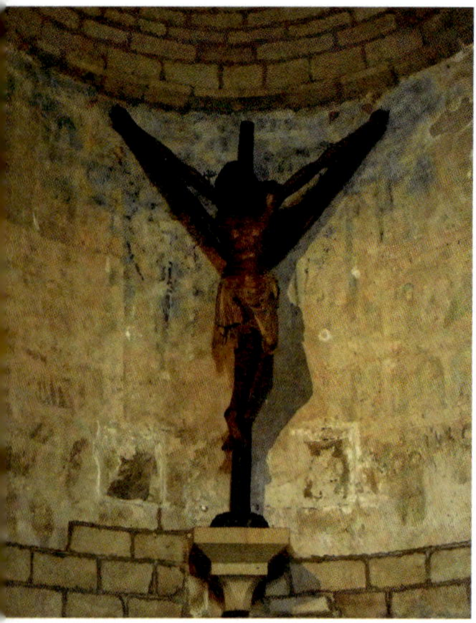

Y-Kreuz in Puente la Reina

Zum Thema Kreuze eröffnet sich ein weiter Raum für eigene Gedanken: Was bedeuten Kreuze für mich? Vielleicht auch: An Kreuzungen kann ich mir die Fragen stellen: Wohin gehe ich? Was ist mein →Ziel? Was gibt mir →Orientierung? Oder: Werden meine →Wege auch manchmal durchkreuzt?

Zeit

99

Morgen ist das Heute schon gestern

Wir wissen eigentlich genau: Eine Minute hat 60 Sekunden und eine Stunde 60 Minuten – und doch erscheint uns diese exakt messbare Zeit nicht immer gleich lang. Manchmal eilen die Tage nur so dahin und manchmal scheint die Zeit stillzustehen. Auf dem →Jakobsweg wie auch auf dem Lebensweg.

Die Zeit teilt man auch ein in Augenblicke, Tage, Wochen, Monate, Jahre und Jahrhunderte, in Vergangenheit, Gegenwart und Zukunft. Sie haben sicher schon einmal den Spruch gehört: Morgen ist das Heute schon gestern.

Der Begriff »Zeit« hat überaus viele Aspekte, nur einige davon sollen erwähnt werden. Es sollen Impulse sein, sich näher mit diesem vielfältigen

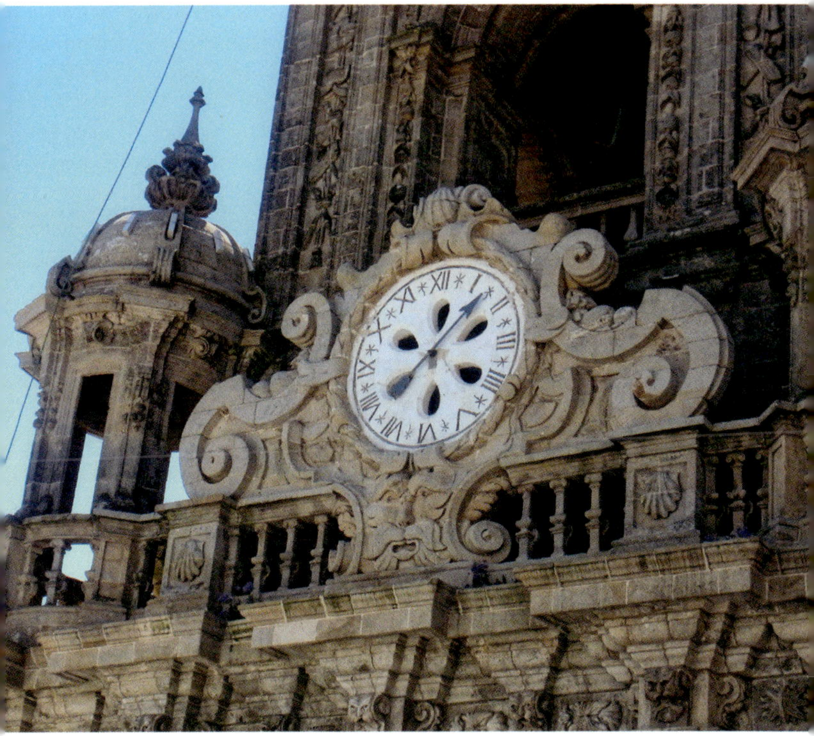

Besondere Uhr am Uhrenturm der Kathedrale in Santiago de Compostela

Thema zu beschäftigen. Zum Beispiel ist es wichtig, dass wir uns Zeit für uns selbst nehmen. Wir könnten es auch so formulieren: Die Zeiten, die wir uns für etwas (einen Besuch, eine Reise, ein Buch und vieles mehr) nehmen, sind die Zeiten, die uns beschenken. Vergleichen wir doch einmal »Zeit« und »Ewigkeit« miteinander – welche Bilder tauchen dabei in uns auf?

Oder: Was wäre ein Jahr ohne die unterschiedlichen Jahreszeiten?

Oder: Nehme ich mir eine Auszeit? Wann ist die beste Reisezeit für den Jakobsweg? Welchen Zeitraum wähle ich dafür? Haben Sie Geduld – alles kommt im rechten Augenblick, zur richtigen Zeit, auf Sie zu. Bei einer Zeitreise erlebe ich Vergangenes ganz real. Ist die Zeit ein zeit-loses Thema?

Trick mit den Fingern

Wer sich einen besonders schönen Augen- oder Anblick tief im Gedächtnis verankern möchte, dem sei ein Trick verraten: Betrachten Sie ganz bewusst das gewünschte Bild und machen Sie dabei eine spezielle Fingergeste oder Armbewegung. Das kann beispielsweise sein, dass sich zwei Fingerspitzen berühren oder die rechte Hand den linken Ellenbogen hält – oder Weiteres mehr. Dieser auf diese Art und Weise »abgespeicherte« Eindruck lässt sich dann mit der Geste wieder ins Gedächtnis rufen.

Alles hat seine Zeit

Im Buch Kohelet (Prediger Salomo) finden wir den folgenden Text:

»Alles hat seine Zeit

Ein jegliches hat seine Zeit, und alles Vorhaben unter dem Himmel hat seine Stunde: geboren werden hat seine Zeit, sterben hat seine Zeit; pflanzen hat seine Zeit, ausreißen, was gepflanzt ist, hat seine Zeit; töten hat seine Zeit, heilen hat seine Zeit; abbrechen hat seine Zeit, bauen hat seine Zeit; weinen hat seine Zeit, lachen hat seine Zeit; klagen hat seine Zeit, tanzen hat seine Zeit; Steine wegwerfen hat seine Zeit, Steine sammeln hat seine Zeit; herzen hat seine Zeit, aufhören zu herzen hat seine Zeit; suchen hat seine Zeit, verlieren hat seine Zeit; behalten hat seine Zeit, wegwerfen hat seine Zeit; zerreißen hat seine Zeit, zunähen hat seine Zeit; schweigen hat seine Zeit, reden hat seine Zeit; lieben hat seine Zeit, hassen hat seine Zeit; Streit hat seine Zeit, Friede hat seine Zeit.«

Tipp

Sich an schönen Orten bewusst Zeit nehmen, das bleibt lange im Gedächtnis.

Ziel und Orientierung

100

Auf dem Camino orientiere ich mich an Muscheln und gelben Pfeilen

Wenn ich ein Ziel habe, kann ich →Schritt für Schritt darauf zugehen. Auch wenn es mal etwas länger dauern sollte, kenne ich mein Ziel und habe Ausdauer und Geduld, nicht wahr? Auf dem Jakobsweg brauche ich an einer Weggabelung oder an einer Kreuzung eine →Markierung, einen Wegweiser oder eine Karte zur Orientierung, um sicher ans →Ziel zu gelangen. Auf dem Camino ist es zugegebenermaßen vergleichsweise einfach, da die Route durchweg sehr gut beschildert ist.

Doch: Was für Orientierungshilfen und Wegweiser habe ich auf meinem Lebensweg? Waren es früher vielleicht die Eltern oder die Lehrer, später die Freunde und Ehepartner, die einem Orientierung gaben? Woran orientiere ich mich heute? Und vor allem: Welche Ziele möchte ich auf dem Lebensweg kraftvoll und mit Ausdauer anstreben?

Und wenn ich mir über diese Ziele im Klaren bin: Was kann ich – vielleicht täglich, wöchentlich oder wie auch immer – dafür tun? Wie sieht dabei das →Schritt-für-Schritt-Weitergehen aus? Denn wir haben ja erfahren: Jeder Schritt bringt einen näher zum gewünschten Ziel hin. Ist es im Leben nicht auch oft so, dass wir auf ein Ziel zustreben, das weder heute noch morgen erreicht werden kann? Und dass es sich dennoch lohnt, sich stetig darum zu bemühen, ihm ein Stück näher zu kommen?

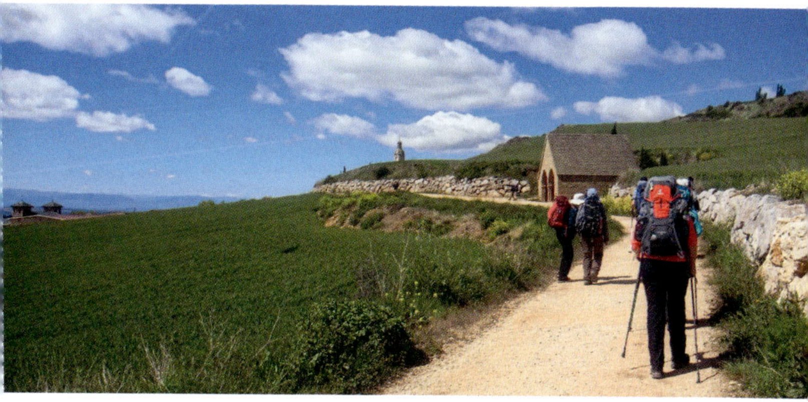

Wer oder was gibt mir im Leben Ziel und Orientierung?

Zufälle

101 Oft erscheinen einem die Zufälle wie kleine Wunder

Zufälle ereignen sich – wie das Wort ja schon sagt – ganz zufällig. Man hat selbst nicht wirklich einen Einfluss darauf. Doch wenn sie sich ereignen, dann ist es manchmal so plötzlich und überraschend, dass man sich wundert. Und auch hier steht das letzte Wort des letzten Satzes goldrichtig: Solche Zufälle kann man genauso gut als kleine oder größere Wunder ansehen. Es »fällt einem zu« – im wahrsten Sinne des Wortes. Bei näherem Hinschauen und Überlegen hat es sicher jeder schon erlebt. Die Aufmerksamkeit und die Wahrnehmung gegenüber »alltäglichen Kleinigkeiten« können sich beim →Gehen auf dem →Jakobsweg verändern und vor allem vertiefen.

Eine lauschige Bank für eine →Rast, ein gewisses Örtchen zur richtigen Zeit, ein Gruß im Vorbeigehen, ein Laden, der abends noch geöffnet hat, oder eine zufällig aufgeschlagene Bibelstelle – vieles »Zufällige« fällt einem wirklich zu und grenzt manchmal an das Wunderbare.

Doch aufgepasst, nicht immer beginnen Zufälle positiv! Sicher hat es jeder im Alltag schon erlebt: Gerade ärgert man sich noch darüber, dass man um wenige Sekunden die Bahn verpasst hat, da taucht im nächsten Moment schon eine gute Bekannte auf, die man lang nicht mehr gesehen hat – und die man ansonsten nicht getroffen hätte. Und daraus ergeben sich dann weitere Dinge, die man ansonsten nie erfahren oder erreicht hätte … oft kann man erst Jahre später in der Rückschau erkennen, dass es für die Entwicklung des Lebens doch einen Sinn gemacht hat.

Welche Zufälle erleben wir auf dem Jakobsweg? Manche werden vielleicht behaupten, dass sie noch nie einen Zufall erlebt haben. Vielleicht liegt es jedoch nur daran, dass sie es noch nicht wahrgenommen haben … Die Aufmerksamkeit, die Zufälle als solche zu erkennen, steigt in dem Moment, in dem man dies für sich entscheidet.

Beispiele aus dem Pilgeralltag

Einige Beispiele von unterwegs: Wir stehen am Ortsende von Hospital de Órbigo an der Kreuzung und überlegen uns, welchen der beiden markierten Jakobswege wir einschlagen sollen. Noch ehe wir im Wanderführer nachschlagen können, hält ein freundlicher Autofahrer und gibt uns hilfreiche Tipps: »Wenn ihr nach rechts geht, dann kommt ihr auf schönen

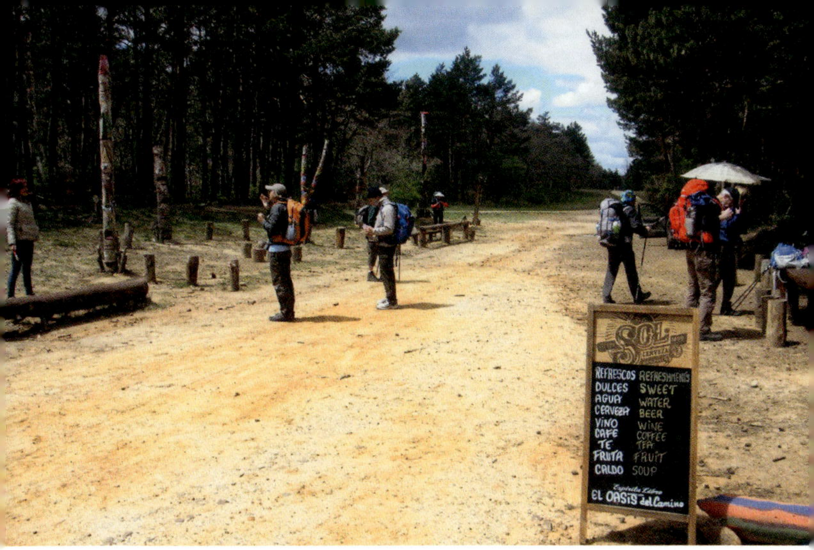

Zum richtigen Zeitpunkt steht »ganz zufällig« mitten im Wald eine Verpflegungsstation!

Wegen in Richtung Astorga und auch noch am besonderen Pilgerparadies von David vorbei.« Perfekt!

Oder ein anderes: Nach einer Pilgerwanderung machen wir noch ein paar Tage Urlaub am Meer. Als wir mit unseren Badesachen unser Hotel verlassen und zum Strand gehen, kreuzt ein Pilger unseren Weg, mit dem wir einige Tage zusammen unterwegs waren und dem wir von unserem Vorhaben erzählt hatten – phänomenal.

Wenn man es realistisch betrachtet, dann merkt man: Meist geht es nur um wenige Sekunden, ob man sich trifft oder nicht! So exakt könnte man selbst gar nicht planen oder sich verabreden!

So können wir diejenigen Dinge, die wir »Zufall« nennen, auch als Berührungen mit der geistigen Welt oder der Welt der Engel betrachten.

Von A wie Abenteuer bis Z wie Zufall

Der Kreis schließt sich: Ob es nun ein Zufall ist oder nicht, dass das Buch gerade an dieser Stelle endet, damit Ihr eigenes →Abenteuer auf dem →Jakobsweg beginnen kann?

Diese Antwort kann Ihnen allerdings nur die wichtigste Person in Ihrem Leben geben … und das sind SIE selbst!

Ich wünsche Ihnen immer einen guten Weg und ein herzliches →Buen Camino – auf den vielen Jakobswegen dieser Welt und natürlich auch auf allen Wegen im Alltag!

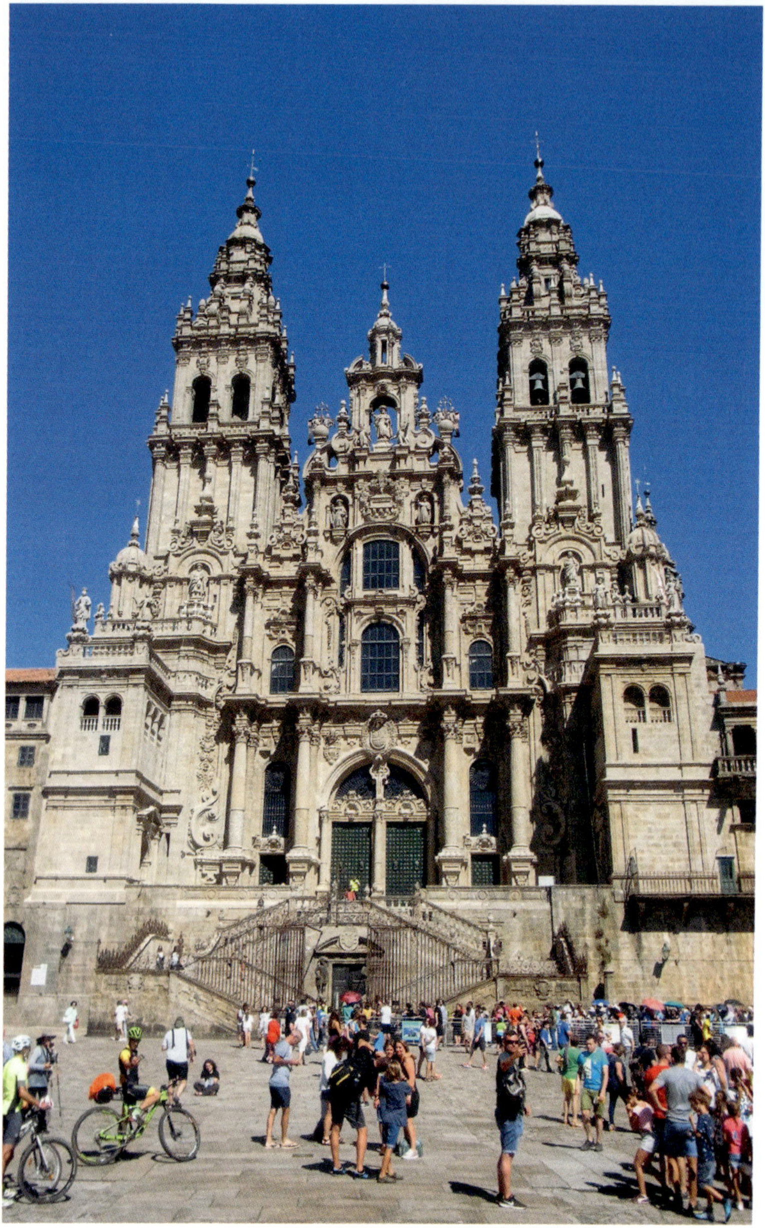

Das Herz geht auf – die Kathedrale in Santiago de Compostela ist erreicht!

In gleicher Reihe erschienen ...

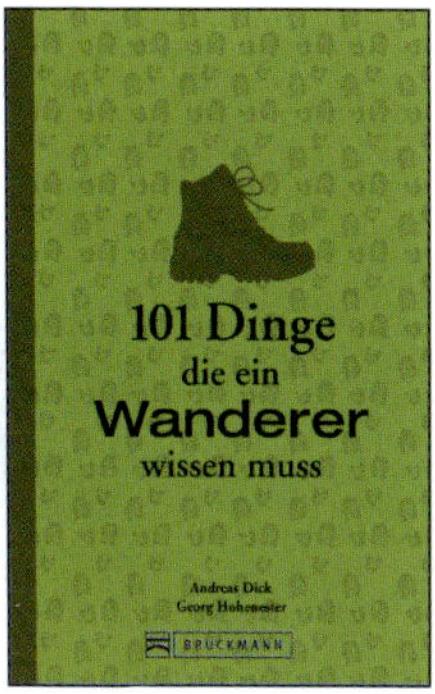

ISBN 978-3-7654-5931-3

In 101 Schritten bergauf. Dieses Buch vermittelt alle Grundlagen, die es zum unbeschwerten Wandern braucht. Ideal für Einsteiger.

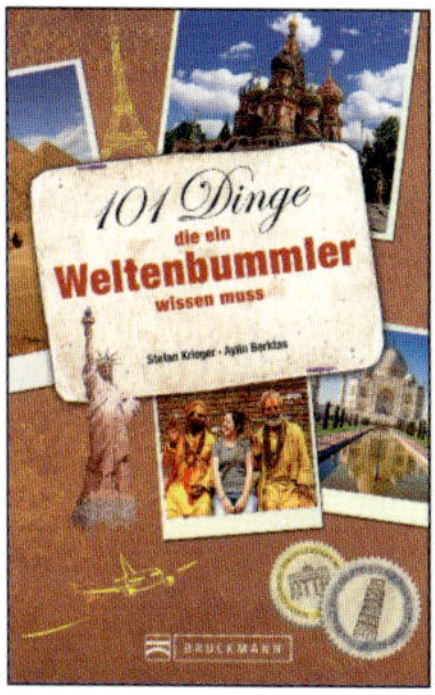

ISBN 978-3-7343-0915-1

Alles, was Reisende zur Urlaubsplanung wissen müssen, viele Reisetipps von A bis Z, zusammengetragen von echten Weltenbummlern und charmant erzählt.

BRUCKMANN

www.bruckmann.de

Impressum

Verantwortlich: Stefanie Krüger
Lektorat: Lucy Hase
Layout: BUCHFLINK Rüdiger Wagner
Repro: Cromika
Herstellung: Alexander Knoll
Printed in Slovenia by Florjancic

★★★★★

Sind Sie mit diesem Titel zufrieden? Dann würden wir uns über Ihre Weiterempfehlung freuen.
Erzählen Sie es im Freundeskreis, berichten Sie Ihrem Buchhändler oder bewerten Sie bei Ihrem nächsten Onlinekauf. Und wenn Sie Kritik, Korrekturen oder Aktualisierungen haben, freuen wir uns über Ihre Nachricht an Bruckmann Verlag, Postfach 40 02 09, D-80702 München oder per E-Mail an lektorat@verlagshaus.de.

Unser komplettes Programm finden Sie unter www.bruckmann.de

Alle Angaben dieses Werkes wurden von der Autorin sorgfältig recherchiert und auf den neuesten Stand gebracht sowie vom Verlag geprüft. Für die Richtigkeit der Angaben kann jedoch keine Haftung übernommen werden, weshalb die Nutzung auf eigene Gefahr erfolgt. Sollte dieses Werk Links auf Webseiten Dritter enthalten, so machen wir uns die Inhalte nicht zu eigen und übernehmen für die Inhalte keine Haftung. Der Pfeil → verweist auf weitere Stichworte der 101 Dinge.

Die Deutsche Nationalbibliothek verzeichnet diese Publikation in der Deutschen Nationalbibliografie; detaillierte bibliografische Daten sind im Internet über http://dnb.d-nb.de abrufbar.

Bildnachweis: Alle Bilder im Innenteil und auf dem Umschlag stammen von der Autorin außer: Umschlagvorderseite Muschel-Hintergrund shutterstock.com/N I R V A N A

Titelbild: Das Ziel aller Jakobswege, die Kathedrale in Santiago de Compostela
Umschlaginnenseite vorne: Die besondere romanische Kirche Santa María de Eunate
Umschlaginnenseite hinten: Pilger auf den letzten Kilometern vor Finisterre, im Hintergrund Corcubión und Cee

3. aktualisierte Auflage

Infanteriestraße 11a
80797 München

ISBN 978-3-7343-1312-7